Karin Gilliam

Mulino Rotone

Der Traum vom Haus in der Toscana

Castagneto – Carducci

Produktion: Fritz Faist

Codex Verlag

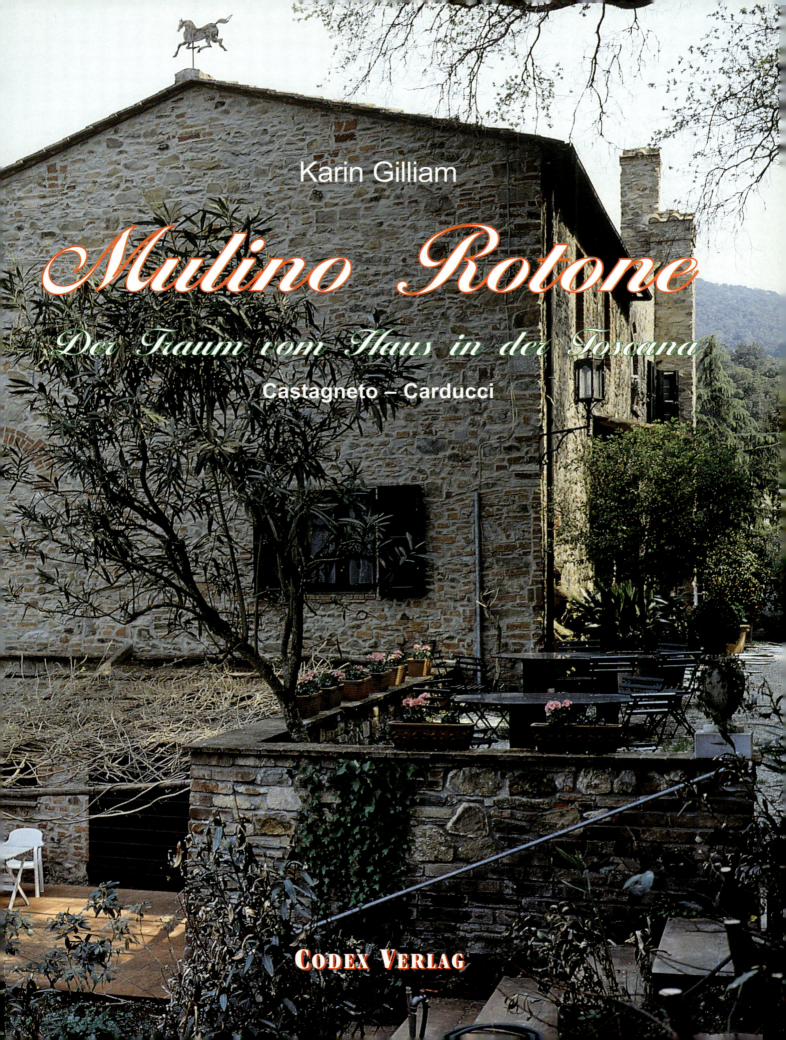

Mulino Rotone

Karin Gilliam

Der Traum vom Haus in der Toscana

Castagneto – Carducci

CODEX VERLAG

Inhalt

Erstes Kapitel: Eine Reise nach Castagneto und der Traum vom alten Haus — Seite 6

Zweites Kapitel: Castagneto-Carducci, Bolgheri und Donoratico — Seite 12

Drittes Kapitel: Der weiße Elefant — Seite 16

Viertes Kapitel: Kreuz und quer durch die Toscana — Seite 22

Fünftes Kapitel: Das Haus der dreißig Fenster — Seite 32

Sechstes Kapitel: Wir verlieren uns im Labyrinth — Seite 42

Siebtes Kapitel: Der Pirat wird zum Barracuda — Seite 46

Achtes Kapitel: Italienische Gäste — Seite 50

Neuntes Kapitel: Der erste lange Sommer — Seite 54

Zehntes Kapitel: Wandinschriften — Seite 62

Elftes Kapitel: Der Winter der hundert Bäume — Seite 66

Zwölftes Kapitel: Im Nachtigallenwald — Seite 68

Dreizehntes Kapitel: Weihnachten auf Rotone — Seite 72

Vierzehntes Kapitel: Wir gewinnen und verlieren einen Architekten — Seite 76

Fünfzehntes Kapitel: Der Wettbewerb — Seite 78

Sechzehntes Kapitel: Das Herz des Hauses — Seite 82

Siebzehntes Kapitel: Abschied von Pietrasanta — Seite 90

Achtzehntes Kapitel: Minou — Seite 94

Neunzehntes Kapitel: Einige Sommerrezepte und einige Überfälle — Seite 98

Zwanzigstes Kapitel: Markttage, nette Nachbarn und Feste — Seite 104

Einundzwanzigstes Kapitel: Der Mühlensaal — Seite 108

Zweiundzwanzigstes Kapitel: Besuch bei Paten und Etruskern und eine Reise nach Köln — Seite 114

Dreiundzwanzigstes Kapitel: Von Hühnern, Enten, grünen Tomaten und berühmten Weinen — Seite 118

Vierundzwanzigstes Kapitel: Einige Rezepte und einiges über Oliven und Olivenernte — Seite 126

Fünfundzwanzigstes Kapitel: Freiheit — Seite 130

Sechsundzwanzigstes Kapitel: Windsnamen und Bens Ankunft — Seite 134

Siebenundzwanzigstes Kapitel: Der Umzug — Seite 138

Achtundzwanzigstes Kapitel: Wichtige Ausstellungen — Seite 140

Neunundzwanzigstes Kapitel: Die Heimfahrt — Seite 142

ISBN 3-936353-23-9
© 2002 by Codex Verlag GmbH, D-86513 Ursberg/Oberrohr
info@buecherproduktion.de
Alle Rechte vorbehalten.

Die Verwertung der Texte und Bilder, auch auszugsweise, ist ohne Zustimmung des Verlages urheberrechtswidrig und strafbar. Das gilt auch für Vervielfältigungen, Übersetzungen, Mikroverfilmungen und für die Verarbeitung mit elektronischen Systemen.

Autorin: Karin Gilliam, Mulino Rotone, I-57022 Castagneto-Carducci
Konzeption und Redaktion: Fritz Faist, D-86513 Ursberg/Oberrohr
Digitale Verarbeitung, Satz und Produktion: Gesund & Fit Promotion GmbH, Fritz Faist, D-86513 Ursberg/Oberrohr
Lektorat: Gabriele Jockel, D-61184 Karben
Fotos: Bilderkiste, D-86513 Ursberg/Oberrohr (Boris Bethke, Jan Bürgermeister, Fritz Faist, Yves Hebinger, Christian Schneider); Thomas Drexel, Seite 115; Karin Gilliam, Seiten 42–43, 61, 64–65, 48, 90, 102–103, 112, 146
Druck: Officine Grafiche De Agostini, Novara, Italy

Die Schreibweise entspricht den Regeln der neuen Rechtschreibung.

Karin von Jutrzenka Trzebiatowski-Gilliam
Mulino Rotone, I-57022 Castagneto-Carducci, Prov. Livorno, Italia, Tel.: 0039-0565-763328
Bankverbindung: Deutsche Bank 24, Frankfurt, KtoNr 3435609, BLZ 50070024

Vorwort

Die Geschichte über die Obsession, ein Haus in der Toscana zu finden, die Suche danach und die Entdeckung von Mulino Rotone habe ich ursprünglich für meinen Sohn Philip geschrieben, dem ich alle fünf bis zehn Jahre ein Fotolbum von gigantischer Größe schenkte, in dem die Aufnahmen von Text begleitet werden.

Bei diesem, für uns wichtigen Zeitabschnitt haben sich die Geschichten verselbstständigt und sind zum Buch geworden. Ich erzähle gerne, nicht nur als Malerin in meinen Bildern, sondern auch mit Worten. Und weil Mulino Rotone ja auch im Sommer Feriengäste beherbergt, die oft die gleichen Fragen stellen, die gleichen Dinge wissen wollen, ist es vielleicht nützlich, ein Buch zur Hand zu haben, das alles ausführlicher beantwortet, als es in einem Gespräch möglich ist.

Als der Verleger Fritz Faist von seinem Bruder Johann auf mein Haus aufmerksam gemacht wurde, verfiel er, wie viele andere auch, sofort dem Charme des antiken Gebäudes, des Gartens, der Gegend. Er interessierte sich sehr für mein Leben in der Toscana, ich kam ins Erzählen und er fragte: „Warum schreiben Sie nicht ein Buch?" Und als ich sagte, dass ich es schon geschrieben hätte, war seine spontane Antwort: „Dann machen wir es, ich habe die Fotografen".

Das alles ist erst wenige Monate her und ich hoffe, beim Durchblättern des Buches kommt auch etwas von der Spontanität, der Lebendigkeit und dem Vergnügen zu Ihnen herüber, die sich bei der Arbeit eingestellt haben.

Castagneto, im Mai 2002
Karin Gilliam

Erstes Kapitel

Eine Reise nach Castagneto und der Traum vom alten Haus

Der Tag, an dem wir *Rotone* entdeckten, war einer jener flirrendheißen Sommersonnentage, an denen die Hitze wie dampfende Melasse über den heißen Asphalt wabert. Mit dem Auto, die berühmt-berüchtigte Küstenstraße *SS1-Via Aurelia* befahrend (die schlechte Reputation hatte sie nicht durch die Damen erworben, die an manchen Stellen dicht am Straßenrand standen und deren Gunst man sich erkaufen konnte, sondern durch die zahllosen Unfälle, die auf ihr passierten), kamen wir vom nördlich gelegenen Pietrasanta mit seinen Marmorbergen zum einhundertzwanzig Kilometer südlicher gelegenen Castagneto-Carducci, das in einer Bilderbuchlandschaft liegt.

Pfirsichplantagen und Erdbeerfelder nehmen den Blick gefangen, olivenbaumbewachsene Hügel und Weinberge – auf Anhöhen und entlang der Straßen –, Schirmpinien, einzeln oder in Gruppen stehend, mit gewaltig ausladenden Kronen oder schlanke Zypressen, deren sattes Grün sich dunkel gegen den strahlend blauen Himmel abhebt. Kleine Alleen von Zypressen winden sich in sanftem Schwung hügelaufwärts zu einem Gebäude, einer Villa oder einer Farm.

Und rechter Hand das Meer, wirklich so azurn wie auf Postkarten. Die geöffneten Fenster und der Fahrtwind machten die Situation erträglicher. Aber sobald man ausstieg, raubte einem die feuchte Glut jegliche Energie und selbst die Gedanken erlahmten – bleierne Leere füllte Kopf und Herz.

Wenn man all die alten Häuser, auch die in mehr oder minder baufälligem und desolatem Zustand, nennen wir sie getrost Ruinen, nicht mitrechnet, die mein Mann und ich im Laufe unserer gemeinsamen Jahre erforscht hatten, besessen vom Traum, ein altes Haus in der Toscana zu erwerben, dann waren es jetzt neuerdings, innerhalb der letzten drei Wochen, über einhundert Gemäuer, die von uns besichtigt worden waren, in den Osterferien, die durch unseren Jagdtrieb eine ungeplante Verlängerung erfahren hatten.

Dabei wurde die Energie von vier oder fünf Maklern verschlissen, deren Lächeln zwar immer noch freundlich, aber jetzt doch etwas angespannt schien, wenn wir sie in ihren Etablissements heimsuchten, um zu hören, ob vielleicht in den letzten Tagen doch noch ein neues Angebot angelandet wäre, das ultimative eben, genau das, was wir für uns erwarteten.

Die höfliche Angestrengtheit ihrer Blicke sollte uns im Grunde genommen nicht belasten. Wir hatten ihre Zeit in Anspruch genommen, sie, die unsere zum guten Teil nutzlos verschwendet. Mit uns im Schlepptau hatten sie die unsinnigsten Reisen zu den unsinnigsten Objekten unternommen: zu einem kahlen Neubau neben einem gigantischen Umspannwerk, zu einer dachlosen, ehemaligen Zweizimmerhütte, die hoch am Berghang mit dem Rücken an einer un-

wirtlichen Felswand klebte, zu einem hübschen alten und wohlproportionierten Bauernhaus, dessen zehn Meter entfernter Nachbar einen Campingwagenparkplatz mit einer Pizzabude unterhielt, einem anderen, wo die bäuerliche Pächterfamilie lauthals verkündete, dass sie niemals ausziehen würden, da könne der Eigentümer anbringen, wen er wolle, Italiener oder Ausländer, sie würden auf jeden Fall in „ihrem" Haus bleiben, undsoweiterundsofort.

Unsere Vorstellungen waren von Anfang an klar und deutlich formuliert worden. Wir hatten ihnen gesagt, wie wir uns unser Wunschhaus vorstellten, was genau wir suchten und erwarteten, und wir waren sicher, es musste zu finden sein. Franklin und ich waren Menschen, die viel Platz brauchten. Er, weil er groß und mächtig war, ein Bär, dem man nicht zu eng auf den Pelz rücken durfte und der in beengten räumlichen Verhältnissen schnell unangenehm werden konnte – und ich, weil ich der Sammelleidenschaft unterlag, nicht einer – vieler.

Als Kind schon war ich auf jede erreichbare Müllhalde geklettert, um weggeworfene Porzellantellerchen mit Rosen- oder Stiefmütterchenmuster oder Bücher und Zeitschriften aus dem Abfall zu ziehen. Ich bekam eine alte Gliederpuppe mit Porzellankopf geschenkt. Die Paperweight-Glasaugen hatten es mir angetan, ich begann zu sammeln: Puppen unterschiedlichster Größe und Art, die ich auf Flohmärkten fand und in Antiquitätenläden billigst kaufte, ehe altes Spielzeug so sehr in Mode kam. Eine umfangreiche Sammlung von Puppenmöbeln, Puppenstuben, -läden und dem passenden Geschirr fand sich im Laufe der Zeit auch noch ein.

Auf meiner ersten Hochzeitsreise, ich meine auf der, wo ich mit meinem ersten Mann unterwegs war, nämlich in Südfrankreich, begann ich kleine antike Likörgläschen zu erstehen, ungefähr fünfzig. Mehr Geld hatten wir nicht, auch wenn die Gläschen jeweils nur einen Franc kosteten, das war damals der Gegenwert zu einer Mark. Denn es traten auch eine Cluny-Pendeluhr, die sich zum Glück zerlegen ließ, und zwei Messingleuchter mit uns die Rückreise nach Deutschland an. Das Transportproblem war nicht gering. Die Reise fand in einer von der Schwester meines Mannes geliehenen Isetta statt. Dieses von BMW gebaute Fahrzeug lief allerlangsamst auf kleinen Rädchen. Unter einem transparenten Dach, das sich wie eine Kuppel über Fahrer und Beifahrer wölbte und gleichzeitig als schwenkbare Tür fungierte, saß man sehr eng zusammen. Mein erster Mann, über den es hier und vielleicht auch später nicht viel zu berichten geben soll, hatte soeben sein Architekturstudium beendet und den ersten Arbeitsvertrag in Aussicht und ich war gerade mit bescheidenem Anfangsgehalt von einem wissenschaftlichen Verlag zu S. Fischer übergewechselt, sodass wir, was Sammelleidenschaften anbelangte, uns auf dieser Reise noch beschränken mussten.

Auf meiner zweiten Hochzeitsreise, die uns, Franklins amerikanischen Traum erfüllend, nach Venedig führte, eiskalt im Januar – wie schon beim ersten Mal, hatte ich den Fehler gemacht, im Dezember bei Schneetreiben und Glatteis zu heiraten – im zweiten Honeymoon also, hatte ich Karaffen und Sodaflaschen aus Glas, deren matte Blautöne am schönsten glänzen, wenn Licht hindurchfällt, gesammelt, große und kleine, Glas und Kristall, alte natürlich. Franklin unterstützte mich auch sehr, das Angebot eines jungen Mannes anzunehmen und seine brasilianische Schmetterlingssammlung zu erstehen: kobaltblaue, handtellergroße und samtig schimmernde Schmetterlinge in Schaukästen, Tagfalter, Nachtfalter, Heuschrecken (deren Flügel reinste Wunderwerke sind, filigran und transparent trotz einer gewissen Grobheit des Geäders, faszinierend ist auch die Plumpheit der langen Beine sowie der Fresswerkzeuge). Skorpione, Hirsch- und Nashornkäfer rundeten die Sammlung ab.

Bei einem Händler entdeckten wir auf dem Dachboden eine Vielzahl von Vogelkäfigen aus Holz und Metall. Ich hätte gerne einen gehabt, zwei oder drei gefielen mir, und ich konnte mich nicht ganz so schnell entscheiden. Franklin, der halbe Sachen hasste, orderte sofort die sechs schönsten. Im Laufe der Jahre wurden es an die zwanzig. Damit bekundete er nachhaltig seine Sympathie für meine Passionen. Die Käfige sind alle unterschiedlich. Manche sehen aus wie Pagoden, andere mit ihrem Schnitzwerk wie Miniaturhäuser mit Fensterchen und Erkern, kleinen Türen und Alkoven, wieder andere wie turmbewehrte Schlösser. Natürlich dürfen bei mir nur hölzerne, bemalte Vögel auf den Schwingschaukeln sitzen.

Außer für Holz-, Messing- und Keramikleuchter habe ich noch eine Schwäche für Porzellan und auch für Engel. Und so gibt es eine kleine Ansammlung von Marmorfriedhofsengeln und auch welche auf Terracotta-Reliefs, sie turnen als Putten selbst auf den weißen Gardinen herum, die meine Mutter als Geschenk für mich und unsere dreißig Fenster gehäkelt hat.

Eine Eierkollektion umfasst so an die zweihundert, die meisten sind aus Marmor, aber es gibt auch welche aus Onyx, Rosenquarz, Alabaster, auch einige echte, handbemalte aus Russland und Deutschland. Eine beeindruckende Brigade; in weißen Carrara-Marmoreierbechern stehen sie in einer sauber ausgerichteten Linie vor Buchreihen. In Kleinigkeiten kann ich zum Ordnungsfanatiker werden.

Ach ja, jetzt kommen wir also zu den Büchern. So an die fünfzehntausend werden es schon sein. Bücher sind nun mal meine Leidenschaft. In den neun Jahren, in denen ich in Verlagen arbeitete, ging oft der größte Teil meines Gehalts am Ende des Monats für Bücherrechnungen drauf. Es war zu verführerisch, mit Kollegenrabatt bei anderen Verlagen Bücher zu bestellen und überdies kaufte man noch in Antiquariaten ein. Gut nur, dass man den größten Teil der Produktion des eigenen Verlags geschenkt bekam und auch noch Freunde bei anderen Verlagen hatte, die ihre Zuneigung durch Übersendung interessanter Neuerscheinungen zeigten. Inzwischen wage ich es kaum noch, meine Schritte in eine Buchhandlung zu lenken. Speziell Hugendubel ist für mich gefährlich, wo sich an Sondertischen die wunderbarsten Bildbände zu den wunderbarsten Themen, sonderausgepreist präsentieren. Sobald ich einen seiner Läden betrete, ist es ganz um mich geschehen. Ich möchte jedem Ruf folgen.

Seit meiner frühesten Kindheit habe ich ein gestörtes Verhältnis zu Papier; ich kann kaum ein Blatt wegwerfen. Es fällt mir selbst schon unendlich schwer, mich ab und zu von den Bergen von Zeitungen und Zeitschriften zu trennen, die sich neben meinem Bett auftürmen. Und lieber hole ich einen zweiten Papierkorb, den ich unter den vollbeladenen Schreibtisch schiebe, ehe ich den Inhalt des ersten verbrenne. Weshalb das so ist, weiß ich nicht. Zumindest zeigt es gewaltigen Respekt vor dem geschriebenen Wort.

Das Haus in der Toscana, das wir für uns suchten, musste demnach ein großes sein, ein ziemlich großes sogar. Den meisten Deutschen, die von der Toscana träumen, schwebt ein kleines, romantisches Rustico vor, vier Zimmer, zwei Schlafräume, ein Wohnzimmer und eine große Küche, eine überschaubare Situation für die Ferien, mit etwas Land drum herum, vielleicht mit einigen Olivenbäumen, einem Granatapfelbäumchen…

Für uns aber stand von Anfang an fest, wenn wir uns eine Bleibe in Italien suchten, durfte es auf keinen Fall ein reines Ferienhaus sein. Wir wollten ständig da leben und uns eine Existenz aufbauen. Das Haus sollte auch über ausreichend Nebengebäude verfügen, um Franklins Bildhaueratelier aufzunehmen. Das würde viel Raum beanspruchen wegen der Maschinen und aller Art von Werkzeugen, Kompressoren, Kranvorrichtungen, Hebebühnen und der Steinvorräte.

Franklin war im Jahr 1972 zum ersten Mal von den Vereinigten Staaten nach Italien gereist. Im Rahmen eines Austauschprogramms unterrichtete er in der *Luchio Accademia* in Lucca seine amerikanischen Studenten in Bildhauerei und Kunstgeschichte. Schon der erste italienische Sommer prägte sein ganzes künftiges Leben. Im Handumdrehen verfiel er dem milden sommerlichen Klima und noch mehr der toscanischen Küche; er wurde zu einer Art Italoamerikaner, American Latin Lover aller ihm sich bietenden Genüsse. Seine erste Ehe zerbrach, als er anstatt eines geplanten Monats ein ganzes Jahr in Indien blieb, um an seiner Dissertation über frühe Steinskulpturen im indischen Buddhismus zu arbeiten. Das war zu lange. Seine Frau kam ihm in dieser Zeit abhanden. Als er sich dann in seinem dritten oder vierten italienischen Sommer so in das Land verliebte, dass er für immer dableiben wollte, hängte er seinen Lehrjob, ohne es je bedauert zu haben, an den Nagel, das heißt, er ließ sich von der Universität, seinem Arbeitgeber, vorerst für ein Jahr beurlauben und verabschiedete sich danach endgültig. Nach Amerika kehrte er nur noch ein einziges Mal zurück, als seine Mutter an Krebs erkrankt war. Er blieb einige Monate bei ihr, aber als sie starb, war er schon wieder in Italien, in Azzano, hoch oben in den Marmorbergen von Pietrasanta-Carrara. Von ihrem Tod erfuhr er erst, als es zu spät war, um an der Beerdigung teilzunehmen. Also blieb er in Italien, etwas heimat- und wurzellos, aber durchaus nicht unglücklich.

Leider waren wir beide Künstler, ich benutze diesen Ausdruck, weil ich nirgendwo einen Vorteil erkennen kann, den uns diese Tatsache gebracht hätte. Nicht nur, dass ab und zu konkurrierende Gedankengänge aufkamen, mehr als andere Paare versuchte man, sich gegeneinander abzugrenzen, zu profilieren. Hinzu kam, dass man gleichsam in der Schwebe lebte. Beide hatten wir kein festes Einkommen und keiner konnte zum Beispiel dem anderen eine Alterssicherung in Form einer Rente oder Pension bieten. Man musste also etwas anderes suchen, um sich zu fundieren. Und da wir schon vor vielen Jahren, unabhängig voneinander und später gemeinsam, Bildhauer- und Malkurse in der Toscana veranstaltet hatten, lag die Idee nahe, damit fortzufahren. Fänden wir ein Haus in geeigneter Größe, könnten wir unsere Schüler darin unterbringen und würden nicht den größten Teil des Honorars für anzumietende Wohnungen verlieren.

Das Haus sollte außerdem in einer wunderschönen landschaftlichen Umgebung gelegen sein, am liebsten inmitten unberührter Natur, möglichst keine direkten Nachbarn haben, viel Land um die Baulichkeiten, alte Bäume. – Und, das wichtigste von allem, es durfte nicht viel kosten.

Aber ehe überhaupt an einen Kauf zu denken war, musste ein Verkauf getätigt werden. Wir besaßen einen ungeliebten Neubau, der mit drei anderen, ebenfalls neu gebauten Häusern zusammen auf eine Wiese gesetzt worden war. Genauer gesagt, diese Ansammlung von Feriendomizilen lag in einem beschaulichen Olivenhain außerhalb von Castagneto-Carducci in der Provinz Livorno. Zwischen die sehr alten, knorrigen, ehrwürdigen Olivenbäume hatten wir (eine Gruppe locker befreundeter Frankfurter Maler), jedenfalls war das unsere Wunschvorstellung gewesen, zur Verwunderung unserer geduldigen italienischen Nachbarschaft, eine kleine deutsche Künstlerkolonie gesetzt. Unsere hoch gesteckte Kommune-Idee hatte von Anfang an Schlagseite und ging sehr schnell baden, jeder verfolgte ausschließlich seine eigenen Interessen und es gab kaum Gemeinsamkeiten. Bis zum Verkauf meines wenig geschätzten Hauses dauerte es ganze acht Jahre, erforderte harte Maklerarbeit und zuvor viele Verschönerungen und Verbesserungen an dem ursprünglich sehr spartanischen und äußerlich barackenähnlich wirkenden Bauwerk.

Sicherlich hatte es seine künstlerischen Qualitäten gehabt. Immerhin war mein erster Mann, der sich damit ein Denkmal gesetzt hatte, in Genf während seines Architekturstudiums Corbusierschüler gewesen. Interessante Lichteinfälle, durch schlitzartige Öffnungen geleitet, waren berechnet worden und er hatte dafür Sorge getragen, dass in kaum einem Raum die Mauern zu einem rechten Winkel zusammenliefen, was mich irritierte, mein ausgeprägtes Harmonie- und Symmetriebedürfnis beleidigte. Mehrere Ebenen von ungleichem Zuschnitt sollten innerhalb der Räume für Spannungsmomente sorgen, lösten jedoch bei mir nur Reizbarkeit und Nervosität aus.

Das Grundstück, das spottbillig gewesen war, hatte ich erworben und meinem Mann als Überraschungsgeschenk zu Weihnachten präsentiert, ohne genau zu wissen, wo es lag, mitgerissen von den begeisterten Schilderungen einer Freundin, die sich auch in die Gruppe einkaufen wollte. Anhand der Bauzeichnungen war ich dann aber nicht in der Lage gewesen, mir eine konkrete Vorstellung über das entstehende Haus zu schaffen. Und als ich dann den Rohbau zum ersten Mal betrat und die seelenlose Leere des Gebäudes sich gleichsam in Wellen bis in mein Innerstes fortsetzte, wusste ich, dass es ein Fehler gewesen war, dieses Grundstück zu kaufen und darauf zu bauen. In diesem sehr unglücklichen Augenblick, wo ich mich verloren fühlte wie selten zuvor in meinem Leben, wurde mir bewusst, dass ich ein ALTES HAUS gewollt hatte, schon immer und immer, ein ganz altes.

Von dieser Sekunde an konnte ich nicht mehr zufrieden sein mit unserem künftigen und noch nicht einmal fertigen Ferienhaus in der Toscana und ich begann, auf sich immer länger ausdehnenden Spaziergängen, die in größer werdenden Zirkeln abliefen, alle verlassenen Gebäude in der Umgebung unserer Mini-Kolonie zu inspizieren, jedes große oder kleine verwahrloste landwirtschaftliche Gemäuer.

Es war die Zeit, wo viele der castagnetanischen Bauern die ererbten alten Häuser aufgaben, um mit ihren Familien in das drei bis fünf Kilometer entfernte Donoratico zu ziehen, das bis dahin aus nur wenigen Gebäuden bestand und dessen eigentliche Entwicklung soeben begann.

Zweites Kapitel

Castagneto-Carducci, Bolgheri und Donoratico

Über die unterschiedlichen Gesichter der Toscana ist oft geschrieben worden. Zum Teil kontrastieren die neun Provinzen so sehr, dass man meint, man wechsle nicht nur die Landschaft, sondern das Land, wenn man von einer in die andere fährt.

Eine der lieblichsten und noch immer nicht vom Massentourismus heimgesuchten Gegenden ist die zwischen Cecina und San Vincenzo, unterhalb Livornos. Castagneto war einmal die größte Gemeinde in der Küstenprovinz Livorno, die sich mit ihren malerischen, alten, etwas ins hügelige Landesinnere zurückgesetzten Bergdörfern und kleinen Städtchen am Meer entlang zieht, wo auf der Landkarte das Ligurische und das Tyrrhenische Meer aneinander grenzen.

Bis zu Beginn des Zwanzigsten Jahrhunderts war die Ebene zwischen dem Meer und den Maremma-Hügeln sumpfig und, wie ich dem kleinen roten Band von 1885 aus meiner Baedekersammlung entnehmen kann, „voll des bösen Fiebers" – Malaria.

Heute sind die Sümpfe längst trockengelegt und die fruchtbare Erde wird bearbeitet. Küstenstädte, Seebäder, die meist zu einem gleichnamigen Bergort gehören, reihen sich aneinander wie Perlen in einer Kette. Livorno, nicht nur Hauptstadt der Provinz, sondern zudem einer der wichtigsten Seehäfen Italiens, hier legen die Schiffe nach Sardinien, Korsika und Sizilien ab, soll sogar das erste Seebad Europas gewesen sein. Die Steilküste in dieser felsigen, macchiabewaldeten Gegend bietet zu allen Jahreszeiten und bei allen Wetterlagen atemberaubende Ausblicke.

Nach einigen Kilometern schon findet man eine breiter werdende Sandküste, die zunehmend flacher wird. Hier folgen Richtung Süden die Orte Castiglioncello, Cecina, Bibbona, Marina di Castagneto-Carducci, San Vincenzo und die Bucht von Baratti. Je südlicher die Bäderstraße, desto lieblicher wird die Landschaft. Zwischen Bolgheri und San Vincenzo lädt sie zu meilenweiten Spaziergängen entlang des Meeres ein. Unverbaute Natur, auf der einen Seite die sanfte Brandung, auf der anderen die mit *Macchia* bewachsenen Dünen, deren holzige Gewächse in der Sonne einen unvergleichlich aromatischen Duft entfalten. Zwischen flachem Strand und Dünen wachsen verschiedene Arten von niedrig blühenden Distelpflanzen mit silbrig schimmernden, gezackten Blättern und stachelbewehrten Blütenköpfen sowie die geschützten weißen Strandlilien. Die liebliche Landschaft um Castagneto und Bolgheri gehört zu den schönsten der Toscana.

Castagneto-Carducci und Bolgheri mit seiner wechselvollen Geschichte, das als ältester Stadtteil der Gemeinde Castagneto gilt, erfreuen sich vor allem bei italienischen Besuchern besonderer Beliebtheit, denn hier hat im 19. Jahrhundert der Dichter Giosue Carducci gelebt und gearbeitet, der 1906 den Nobelpreis für Literatur erhielt: „…nicht allein in Anerkennung seiner umfassenden Gelehrsamkeit und seiner kritischen Forschungsarbeit, sondern vor allem als Würdigung seines schöpferischen Vermögens, der Frische des Stils und der lyrischen Kraft, die seine poetischen Meisterwerke auszeichnen…" So steht es in einem dicken Wälzer über Literaturpreisträger geschrieben (Bertelsmann: Rolf Hochhuth und Herbert Reinoß „Ruhm und Ehre").

Sein mehrere Seiten langes Gedicht über die Zypressen von Bolgheri *Davanti San Guido* ist jedem italienischen Schulkind geläufig, weil es auswendig gelernt werden muss.

Giosue Carducci, der 1835 als Sohn eines Arztes in Valdicastello bei Pietrasanta geboren wurde, kam als Dreijähriger mit der Familie nach Bolgheri. Da der Dottore Michele Carducci sich einer Art Untergrundbewegung anschloss, die gegen die Großgrundbesitzer Della Gherardesca revoltierte, es ging um bürgerliche Rechte, musste die Familie zehn Jahre später fliehen und lebte dann im neun Kilometer entfernten Castagneto, das sich zu der Zeit noch Castagneto-Marittimo nannte und erst später stolz und respektvoll den Namen Carducci hinzufügte.

Giosue Carducci erlangte an der Universität von Bologna eine Professur für italienische Literatur und kam als Dichter zu Ruhm. Sein Heimweh trieb ihn aber immer wieder nach Bolgheri und Castagneto, die er in seinen Gedichten besang.

Die berühmte, fünf Kilometer lange Zypressenallee, die mit zweitausendfünfhundert Bäumen in gerader Linie von der Küstenstraße, der *Via Aurelia*, bis zum großen Torbogen des gräflichen Schlosses der Familie Gherardesca am Ortseingang von Bolgheri verläuft, wurde 1830 angelegt und ist ein beliebtes Ausflugsziel. Rechter Hand, zu Beginn der Allee (das etwas zurückgesetzt liegende lachsfarbene Gebäude ist der Weinkeller des Marchese in Chisa, hier wird der berühmte *Sassicaia* gekeltert), befindet sich ein Rasenstreifen, breit genug, dass Familien ihre Autos abstellen können, Picknickstühle und -tische herausholen, um im Anblick dieser beeindruckenden Baumreihen zu tafeln.

Dokumentarisch wurde Castagneto zum ersten Mal im Jahre 754 n.Chr. erwähnt. Lange Zeit regierten es die Grafen Della Gherardesca von Pisa aus. Zu Beginn des 15. Jahrhunderts übernahm die Republik Florenz die Herrschaft und bildete drei Gemeinden: Bolgheri, Castagneto und Donoratico.

Donoratico, das um den *Torre* angelegt war, dessen Ruine man heute noch besuchen kann, sowie Bolgheri wurden im Zuge einer Vergeltungsaktion von Florenz in den Jahren 1433 und ein weiteres Mal 1496 zerstört und erreichten nach dem Wiederaufbau weder die vormalige Schönheit noch Wichtigkeit. Allein Castagneto überlebte damals mit seinen historischen Gebäuden und nahm an Bedeutung zu.

Der Hauptort, fast zweihundert Meter hoch auf einem Hügel gelegen, blickt über eine weite und fruchtbare Ebene mit dem Meer am Horizont und den Inseln Elba, Capraia und Gorgona. Rechts und links sieht man bewaldete, kleinere Hügel, Schlösser und Landhäuser.

Früher war Castagneto von den Mauern der ehemaligen Burg, die gleichzeitig Festung war und den Herzögen Della Gherardesca gehörte, eingeschlossen. Nach vielen Umbauten im Laufe der Jahrhunderte dominiert das Schloss, von dunklen Zypressen umstanden, immer noch den Ort. Inzwischen haben sich in den alten Gemäuern der Stadt Läden, Restaurants und Enotheken etabliert, wo man nicht nur Weine aus Bolgheri und Castagneto finden kann.

In den Räumen der Gemeindeverwaltung gibt es ein umfangreiches geschichtliches Archiv. Hier werden auch die Schriften und Dokumente des Dichters Giosue Carducci ausgestellt.

Das antike Schloss von Donoratico und der ursprüngliche Ort Donoratico sind im 9. Jahrhundert auf den Mauern von einstigen etruskischen Niederlassungen gebaut worden. Im Laufe der Jahrhunderte vergrößerte Donoratico sich derartig, dass es bald als eine der gefürchtetsten Festungen der Maremma galt. Bei der Zerstörung bis zu den Fundamenten durch die Florentiner blieben nur Reste der Burgmauer übrig, die zu Füßen der Turmruine, des *Torre* liegen.

Nahe des Turms und der etruskischen Ausgrabungen, die besichtigt werden können, gibt es ein kleines Hotel und Restaurant, das wegen der schönen Lage gerne von Touristen frequentiert wird. Die in Fels gehauenen etruskischen Gräber, die nicht weit davon entfernt liegen, befinden sich auf Privatbesitz und sind leider nicht zugänglich.

Das heutige Donoratico zeigt keine besonderen geschichtlichen oder landschaftlichen Merkmale. Die Einkaufsstadt entstand erst vor hundert Jahren mit Ansiedlung von Handwerksbetrieben entlang der Staatsstraße *Via Aurelia*. Kommt man von Norden, breitet sich die Stadt links von der *Aurelia* aus. Rechtsseitig gibt es nur eine einzige Häuserzeile entlang der Straße, dicht dahinter ist die sehr befahrene Bahnlinie Nord-Süd, Genua-Roma sowie die Schnellstraße. Und wiederum dahinter, durch einen vier Kilometer breiten Gürtel von Feldern und Pinienwäldern getrennt, das Meer. Man fing also irgendwann an, sich linksseitig der Hauptverkehrsstraße, Richtung Castagneto-Carducci, das auf der höchsten Anhöhe liegt, auszubreiten.

Ende der Sechziger, Anfang der Siebziger Jahre entstanden die ersten Appartementhäuser, stillose, dünnwandige Kästen, Architektursünden, die nicht nur in Italien zu dieser Zeit aus dem Boden schossen. Das Stichwort war „modern" und das hieß natürlich zuallererst, dass die Wohnungen über Badezimmer verfügten, Farmhäuser hatten kaum welche aufzuweisen. Es gab richtige Toiletten und nicht nur das Lochbrett ohne Wasserspülung mit der Keramikröhre, die außen an der Hauswand nach unten lief und in der Sickergrube endete – oder, wenn der Fortschritt bereits Einzug gehalten hatte, den weißen Keramikabtritt, der im Fußboden eingelassen war, mit einer Wasserspülung, die oft so eingerichtet war, dass man sich nach dem Schnurzug nur mit einem kühnen Sprung zur Tür vor den vehement sprudelnden Wassermassen retten konnte.

In den Neubauten Donoraticos hatten die Badezimmer außer einem schicken weißen WC-Becken ein Bidet, Dusche oder Badewanne, ein bis drei Sorten unterschiedlich gemusterter und glänzender Keramikfliesen an den Wänden und andersfarbigen und -gemusterten auf dem Fußboden. Und das Wichtigste, in Donoratico gab es in allen Häusern Elektrizität. In Küche und Bad floss sowohl kaltes als auch warmes Wasser aus den blinkenden Inox-Hähnen.

Die Gemeinde Castagneto war arm, ehe der Tourismus Ende der Achtziger Jahre begann, die Gegend aufblühen zu lassen und Wein- und Olivenölhandel in den Neunziger Jahren einen Aufschwung unerwarteten Ausmaßes erfuhren. Die Außenbezirke wurden meiner Erinnerung nach erst 1974 an das Stromnetz angeschlossen, an die gemeindliche Wasserversorgung dann noch einige Jahre später, an die Gasleitung und an die öffentlichen Abwassersysteme bis heute nicht.

Zwar hatten wir in unserer kleinen Künstlerkolonie, dem Beispiel der bäuerlichen Nachbarn folgend, die unter den gleichen Wasserproblemen litten, Zisternen gebaut, um das Regenwasser von den Dächern aufzufangen und zu speichern, aber ohne Elektrizität (auf sie wartend wollten wir auch keine Generatoren anschaffen) funktioniert auch keine Wasserpumpe. Und so liefen anfangs nur leere Leitungen durch das Haus, die Wasserhähne waren schöner Schein und man musste zu den öffentlichen Wasserstellen und Brunnen fahren, um das kostbare Nass in große Plastikkanister abzufüllen, die man dann ins Haus wuchtete. Für die Beleuchtung gab es Kerzen und Petroleumlampen, was in den Ferien erträglich, weil romantisch war. Irgendwie gehörte es zum einfachen Leben, das uns vorschwebte und erstrebenswert schien: Raus aus der Stadt – zurück zur Natur!

Was wir am dringendsten vermissten, war ein Kühlschrank, denn in der Hitze des Sommers verdarben im Handumdrehen alle Lebensmittel oder, wenn man Fisch oder Fleisch gekauft hatte, wurden Myriaden grünschillernder Fliegen angezogen, die es fertig brachten, sich selbst durch dicke Plastiktüten Zugang zum Nährboden für ihre Eiablage zu verschaffen.

Sogar Restaurants, wie das auf einem Hügel an der *Segalari*-Straße außerhalb von Castagneto gelegene *L'Orizzonte*, wurden jeden Abend mit zischenden und blakenden, milchigweißen kugeligen Gaslaternen illuminiert. Auf Stäben befestigt, verbreiteten sie ein mildes Licht im sommerlichen Garten.

Das Wasser für das Lokal kam aus der Ebene. Die Lieferung erfolgte jeden Spätnachmittag in einem traktorgezogenen Tankwagen, dessen Inhalt teilweise schon auf dem Transport durch die Erschütterungen auf den desolaten, ausgefahrenen Feldwegen und der ungeteerten *Segalari*-Straße überschwappte, zum größten Teil aber heil ankam und in unterirdischen Behältern gebunkert wurde. Wasser war sehr kostbar in diesen Tagen.

Drittes Kapitel

Der weiße Elefant

Der Schweizer Makler Paolo Aebersold, der wie wir an der sogenannten Panoramastraße, der *Segalari*, wohnte, die hinter Castagneto am *Castello Segalari* vorbeiläuft und weiter unten auf die *Lamentano* stößt, hat enorme Anstrengungen unternommen, unser Haus an den Mann zu bringen, sprich einen Käufer dafür zu finden. Es erwies sich als sehr schwierig. Denn wer kommt schon in die Toscana, um etwas Dünnbetonwandiges zu kaufen, ein modernes Haus, das ich obendrein noch in einem Anfall von Geschmacksverirrung hatte leuchtendrosa streichen lassen?

Nachdem der Architekt mit einer zwanzig Jahre jüngeren Dame, die eigentlich keine war, wenn ich so darüber nachdenke, aus meinem Dasein marschiert war, blieb ich mit einem kurz zuvor gemeinsam adoptierten kleinen Jungen und einem unfertigen Neubau zurück, für den ich noch zu zahlen hatte. Zum Glück fiel all das in die Zeit, in der ich als Malerin in Deutschland und Italien Preise gewann, Fernsehauftritte und viele Ausstellungen hatte, kurz, in der ich am erfolgreichsten war. Fünf Jahre danach, ich hatte inzwischen in Frankfurt eine Kunstgalerie eröffnet, lernte ich einen amerikanischen Bildhauer, Franklin, kennen, der dann später mein zweiter Mann wurde. Mit seiner Hilfe begann ich, das Haus umzugestalten. Eines der ersten Projekte war die Korrektur meiner pinkfarbenen Sünden. Nun erstrahlte das flache Gebäude plötzlich im südlichsten Weiß, was wunderbar mit den kobaltblauen Türen, Fensterläden und den Sprossen der großen Bogenfenster harmonierte, die wir inzwischen hatten einbauen lassen. Es wirkte zwar nicht typisch toscanisch, jedoch bildete das Weiß einen schönen Kontrast zum Grün der Olivenbäume und Zypressen und den blühenden Lavendel- und Oleanderbüschen: Mein erster Garten, den ich in unzähligen Arbeitsstunden der Natur und dem felsigen Grund, gegen immerwährenden Wassermangel an-

kämpfend, abgerungen hatte. Alle Interessenten erklärten nach Besichtigung spontan, dass sie sich eigentlich etwas Rustikaleres und mehr „Toscanisches" vorgestellt hätten, vielleicht auch eher kleiner. Und dann störte sie der Reihenhauscharakter unserer Künstlerkolonie, sie wären lieber auf einem Grundstück ganz für sich gewesen.

An seinem Hauptwohnsitz am Zürichsee hatte Paolo einen direkten Nachbarn, einen Bauunternehmer, der zwölf Jahre lang gemeinsam mit seiner Frau immer wieder die Toscana bereist hatte. Meist wohnten sie dann bei Paolo und Liliane im Haus und er zeigte ihnen Objekte, die ihm als Feriendomizil für das Schweizer Paar geeignet schienen. Sie fuhren sowohl in die Gegend um Grosseto als auch Richtung Pisa, von der Küste ins Landesinnere, Vada, Arezzo, Massa Marittima, Roccastrada. Insgeheim hatte Paolo schon die Segel gestrichen. Jedes alte Haus, ob Ruine oder bezugsfertige Villa, war bisher mit freundlicher Bestimmtheit abgelehnt worden.

An diesem speziellen Morgen, der dann für uns alle wichtig wurde, wollte Paolo mit Herrn Gianesi, eben diesem Bauunternehmer, in die Gegend von Massa, um ihm einige Häuser zu zeigen, die neu im Angebot waren. Während Paolo einem deutschen Kunden unseren weißen Elefanten vorführen wollte, sollte er aber noch ein halbes Stündchen auf der Terrasse auf ihn warten.

„Was ist das für ein Haus, warum kann ich das nicht auch ansehen?", wollte Herr Gianesi wissen. Und Paolo sagte ihm, dass es nichts für ihn wäre, „zu modern".

„Ich würde es trotzdem gerne sehen!"

„Zu schlecht gebaut", sagte Paolo, „es hat schon Risse. Außerdem habe ich keine Schlüssel, man kann es nur von außen sehen".

„Ich schau's mir an!"

„Nein!", Paolo wollte ihn nicht mitnehmen, „es ist außerdem feucht, liegt am Hang, das Wasser fließt rein, jedenfalls wenn es stark regnet."

Gianesi war der Meinung, dass man dagegen etwas machen könne.

Paolos letztes und brutalstes Argument, völlig den Geschäftsinteressen eines Maklers und Verkäufers zuwiderlaufend, war: „Es ist das Geld nicht wert!".

„Also, das muss ich selbst sehen", sagte Gianesi und schloss sich der Besichtigungstour an.

Paolo, mit allen Mängeln unseres Hauses vertraut, wusste, dass er auch die restlichen Jahre seines Lebens am Zürichsee Grundstück an Grundstück mit seinem Nachbarn Gianesi in Frieden und Harmonie leben musste. Er wollte unter keinen Umständen durch einen Misskauf in der Toscana den Grundstein für künftige Unstimmigkeiten legen.

Aber die Gianesi haben unser Haus, so schnell es sich abwickeln ließ, erworben die Defekte behoben und es nach ihren Ideen weiter verändert. Das Ergebnis war beeindruckend. So einen Mann hätte man in der Bauphase benötigt.

Wenn ich denke, in wie viele leer stehende Häuser ich mich im Laufe der Jahre verliebt habe, Häuser, die ich schon beim Betreten im Geiste eingerichtet und möbliert und als Mittelpunkt unseres Lebens gesehen habe – und wie traurig ich oft war, weil wir nicht kaufen konnten, ehe wir verkauft hatten, dann bin ich überrascht, wie gut die Zeit für uns gearbeitet hat.

Nach dem ersten Anruf Paolos, mit dem er einen seriösen Kaufinteressenten für uns signalisierte, waren wir für den Weitergang der Geschichte etwas skeptisch. Gianesi waren zu dem Zeitpunkt schon mehrere Male zum Grundstück gefahren, hatten das Haus aber nur von außen besichtigen und durch die Bogenfenster in den hohen, hallenartigen Wohnraum spähen können.

Geplant war von uns eine Osterreise nach Castagneto. Aber bis zum Frühjahr würde das Interesse der Schweizer möglicherweise erloschen sein, man weiß, wie solche Dinge laufen. Das dachten offenbar auch Gianesi, die wild entschlossen einen Termin vor Ort zwischen Weihnachten und Neujahr haben wollten. Ihre Idee war, dass wir uns alle in Castagneto treffen sollten, sie, wir und Paolo, im Haus.

„They will back out", sagte Franklin „wenn sie keine kompletten Idioten sind, werden sie einen Rückzieher machen und – *the house is like an icebox! Just tell them to come in spring!*"

Unmöglich, wie sollte ich sie dazu bringen, erst im Frühling, wenn es warm war, zu kommen. Bis dahin hatten sie es sich schon hundertmal anders überlegt.

Keiner wusste besser als ich, schließlich hatte ich vor Jahren mit Freunden einen Weihnachtsurlaub in Castagneto verbracht, dass das Haus um diese Jahreszeit Kühlschranktemperatur hatte, oder eher Gefrierfachwerte. Ohne Heizung, mit dünnen Wänden und unisolierten Fenstern, kalten Steinböden und vielen zugigen Öffnungen konnte es ohne Weiteres passieren, dass im Winter das Wasser in Blumenvasen einfror.

Wenn man Toscana-Fantasien hat, sie nur im Sommer bereist und ignorant genug ist, sich nicht vor oder während der Bauzeit über winterliche Temperaturen zu informieren, oder wenn man wie wir das Ganze anfangs ohnedies nur als Sommerferienvergnügen angesehen hatte, dann konnte man leicht übersehen, dass es in Italien ebenfalls, wenn auch nur für wenige Tage im Jahr, Temperaturen um den Nullpunkt gibt. Ich fand aber, dass man die Sache noch in Griff bekommen könnte. Auf keinen Fall wollte ich, so kurz vor dem Ziel, aufgeben.

„Wir werden zwei, drei Tage vor ihnen da sein", sagte ich. „Der Kamin wird angeworfen, wir werden Tag und Nacht heizen, um es gemütlich zu machen."

Das mit Tag und Nacht war auch nötig, weil man, sobald der Kamin in Betrieb genommen war, Fenster und Türen öffnen musste. Ein hessischer Spezialist für Kamine, den wir eigens zwecks Planung dieses Schmuckstücks zur Anreise aus

Deutschland animiert hatten, damit er den richtigen Winkel für den Abzug, das Knie, die Neigung, Durchmesser des Innenrohrs, Höhe und Material der Ummantelung, Luftkammern, Dachaufbau und was sonst noch zu bedenken war, berechnen konnte, hatte irgendwo danebenkalkuliert und zwar gehörig. Obwohl er sich, weiß Gott, im Rohbausommer auf der Wiese sitzend, genügend Zeit für alles genommen und täglich große Vorträge über seine eigene Person und Spezialisierung gehalten hatte.

Vielleicht war im Laufe der langen Kaminschachtplanungsphase, in der er auch noch von mir italienisch bekocht worden war, während er mit seinen Berechnungen unter einem mindestens vierhundert Jahre alten knorrigen Olivenbaum saß, zuviel roter *Sala Renata* durch die Kehle und Kalkulationen geflossen. Vielleicht war es aber einfach so, dass in der Toscana Kamine ganz anders ziehen. Basta! Jedenfalls wollte er sich später zu diesem Thema nicht mehr äußern.

Tatsache war, dass sich dicker Qualm, der sofort Hustenreiz auslöste und die Augen gehörig tränen ließ, in undurchsichtigen Schwaden aus dem an drei Seiten offen in den Raum ragenden Kamin wälzte und einem die Atmung erschwerte. Wenn man von vornherein ein Fenster und an der gegenüberliegenden Raumseite eine Tür halb öffnete, bekam man die Angelegenheit zwar nicht unter Kontrolle, aber die Rauchschwaden waren weniger heftig und nach einer Weile brannte das Feuer fast normal und nur ab und zu, vielleicht wenn ein heftiger Wind übers Dach strich, wurde wieder eine dunkle Wolke hereingedrückt. Es ging also nicht ganz ohne Zugluft ab, aber auf lange Sicht, und das zählte, erwärmte sich der Raum.

Am Ende des letzten Sommers, vor unserer Rückreise nach Deutschland, hatte ich das Haus für den Winter eingepackt, das heißt gegen Insekten und Mäuse gesichert. So in der freien Landschaft liegend, war es in den vergangenen Jahren von Nagerinvasionen unbeschreiblichen Ausmaßes heimgesucht worden. Sie hatten sich in Decken und Sofakissen vermehrt, in Matratzen und Handtuchstapeln genistet und überall ihre kleinen schwarzen Lorbeeren hinterlassen. In Ermangelung besserer Angebote hatten sie Trockensträuße verzehrt, sogar die zu Dekorationszwecken an die Wand gehängten Peperoncini-Schoten gefressen und auch Wachskerzen nicht verschmäht, die von ihnen säuberlich bis auf den Docht abgenagt worden waren. Natürlich fanden sich auch ganze Buchseiten, zu winzigsten Schnipseln verarbeitet, zur komfortablen Nestauspolsterung für die kleinen Mäusejungen.

Aber das Schlimmste war wirklich der über allem schwebende penetrante Geruch von Mäusepisse, der auch mit Reinigungsmitteln blumigsten Werbecharakters fürs Erste nicht zu übertönen war, ein kleiner, ätzender Gestank, der sich weder binden noch beseitigen ließ. Seit mir dieser Odeur in die Nase stach, weiß ich sofort bei Betreten eines Raumes Bescheid, wenn eine Maus durchmarschiert ist; die Witterung ist unverkennbar.

In einem nur über die Sommermonate bewohnten Haus blieb nach diesen Erfahrungen nichts anderes übrig, als jedes Kissen und jede Decke, jegliches Stückchen Textil und eben auch Dinge wie Wachskerzen, wegzuzupacken und einzumotten. Sogar die Matratzen lagen diesmal, in dicke Plastikplanen gerollt, auf den Schränken. Das Haus war gestrippt. Nicht nur, dass es kalt war, es suggerierte absolute Unwohnlichkeit.

Natürlich war es nicht damit getan, den Kamin anzuwerfen. Die Räume mussten einfach wieder belebt, behaglich gemacht, dekoriert werden: hier ein anmutig gebogener Zweig in einer schlichten Glasvase, da ein Stilleben von Granatäpfeln und frischem Obst, Holzschalen mit Gebäck und Nüssen. Klassische Musik im Hintergrund – der unvermeidliche Vivaldi, zwar Venezianer, aber welche Musik könnte besser in die toscanische Landschaft passen, Essensdüfte, Knoblauch, Rosmarin, ein Braten in der Röhre, auf dem blank gescheuerten Tisch eine gute Flasche Rotwein, richtig temperiert. In etwa dieser Art wollte ich die Interessenten für das Haus, unsere Gäste, empfangen. Sie sollten sich sofort wohl fühlen.

Das waren meine Fantasien und so wurde der Mercedes, dieses wackere Schlachtross, das schon an die 345.000 Kilometer auf dem Buckel hatte, dieses Mutterschiff, das im Laufe der Jahre neben Skulpturen und Bildern eine Unzahl von Dingen für uns von Süden nach Norden, oder auch umgekehrt, transportiert hatte, in Frankfurt vollgeladen, bis sein Hinterteil nach unten sank.

Für den kommenden Sommer hatte ich auf der Internationalen Frankfurter Herbstmesse neue Bettüberwürfe gekauft. *Bassetti-Granfoulard* mit dunkelblaugrundigen, ans Persische anlehnenden Mustern. Es blieb noch genügend Stoff für Gardinen. Natürlich würde ich sie in der knapp bemessenen Zeit nicht mehr nähen können, aber sie ließen sich sicher gefällig um die bisher nackten Fenster drapieren.

Von Freiburg-Nord bis Freiburg-Süd benötigten wir so ziemlich genau viereinhalb Stunden. Bereits in der Weinheimer Gegend hatte es angefangen, aufs Heftigste zu schneien, klatschig-dicke Flocken, die so dicht fielen, dass sie auf dem Straßenbelag als kompakte, seifige Schicht liegen blieben. Anfangs hatten wir noch miteinander geredet. Dann hatte Franklin sich ausschließlich auf die Straße konzentriert, während ich mich mehr und mehr verkrampfte.

Ich dachte immer nur: „Das kann doch nicht wahr sein! Warum passiert uns das!?" Den ganzen Winter über hatte es kein einziges Mal geschneit. „Hoffentlich schaffen wir es überhaupt!".

Ein riesiges Streufahrzeug war ins Schleudern gekommen, es stand quer und blockierte endlos lange die Autobahn, bis es sich wieder in Fahrtrichtung manövrierte und wegschlich, jetzt ohne Sand auszuwerfen. Der Schneefall wurde noch dichter, man sah kaum noch etwas. Wortlos zog Franklin den Wagen nach rechts, nahm die Ausfahrt Freiburg-Süd, wir fuhren zurück.

„*That's suicide*", sagte er nach einer Weile. „Kannst du dir vorstellen, wie der Gotthard aussieht, wenn es hier schon so schlimm ist?"

Ich sah es ein, nur sprechen konnte ich nicht, nicht jetzt, wo Wut und Hilflosigkeit mir die Kehle zuschnürten. So viele Jahre hatte ich gehofft, dass eines Tages jemand käme, der mir dieses ungeliebte Haus in Castagneto abnehmen würde, so viel hatte ich dafür getan. Und nun, kurz vor dem Ziel, machte das Wetter alle Pläne zunichte.

Am Abend telefonierten wir mit den Gianesi, versuchten wegen des unmöglichen Wetters den Besichtigungstermin hinauszuzögern. Ohne Erfolg. Sie waren wild entschlossen zu reisen, versicherten uns frohgemut, dass es in Zürich gar nicht „so schlächt" aussähe. Ich nannte ihnen die Adresse, wo unsere Hausschlüssel hinterlegt waren.

Zwei Tage später bekamen wir einen Anruf, ob wir uns wegen des Kaufvertrages in Zürich treffen könnten.

Paolo erzählte uns später, dass die Gianesi vom Inneren des Hauses genauso angetan gewesen waren wie von seinem Äußeren. Es traf ihren modern ausgerichteten Geschmack. Er, als Bauunternehmer, war mit Instrumenten angereist: Feuchtigkeitsmesser und anderen Geräten und entwickelte sofort nützliche Ideen, an welchen Stellen Drainagen gelegt und was sonst noch geändert werden musste, um das Haus funktioneller zu gestalten. Manche seiner Änderungen, die er mit Fachwissen und Schweizer Gründlichkeit in Angriff nahm, hatten schlichtweg außerhalb unserer Vorstellungskraft gelegen. Uns als Künstler hatten natürlich eher die dekorativen als die praktischen Elemente interessiert und begeistert.

Viertes Kapitel

Kreuz und quer durch die Toscana

Die große Zitterpartie begann nach dem Verkaufserfolg. Es schien, als wären all die vielen Häuser, die lange Jahre, um nicht zu sagen Jahrzehnte, leer gestanden hatten, die man in der Fantasie bereits restauriert und gedanklich schon bewohnt hatte, inzwischen vom Markt verschwunden.

Und dann gab es, wie schon oft zuvor und auch später und vor allen Dingen jetzt im Augenblick wieder, aber diesmal traf es uns ins Herz, die geraunten Gerüchte: ES GIBT NICHTS MEHR und DIE TOSCANA IST LEER GEKAUFT! Zu viele Schweizer und Deutsche hatten sich in den vergangenen Jahren der interessanten Objekte bemächtigt. Panik schlug über uns zusammen. Plötzlich beschuldigten wir uns gegenseitig: vielleicht war es doch ein Fehler gewesen, zu verkaufen. So übel war unser Haus am Ende gar nicht gewesen, nach all den Verbesserungen und Umbauten der letzten Jahre. Und auch der Garten, der sich anfänglich so geziert hatte, war mit all den blühenden Sträuchern schließlich ganz ansehnlich geworden.

Was, wenn wir jetzt zwar Geld in die Hand bekommen, aber nichts Geeignetes mehr finden? Oder so teuer, dass wir es uns nicht leisten können?

An Ostern fuhren wir zum letzten Mal zum *Segalari*-Haus. Zwei Wochen lang packte ich: Kisten mit Wäsche, Geschirr, Bildern und allem, was sich so angesammelt hatte. Franklin demontierte die Lampen und die Möbel, die nicht dableiben sollten, und dann wurde der gesamte Hausrat mit einem Umzugstransport nach Pietrasanta geschafft, samt zweier kugeliger Lorbeerbäumchen in achteckigen Terracotta-Töpfen, an denen mein Herz hing, weil auf ihnen ringsum Putten Blumengirlanden schwenkten. Ein Teil des Umzugsguts wurde in Franklins Studio gebracht, das heißt in sein ebenerdig gelegenes Bildhaueratelier, der Rest in das kleine Haus *Belvedere*, das er seit Jahren gemietet hatte, mit hineingequetscht.

Inzwischen war Franklin im Alleingang zur Erkenntnis gekommen, dass wir doch nicht irgendwo in der Toscana, und sei es auch noch so schön, wohnen sollten, sondern dass dafür ausschließlich Pietrasanta infrage käme. Ab und zu hatte es schon zuvor Andeutungen gegeben, auf die ich aber nicht weiter eingegangen war, weil mir die geschäftige Stadt nicht so lag. Sie stand nicht für Toscana, versprach nicht die Lebensqualität, die mir vorschwebte. Das ewige hektische Ankommen und Abreisen von Künstlern aus allen Teilen der Welt, nicht wenige davon aufgeblasen von ihrer vermeintlichen Wichtigkeit, über Ausstellungen, Kataloge, Wettbewerbe, Aufträge und Klienten schwadronierend – seit Jahren war ich der Szene leid. Die Zwitterposition, die ich als Malerin und gleichzeitig, nun schon im neunten Jahr als Galeristin innehatte, machte die Sache nicht leichter.

Auf einmal sollte ich verstehen, dass es egoistisch von mir wäre, irgendwo anders als in Pietrasanta leben zu wollen. Hier, wo nicht nur die meisten seiner Freunde zu finden waren; der Marmor, der zur Arbeit benötigt wurde, lag doch gleichsam vor der Tür, der allgegenwärtige weiße Carrara und viele andere Steine und alles, was ein Bildhauer sonst noch benötigt, war auch in der Nähe oder leicht zu beschaffen. Bei Händlern und Betrieben lagerten Marmor- und Granitsorten aus aller Welt, in tonnenschwere

Quader oder in große Tafeln geschnitten, Supermärkte der Steine entlang der Straßen.

Und außerdem gab es mindestens neun Bronzegießereien, wobei für ihn aber nur *Mariani* wichtig war. Adolfo Agolini, der Claudio Marianis Lieblingsnichte Christina geheiratet hatte, war einer von Franklins besten und treuesten Freunden. In diesen Jahren brachte Adolfo noch viel Gewicht auf die Waage und wenn sich beide Männer zur Begrüßung umarmten, dann war es, als beobachte man eine Bärenhochzeit.

Pietrasanta verfügt über viele Zubringerbetriebe, Werkstätten, Werkzeugmacher, Hilfsarbeiter für größere Projekte und so weiter, nicht zu vergessen die Atmosphäre, die ein Künstler unbedingt benötigte, um schöpferisch tätig zu sein.

Plötzlich stand dann fest, dass wir nicht in der gesamten Toscana rumkurven mussten, um etwas für uns Geeignetes zu finden. Es sollte in der näheren Umgebung von eben diesen so fruchtbaren Arbeitsbedingungen sein.

Vor dieser letzten erhellenden Erkenntnis, dass für unsere Zukunft allein diese Region als Wohnsitz infrage käme, unmittelbar nach dem Verkauf des *Segalari*-Hauses, hatten wir eine rege Reisetätigkeit entwickelt. Uns wurde schnell, auch von den anderen Maklern, die wir parallel zu Paolo bemüht hatten, klargemacht, dass im und um das liebliche und so meeresnahe Castagneto-Carducci herum, in das sich alle Touristen gleich beim ersten Besuch verliebten, kein Haus mehr zu einem einigermaßen erschwinglichen Preis zu finden war und schon gar nicht in der angrenzenden Gegend von Bolgheri, die uns so gut gefiel.

Paolo sagte es uns als Erster, dass wahrscheinlich nichts anderes übrig bliebe, als ins Landesinnere auszuweichen. „Und warum auch nicht," dachten wir. Die Toscana hat viele schöne Landschaften. Und so beäugten wir Anwesen in der Gegend des südlich von uns gelegenen Grosseto, in Campigilia, Massa Marittima, bei Pisa, Siena, Volterra. Der Radius weitete sich mit unserer Verzweiflung, kein geeignetes Objekt zu finden.

Manche der Häuser entzückten auf den ersten Blick, aber immer gab es einen Punkt, der nicht stimmte. Entweder gehörten sie einer alten *Marchesa*, die in Florenz lebte und man kam weder an den Schlüssel noch an die Patriarchin heran oder man hatte das Glück, mit einer betagten Nobeldame, die ein halbes Dorf ihr eigen nannte, ausführlich zu sprechen, bekam auch eine Führung, doch dann erwies sie sich als wankelmütig und beschloss, fürs Erste doch nichts von ihrem Besitz zu veräußern – und man war dreimal, zwar mit wachsendem Interesse, aber wie sich im Nachhinein herausstellte, unnötigerweise zum Anwesen gereist. Vielleicht war unsere Begeisterung allzu offenkundig gewesen. Irgendwann hatte es in ihren Augen aufgeblitzt und sie hielt plötzlich an ihrer Immobilie fest wie ein Kind an seinem Spielzeug.

Manche Objekte waren auch durch obskure Erbteilungen blockiert. Wenn Haus und Grund durch eine unverheiratet gebliebene Großtante auf eine jüngere und vielleicht fruchtbarere Generation übergegangen war, dann konnte es passieren, dass eine Teilung zwischen fünf bis fünfzehn Großneffen und -nichten stattgefunden hatte. In solch einem Fall ist es bedeutungslos, dass drei bis vier davon absolute Verkaufsbereitschaft signalisieren. Selbst wenn irgendein Giuseppe, Francesco, Marcello oder Elio, eine Maria, Loredana, Graziella oder Eva vom Rest der Sippe noch bearbeitet werden könnte, unter Garantie waren etliche der vielen Nachkommen, Cousins und Cousinen eines Elternteils, nach Amerika ausgewandert und da man seit dreißig Jahren nichts mehr von ihnen gehört hatte, waren sie oder ihre Erben wohl auch nicht so schnell ausfindig zu machen, um ihr Einverständnis zu Grundstückstransaktionen kundzutun.

Es gab auch ansprechende alte Bauernhäuser mit dicken alten Oliven- und Obstbäumen um die Gebäude, die aber mit ihrem Grundstück Flanke an Flanke an soeben entstandenen, lauten Neubausiedlungen lagen oder vollen Blick auf ein großes Elektro-Umspannwerk oder die schwarzen Rauch ausstoßenden Schlote von Eisenhütten (Piombino) boten. Wir besichtigten Anwesen, die zwar für sich allein zauberhaft waren, aber unmittelbar an gut frequentierten Verkehrswegen, Straßen oder Eisenbahnlinien lagen oder in dem Gebiet, wo die zukünftige vierspurige Schnellstraße, vielleicht sogar noch die Autobahn Livorno-Grosseto-Roma durchführen sollte, über deren geplanten Verlauf keiner so recht Bescheid wusste, was uns die Verhandlungen in mehr als einem Fall verunsichert abbrechen ließ.

Ein Haus lag mitten im Wald, drei Kilometer entfernt von einer wenig befahrenen Straße und noch viel weiter von irgendwelchen anderen menschlichen Behausungen. Es gehörte einer Dänin, die es heiter und farbenfroh eingerichtet hatte, wobei moderne Möbel mit vielen dänischen Antiquitäten gemischt worden waren. Es wirkte wie ein verwunschenes Schlösschen. Jedes Jahr hatte sie mit ihren drei Kindern die Ferienwochen hier verbracht, wollte aber jetzt in ein andere Gegend ziehen, weil schon zum vierten Mal eingebrochen worden war. Diese im fröhlichen Ton vorgetragene und wie beiläufig gegebene Information änderte natürlich schlagartig unsere Sicht auf die schöne Immobilie.

Je mehr Angebote wir in Augenschein nahmen, desto kritischer schärfte sich unser Blick. Hatte ich anfangs jede halbwegs wieder herzurichtende Ruine bejubelt, machte es mir plötzlich viel aus, in welcher Nachbarschaft das Haus lag. Der nächste Ort fünf Kilometer entfernt? Das geht in Ordnung.

„Aber findest du nicht, dass die Leute hier etwas unfreundlich wirken? Irgendwie sind sie verschlossen, misstrauisch, fast etwas hinterwäldlerisch." „Vergiss nicht, wir sind im Landesinneren, die Menschen sind da eben nicht so offen wie an der Küste! So finstere Blicke waren uns in den bisher bekannten Landschaften noch nicht begegnet. Vielleicht, nein sicher, sind sie nicht an Fremde gewöhnt, UND VIELLEICHT, NEIN SICHER, MÖGEN SIE GAR KEINE FREMDEN!"

Der tüchtige Architekt Louis Wälle, der in Siena wohnt und auch noch ein Domizil in Castagneto hat, war bereits seit den Siebzigern vielen Leuten behilflich gewesen, eine Ferienwohnung oder ein Haus zu finden und viele davon hatte er vorbildlich renoviert. Er zeigte uns auch mehrere schöne Anwesen im Chianti, das er gut kannte, und eines davon war bei Radda, ein riesiger, fast quadratischer Bau auf freiem Feld.
Die Räume hatten gigantische Ausmaße, alles war überproportioniert, die ausla-

denden Kamine, die gewaltigen Deckenbalken, die quer durch die Räume zogen und früher das Dach gestützt hatten, jetzt aber selbst Support benötigt hätten.

Ich erinnere mich sehr wohl noch an das Herzklopfen, mit dem ich durch das Halbdämmer dieses Hauses ging und Witterung aufnahm von seinen spezifischen Geruchssensationen: trockenes Holz, Sand, Korn, Kräuter, Erde, warme Dachschindeln, Vogelnester. In einer Ecke lagen Teile von alten Möbeln, Kochtöpfe ohne Henkel, ein zerfranster Korb mit Rautenmuster.

Ganze Filme liefen in Sekundenschnelle in meiner Vorstellung ab. Wer hatte diesen alten Korb benutzt und vor wie vielen Jahren? Wer hatte dieses Haus gebaut und wer hatte hier gewohnt, gelebt? – Alles Mögliche konnte man sich ausmalen. Aber was war mit der Besitzerfamilie passiert, dass dieses einst ansehnliche Haus zurückgelassen worden war wie eine leere Hülle? Und was müsste man alles tun, um es wieder zum Leben zu erwecken?

Das Gemäuer war so heruntergekommen, dass selbst wir zurückschreckten. Und eigentlich bin ich Louis Wälle sehr dankbar, dass er uns bei der Entscheidungsfindung geholfen hat. Es wäre für ihn ein Leichtes gewesen, uns dieses Projekt einzureden, denn unsere Begeisterung für alte Gemäuer war einfach grenzen- und fast kritiklos. Er hat uns zwar das Gebäude vorgeführt, weil er es im Angebot hatte, aber jedwede Kaufidee sofort niedergeschlagen. Die Schwierigkeiten, die mit einer Renovierung auf uns zugekommen wären, schilderte er so drastisch, dass unser Kopfkino im Nu gestoppt wurde.

Wir fanden dann mit ihm ein Anwesen etwas südlich von Badense, von dem wir überzeugt waren, es wäre das Beste für uns. Es lag auf einem weinrebenbewachsenen Hügel, mit Blick auf das in einigen Kilometern entfernte Siena. Wälle sorgte dafür, dass wir eine Option bekamen und das Haus, in dem noch vier alte Leute wohnten, mehrere Male besuchen konnten, um ein Gefühl dafür zu entwickeln, was sich als immens wichtig erwies.

Der Besitzer hatte seinem alten Pächter, der inzwischen Pensionär war dessen Frau, seiner und ihrer schon betagten Schwester, die seit Jahrzehnten zusammenhausten, eine komfortable Wohnung im nächstliegenden Ort besorgt, um sein Haus verkaufen zu können. Wenn in Italien eine Familie Land bearbeitet, kann ihr nicht so ohne Weiteres gekündigt werden. Manche haben sich nach langen Jahren Arbeit sogar Wohnrecht auf Lebenszeit erworben. Dieser Landeigner hatte vorgesorgt, um den Verkauf problemlos abwickeln zu können und alle Beteiligten waren zufrieden.

Die bäuerlichen Bewohner sahen in uns die künftigen Padrone des Hauses und nahmen uns mit offenen Armen auf. Wir saßen gemeinsam am Küchentisch und sie erzählten aus ihrem Leben, sprachen über die Gegend, stellten uns Fragen, um auch etwas über uns in Erfahrung zu bringen. Ich hatte eine große Schachtel Nusspralinen mitgebracht und wir tranken ihren derben roten Hauswein dazu.

Dieses Natursteinhaus war wie ein Fort gebaut, ein dreiflügeliger Baukörper, das Hauptgebäude langgestreckt, mit kleinen Fensteröffnungen und nach unten ausgeschrägten Mauern, wie man sie manchmal bei Schlössern oder alten Klöstern findet. Die Seitenteile waren kürzer und enthielten Stallungen und Lagerräume. Auch die Vorderfront des Hofes war rechts und links durch eine Mauer geschlossen, in deren Mitte ein gewaltiges Tor eingelassen war. Befand man sich innerhalb des Hofgevierts, fühlte man sich sehr behaglich und geborgen, rundum beschützt. Dies war keine Ruine. Das Dach war sicher, es gab Elektrizität, die zwar in abenteuerlichen Drahtverwirrungen, flackernde Niedrigwattbirnen speisend, durch die Räume lief, aber immerhin. Das Wasser musste auch nicht mehr aus dem Brunnenschacht gepumpt werden, der Eigentümer versprach, noch vor unserem Einzug eine neue Wasserleitung vom nächsten, circa einhundert Meter entfernten Gebäude ins Haus legen zu lassen.

Der vierte Besuch fand an einem feucht-schwülen Tag mit schweren Gewitterwolken, die aber keinen Regen abließen, statt. Mehr als zwei Stunden Autofahrt von Pietrasanta ins Chianti, durch die uns jetzt bereits bekannte Gegend: über Lucca, Montecatini, San Miniato, Poggibonsi.

Nie wurde man müde, die bergige Landschaft zu bewundern. Das Farbenspiel der hellen Felder und die dunkle Glut der Bäume, die meist auf Hügelkuppen liegenden und wie eingestreut wirkenden Landsitze und Klöster zu betrachten. Schon in der Renaissance hatten Maler diese schwelgerischen Hintergrundkulissen auf die Leinwand gebannt.

In den bekannteren toscanischen Städten wie Florenz, Pisa, Volterra, San Gimignano oder Siena waren wir vorher schon des öfteren gewesen. Inzwischen waren uns aber auch im Chianti selbst kleinere Orte geläufig, wie Panzano, San Donato, Radda, Badia a Coltebuono, Castellina in Chianti, Greve.

Im lieblichen Radda war uns Paolos italienischer Maklerkollege, mit dem er gelegentlich zusammenarbeitete, empfohlen worden, ein schlitzohriger Alter, der uns in seinem penetrant riechenden Schlafgemach empfing, das offenbar gleichzeitig als Büro diente. Hier machte er, auf seiner dunkelisabellenfarbenen Bettpracht sitzend, uns hatte er abgeschabte, gefährlich wacklige Thonet-Bugholzstühle mit halb durchbrochenem Korbgeflecht untergeschoben, zuallererst klar, dass Mittagszeit nahte, es war jetzt viertel nach elf, keinem Italiener sei zuzumuten, während der *Pranzozeit* zu arbeiten. Unser Argument, dass wir mehr als zwei Stunden unterwegs gewesen waren, um nach Radda zu dieser Verabredung zu gelangen und dass wir bereits am späten Nachmittag wieder zurückfahren müssten und vielleicht wenigstens noch ein Objekt vor der Mittagspause besichtigen wollten, wurde vom nicht vorhandenen Tisch gefegt.

Klar war von Anbeginn, dass nicht der Makler uns, sondern wir ihn ausführen sollten. Er gestattete keine und sei es noch so kleine Stadtbesichtigung „…mitten im ummauerten Städtchen befindet sich ein kleiner Marktplatz und das sehenswerte Rathaus aus dem 15. Jahrhundert…", sondern lotste uns direkt in den nächsten kleinen Ort, nach La Villa, ins Lokal *La Villa Miranda*, an der Straße gelegen, mit einem kleinen Verkaufsladen, von dessen Decke malerisch die Schinken und Salamiwürste baumelten, auf dessen Tresen Gläser mit eingelegten Artischocken, Oliven und Pilzen standen, große goldene Käsestücke auslagen und Weinflaschen funkelten.

"Hier kann man *Mirenda* machen", hörten wir unseren Freund sagen.

Mirenda, das war uns ein Begriff: einige Scheiben Schinken, Salami, Oliven, Sardellen, Eingelegtes, frisches Brot und Käse, dazu trank man ein Glas Wein oder zwei.

Wir waren einverstanden. Franklin, der sogleich seinen Schritt verlangsamt hatte, wurde etwas unsanft am Ladeneingang vorbeigezogen, ins danebengelegene Restaurant bugsiert. Ich schloss mich an, um nicht alleine auf der Straße zu stehen. Es verwunderte uns jetzt kaum noch, dass schon ein Tisch für uns reserviert war. Das Lokal schien rustikal und simpel, auf den ersten Blick jedenfalls, denn es musste mehr dahinterstecken. Die Wände waren tapeziert mit farbigen Illustriertenseiten. Was das Deutsche anbelangt, gab es eine Riesenauswahl. Artikel waren vertreten von sämtlichen Feinschmeckerjournalen, allen voran „Essen und Trinken", aber auch der „Stern" war mit großen Farbreportagen dabei.

Mutter und Tochter, Kultfiguren angeblich, führten das Lokal. Wir warteten, bekamen billig schmeckenden offenen Wein kredenzt, der einen harschen und schwefeligen Unterton hatte. Es gab keine Speisekarte. Viele Gäste, die nach uns eintraten, wurden mit lauten Wangen-

küsschen beschmatzt, sonnten sich in der Sympathie von Mutter und Tochter Miranda oder wie immer sie hießen, die ihretwegen abtrünnig den Kochtöpfen den Rücken drehten und für einige Zeit in den Gastraum desertierten.

Was unser altes Schlitzohr, weinselig und trunken, dann am Nachmittag an Verkaufsobjekten vorführte – ziehen wir den Schleier der Barmherzigkeit darüber. Er hatte wacker gegessen, sich die Reste für den nächsten Tag einpacken lassen, Wein und anschließend Grappa energisch zugesprochen, Zunge und Kopf waren bei ihm wohl weit weniger empfindlich. Jetzt war er müde und wir fühlten uns provoziert. Als ich mich bei Paolo über ihn beschwerte und ihn als unfähig hinstellte, hörte ich, dass er ein außerordentlich erfolgreicher Makler war, als einer der reichsten Männer Raddas mindestens zwanzig Häuser sein eigen nannte und angeblich Berge von Geld hortete, seine Vermittlungsprovisionen aus Geschäften mit Kunden, die offenbar mehr Fortune gehabt hatten als wir.

Jetzt, viele Jahre später, während ich den Text schreibe, habe ich zum Telefonhörer gegriffen, um Paolo nach dem Namen des merkwürdigen Alten zu fragen, der uns damals außer dem Lokal so wenig gezeigt hatte.

Die Kultfiguren kochten in einer hälftig einsehbaren Küche. Schlecht. Ich meine, sie kochten schlecht: eine große Schau für ein nicht einmal mittelmäßiges Essen. Irgendwann hatten sie sich zweifelsohne um irgendwen sehr viel mehr bemüht. Was jetzt vorgeführt wurde, war nur noch Abzockerei, man könnte auch sagen: Abkocherei. Wen überrascht es noch, wenn ich sage, dass die Rechnung dafür erstaunlich hoch ausfiel?

"Virgilio Piralli", kam es wie aus der Pistole geschossen. "Und ich muss dir sagen, dass wir immer gute Geschäftsbeziehungen mit ihm gehabt haben. Für den Schauspieler Schröder, der sich vor einigen Jahren umgebracht hat und dessen Haus wir jetzt wieder verkauft haben, hat er im Chianti was gefunden, für den Künstler Horst Antes und viele andere berühmte Namen aus der Politik, Wirtschaft, dem Fernsehen… was da bei Euch abgelaufen ist damals, also ich weiß es nicht, vielleicht hatte er gerade keine Objekte oder einfach einen schlechten Tag, aber weißt du schon, dass er tot ist?"

Woher sollte ich das wissen, wo ich sogar seinen Namen schon vergessen hatte! Aber er war ja nicht mehr der Jüngste gewesen und inzwischen sind dreizehn Jahre ins Land gegangen.

"Erschlagen hat man ihn", sagte Paolo, "das war schon 1996, man konnte niemals herausfinden, wer es war. Neunundachtzig Jahre war er alt gewesen und immer noch topfit. In seinem Haus, wo er immer viel Geld aufbewahrt hatte, hatte die Polizei keine einzige Lira gefunden, nur in der Bank, da hatte er immerhin vier Milliarden gehortet, das sind gut vier Millionen Mark."

Ich sehe ihn noch immer auf seiner schmutzstarrenden Bettkante sitzen, die Spinnenbeinchen im altersglänzenden Anzug übereinander geschlagen, mit seinen dürren Fingerchen gestikulierend. Mag sein, dass er deutsche und schweizer Politiker, Schauspieler, Werbe- und Geschäftsleute gut bedient, für sie schöne Anwesen gefunden hat und sie zufrieden mit ihm waren. Wir waren offenbar von ihm nicht für voll genommen worden. Aber es gab auf der Welt irgendjemanden, den er noch sehr, sehr viel mehr verärgert haben musste als uns – wenn nicht ausschließlich schnöde Habgier der Grund gewesen war, ihn vom Diesseits ins Jenseits zu befördern.

Bei unserem vierten Besuch im Haus in Badense, das uns Louis Wälle gefunden hat, denke ich zum erstenmal darüber nach, wie isoliert wir sein würden, in den langen Wintermonaten, wenn kaum jemand die Toscana bereist. So lange wir in Meeresnähe wohnten, waren wir regelrecht von Besuchergruppen heimgesucht worden und es war manchmal fast schon lästig, im Sommer so viele Freunde zu haben. Aber hier könnten wir uns vielleicht wirklich einsam fühlen.

In der großen Küche war ein riesenhafter Kamin, so groß, dass man auf Bänken sitzen konnte, die rechts und links unter der an beiden Seiten mit einer Wand geschlossenen Haube standen. So etwas gab es doch nur in Märchenbüchern! Nicht nur der Kamin, der ganze Raum war dunkel und verräuchert. Generation um Generation hatte hier Feuer angefacht und die Küche damit beheizt, Kastanien in schweren Lochpfannen geröstet, die jetzt gegen die Wand gelehnt, auf erneuten Einsatz warteten, Fleischstücke auf Spieße geschoben und gegrillt. Die Wände waren altersbraun und dunkelfleckig. Das wenige Licht fiel durch ein winziges quadratisches Fensterchen und oben unter der Holzbalkendecke war eine kleine Öffnung, ein Luftabzug.

Franklin war unten im Hof bei den Männern, Neffen waren zu Besuch gekommen, festgehalten worden, wo sie in einem kleinen Nebengelass Grappa probierten, den sie im Herbst aus Trester, den Traubenrückständen, gebrannt hatten. Ich hatte diesmal mit Bitterschokolade überzogene Mandelpralinen mitgebracht, Philip vertiefte sich in seine geliebten Asterix-Hefte. Obwohl der Wind ums Haus heulte wie in einem Gruselfilm, war es nicht ungemütlich, wie wir so mit unseren kleinen Gläsern mit dem schwarzen, heißen Espresso dasaßen und dasaßen und dasaßen. Jedoch irgendwann tat sich ein Vakuum auf und ich dachte, das halte ich nicht mehr aus. Nicht um der alten Frauen willen, die mich freundlich annickten und lächelten.

Es war meinetwegen und ging um den Mann, dessen Leben ich teilte. Ich stellte mir vor, dass wir winters und sommers, Tag und Nacht, immer nur wir beiden Figuren, wie in einem makabren Theaterstück, gefangen wären in diesem Fort auf tausend Quadratmeter Land. Was würden wir tun? Vielleicht, nein ganz sicher, würde zwischen uns Krieg entstehen, aus Langeweile, aus Frust, aus Einsamkeit.

Franklin war auf dem Rückweg für meine Argumente zugänglich, obwohl er Häuser auf Hügeln liebte. Nun, wenn wir im Chianti nichts gefunden hatten, würden wir bei unserem nächsten Toscana-Aufenthalt eben in der Nähe von Pietrasanta auf Suche gehen. Die Zeit hatte für ihn gearbeitet.

Unser Auto war für die Heimreise gepackt, Kind und Hund saßen auf der Rückbank und wir wollten eigentlich nur noch im Ort anhalten, um Zigarren zu kaufen. Philip, inzwischen zwölf Jahre alt, teilte uns mit ernster Miene mit, dass wir es fertiggebracht hätten, ihn fürs Leben zu schädigen. Während eines Zeitraums von drei Wochen war er gezwungen worden, hundert und mehr alte und kaputte Häuser anzusehen, er hasste sie und jetzt, sagte er, freue er sich zum ersten Mal auf die Schule, die am nächsten Tag beginnen sollte, und wenn er einmal erwachsen wäre, würde er in einem neuen Haus wohnen wollen. – Das schmerzte mich.

An einer Verkehrsampel, das Wagenfenster war heruntergerollt, begann zwischen Franklin und einem italienischen *Artigiano*, einem Marmorarbeiter, der gerade die Straße überquerte, eine laut gerufene Unterhaltung. Als der hörte, weshalb wir in den letzten Wochen so wenig zu sehen gewesen waren, sagte er spontan, dass sein Onkel auch ein Haus habe, das er verkaufen wolle, oder er kannte jemanden, der…

„Nein", sagte ich, „um Gottes Willen nein! Wir wollten früh um sechs Uhr abgereist sein. Es ist schon zehn Uhr, wir werden erst spät am Abend zu Hause ankommen und der Junge muss morgen früh in die Schule. Wenigstens diesmal sollte er am ersten Tag da sein und nicht wieder als Schlusslicht eine Woche zu spät. Wir schaffen es nie bis Frankfurt, wenn wir jetzt noch Sightseeing machen!"

Hinter uns hupten die anderen Verkehrsteilnehmer bereits ungeduldig.

Das Haus hieß *Regnalla*, lag etwas außerhalb von Pietrasanta in Valdicastello, auf einem Hügel. Wir wussten auf der Stelle, dass wir Glückspilze waren, es gefunden zu haben. Ein separat stehendes Gebäude würde uns alleine gehören, ein zweites war genau in der Mitte unterteilt. Die sechs Räume auf der rechten Seite, Parterre, erster Stock, zweiter Stock würden unser sein, die linke Hälfte, gleich groß, würde die Bauernfamilie überschrieben bekommen, deren Vorfahren seit zweihundert Jahren für die Familie der Florentiner *Marchesa*, der Besitzerin, gearbeitet hatten. Man hätte den Bauern auskaufen können, aber dazu wären wir finanziell nicht in der Lage gewesen. Aber es hatte ja auch Vorteile, die alteingesessene und rundum nette Familie würde während unserer Abwesenheit auf das Haus aufpassen, den Olivenhain, der uns gehörte und die vielen Obstbäume pflegen.

Franklin hatte einen Architektenfreund, der sofort, nachdem wir in Florenz den Vorvertrag beim Notar unterschrieben hatten, damit begann, unsere Ideen für das Haus in gezeichnete Pläne umzusetzen, um sie der Gemeinde für die Umbaugenehmigung vorzulegen.

Und so fuhren wir mit drei Tagen Verspätung, aber glücklich nach Frankfurt zurück. Und auch Philip war zufrieden. Jetzt würde es unter Garantie keine ausgedehnten ermüdenden Tagestouren mehr geben, wo er mit uns und Maklern ein altes *Rustico* nach dem anderen besichtigen musste.

Fünftes Kapitel

Das Haus der dreißig Fenster

Im Mai erreichte uns Paolos erster Anruf aus Zürich. Er war immer gerne Gast in unserem Haus gewesen und nun vermisste er uns.

In Italien gab es einen großen landwirtschaftlichen Konzern, *die Azienda L' Agricola d' Italia*, deren Vorstand den Entschluss gefasst hatte, sich von den Ländereien in Castagneto zu trennen; das waren ungefähr zweihundert Hektar Land mitsamt der darauf befindlichen Gebäude. Die *Azienda* bewirtschaftete hier ausgedehnte Weizen- und Sonnenblumenfelder, Pfirsichplantagen und Olivenhaine, eine Schweinezuchtfarm mit zweieinhalbtausend Tieren und eine riesige Herde von Kühen, weißen Maremma-Rindern, die im Areal beginnend bei *Podere Saletro*, bis hinauf zu *San Bartolomeo*, aber hauptsächlich in der *Mulino Rotone* und den dahinter gelegenen, dicht bewaldeten Hügeln gehalten wurden.

Was Paolo jetzt anbieten konnte, waren elf Häuser unterschiedlicher Größe, die mit einem Schlage zum Verkauf anstanden, ein ganz besonderer und einmaliger Glücksfall, auch weil man beim Verkauf weniger den Preis der Gebäude kalkulierte, sondern die Hektare Land wertete.

„Leider, Paul", sagte ich, „ist es jetzt zu spät. Wir haben das für uns optimale Haus in Pietrasanta gefunden. Franklin braucht die Anregung und internationale Atmosphäre dieses Ortes und hat hier alles, was für die Arbeit wichtig ist. Castagneto war ihm ohnedies zu simpel und rückständig, er will ja sein Leben nicht unter Bauern verbringen. Aber vielen Dank, dass du an uns gedacht hast."

Aber Paolo hörte auch weiterhin nicht auf, an uns zu denken und entwickelte eine ungewöhnliche Hartnäckigkeit. Anrufe kamen und Briefe, seine Bemühungen gipfelten in einem Telegramm, das uns aufforderte, die Häuser zu besichtigen. – Wir hatten immer wieder Freunde und Bekannte, die auch ein Haus suchten und irgendwann wurden wir weich und sagten zu Paolo, dass wir im Sommer mit den Jungs (Philip hatte seinen Schulfreund Oliver dabei) einen Ausflug nach Castagneto machen und uns die Objekte ansehen würden.

An einem heißen Junitag trafen wir uns mit Paolo im Restaurant des Hotels *Bambolo*. Beim Espresso erzählten wir ihm von unserem Glück, dem schönen Grundstück und den Gebäuden bei Pietrasanta, an denen die Arbeiten schon begonnen hatten.

„Schade", sagte Paolo, „ich hätte Euch gerne wieder hier gehabt. In meinen langen Maklerjahren hatte ich noch keine so tolle Gelegenheit, so viele interessante Objekte auf einmal. Also, fangen wir mit der Besichtigung an!"

Von der Straße, die nach Castagneto führt, bogen wir nach rechts in die *Cattapane* ein, die im Bogen wieder auf die *Aurelia* zurückschwingt. Das lang gestreckte große Haus, *Pieve* genannt, das in der ersten großen Kurve liegt, kannte ich seit langem. Meine Eltern konnten niemals daran vorbeifahren, ohne begeisterte Kommentare über die üppig an der Hauswand emporwuchernde rotviolette Bougainvillea abzugeben. Es ist eines der schönsten klassisch-toscanischen Häuser in der Gegend und war bereits an Veleda Poeta, Castagnetos Kulturassessorin und ihren Mann, der in Pisa Krankenhausarzt war, und eine mit ihnen befreundete Familie verkauft worden. Alle übrigen Häuser waren aber noch frei.

Vignanuova hieß das nächste große Gebäude, das uns vorgeführt wurde, zur Straßenseite hin war es durch hohe Zypressen und eine Reihe von Pinien abgegrenzt. Zum Hauptgebäude gehörte ein Tabaktrockenturm aus der Zeit, wo in der Gegend überall Tabak angebaut worden

war, in den Zwanziger und Dreißiger Jahren. Ich hatte mir immer vorgestellt, mein Atelier in solch einem Turm einzurichten oder vielleicht ein kleines Gästezimmer – oder „ein Zimmer für mich allein", wo ich ungestört sein könnte, einfach nicht greifbar. Jetzt konnten wir zum erstenmal die Innenräume des Hauses besichtigen. – Es war schon einmal renoviert worden, hatte kleine, wild gemusterte, farbige Fußbodenkacheln und Betonschienen statt Holzbalkendecken. Aber es war in gutem baulichen Zustand und wir hätten es kaufen können, wenn wir dann auch kein Geld mehr für neue Fenster, Türen, Wasserleitungen, Elektrizität und Heizung gehabt hätten.

Gut, dass es für uns nicht infrage kam. Gut, dass wir *Regnalla* in Pietrasanta gekauft hatten, das so schön und vor allem für uns so viel geeigneter war.

Paolo fuhr mit dem Wagen vor uns her, er bog jetzt direkt nach links ab, an kleinen, ockerfarbenen Häuschen vorbei, fuhr hügelan, dann schwingt der Weg wieder Richtung Castagneto zurück, das oben auf dem Berg liegt. Diese Gegend war uns unbekannt. Die große Farm *Porcarecce*, auf der noch gearbeitet wurde, lag hinter uns und jetzt, nach einem tiefen Hohlweg, die Schweinefarm *Alberoni*, ebenfalls noch in Betrieb, rechter Hand. Auf dem Gelände befanden sich noch zwei weitere Farmhäuser, die aber wegen der Tierhaltung im *Augenblick* nicht zugänglich waren, uns im Moment auch nicht interessierten. Diese großen Objekte, zu denen viel Land gehörte, wollte die *Azienda* nur für den „richtigen Preis" abstoßen oder vorerst noch behalten. Der penetrante Geruch der Schweinefarm, der an diesem heißen Tag wie eine schwere Wolke über der gesamten Ebene lagerte, war im wahrsten Sinne des Wortes atemberaubend. Wer würde sich in dieser Gegend ansiedeln wollen? Paolo zuckte die Schultern.

Gegenüber der Schweinefarm führte ein schmaler Weg in die Wiese und wenn man weiterfuhr, stieß man auf ein auf den ersten Blick klein wirkendes Bauernhaus, das aber Volumen aufwies, auch Nebengebäude hatte, sogar einen großen, überdachten Brotbackofen: *Vigna al Botro*. Zu den Wohnräumen gelangte man über eine Außentreppe. Im Inneren des Hauses herrschte ein unbeschreibliches Chaos. Schleiflackmobiliar aus den Fünfziger Jahren mit Perlmutt-Einlagen im dünnen Furnier und hohen Messinghülsen an gespreizten Stuhl-, Tisch-, Vitrinen- und Kommodenbeinchen stand unordentlich herum, Matratzen lagen mit aufgeschlitzten Bezügen und Bettzeug auf dem Boden, Kleidungsstücke, Papiere, Zeitungen, Fotos und Briefe, alles war aus den Schränken gerissen, ein Wirrwarr sondersgleichen. Jemand hatte das Haus verlassen müssen, ohne seine Angelegenheiten ordnen zu können, eine Einladung für diesen und jenen, es als Selbstbedienungsladen zu nutzen.

Gesunde Bausubstanz auch hier, sodass wir es, allerdings ohne Erfolg, vielen unserer Bekannten empfohlen haben, deren Toscanabegeisterung während des Castagneto-Urlaubs jeweils in einen Kaufwunsch gipfelt war. Später wurde es von Monique und Pierre, die in der französischen Schweiz zuhause sind, erworben und von ihnen mit exquisitem Geschmack renoviert. Zu den alten, knorrigen Olivenbäumen haben sie junge gepflanzt, auch einige Obstbäume und einen üppig blühenden Blumengarten angelegt, in dem jeden Sommer Feste oder auch nur Essen im kleinen Kreis stattfinden. Und da Monique eine außerordentlich gute Köchin und Pierre ein fabelhafter Gastgeber ist, schätze ich mich glücklich, sie als Freunde zu haben.

Casa al Molino, eine romantische, kleine Mühle am Bach, mit eigenem Ziehbrunnen und inmitten eines gepflegten Olivenhains gelegen, war unser nächstes Ziel, ein bislang von jeglichen Renovierungsversuchen verschontes *Rustico* mit zwei Räumen und intakter Küche im Erdgeschoss. Der Kamin in der Ecke sah aus, als könne man ihn jederzeit wieder in Betrieb nehmen. Die Treppe zum ersten Stock führte in weitere zwei Zimmer. Hier war die Zeit stehen geblieben. Das war Nostalgie pur. Wenn man die buckeligen Wände weißen und die Holztüren ölen würde, einige wenige schlichte, alte Möbel hineinstellte, das wäre das zauberhafteste kleine Ferienhaus gewesen, das man sich vorstellen konnte, einfach zum Verlieben. Der Fußboden war noch mit den alten Ziegeln belegt, die dachtragenden Balken aus dicken, alten Stämmen gezimmert. Alle Proportionen waren ausgewogen und gefällig. Am liebsten hätte man sofort einziehen wollen. Aber für uns wäre es einfach zu klein gewesen. Wir hätten es haben wollen, nur um es zu erhalten.

All unsere Bekannten, die wir mit wahrer Begeisterung in der Stimme anriefen, weil sie uns wieder und wieder gedrängt hatten, für sie die Augen offen zuhalten und denen wir dieses Kleinod gegönnt hätten, wollten erst mal darüber nachdenken. Dem Haus, *Casa al Molino*, mit seinem alten Olivenhain, das man für weniger als hunderttausend Mark hätte erwerben können, blieb ein jahrelanger weiterer Dornröschenschlaf beschieden. Es stand einsam und leer auf der Wiese, bis es der Bezirkstierarzt kaufte, der es nach allen Richtungen hin vergrößerte und modernisierte. Die Verwandlung lässt hinter der rosa verputzten Fassade keine kleine alte Mühle mehr vermuten. Auch der Veterinär Paolo Lucchesi und seine Frau Maddalena, beide hilfsbereit und außerdem gesellig und lustig, gehörten bald nach ihrem Einzug zu unserem Freundeskreis. Paolo betreut unsere wachsende Menagerie, Esel, Hunde, Katzen. Erreichen ihn meine Hilferufe, ist er gleich zur Stelle.

Das Anwesen dicht daneben, *Podere Molino*, wurde ebenfalls von Schweizern erworben. Sie haben das große Natursteinhaus niederreißen lassen und stattdessen versucht, Appartements in Hohlblocksteinen hochzuziehen. Ihr Vorhaben wurde jedoch von der Gemeinde im Rohbau gestoppt und dann stand jahrelang ein Baukran wie ein Mahnmal auf dem Feld, bis es schließlich in den Besitz des italienischen Sprachprofessors Fabrizio und seiner österreichischen Frau Babette überging, die es fertig stellten und mit dem neuen Jahrtausend samt ihren Kindern einzogen.

Als wir das alte Haus zum ersten Mal besichtigten, kam ich mir wie auf einem Präsentierteller vor, so als würde ganz Castagneto auf die Ebene herabäugen. Aber wenn man sich in den Räumen aufhielt, gab es aus jedem der vielen Fenster eine postkartenschöne Aussicht, in der einen Richtung das Meer, in der anderen auf dem Hügel das mittelalterliche Castagneto, oder gegenüber *San Bartolomeo*, das auf einer Anhöhe, inmitten riesiger, schattenspendender Schirmpinien, Korkeichen und Olivenplantagen liegt.

Im ersten Stock des *Podere Molino* war ein großes Steinwaschbecken in die Mauer eingelassen und ein gewaltiger Kamin, dessen dunkle Steinumrandung noch vorhanden und intakt war. In der Mitte des oberen Flurs betrat man einen kleinen Raum, der turmartig ins Dach ging, ein alter Taubenschlag mit kleinen kunstvoll gemauerten Einflugsöffnungen, den man auf originelle Weise in ein Badezimmer hätte umfunktionieren können.

Aber es roch merkwürdig im Haus und drum herum. In nicht allzu weiter Entfernung lag die Schweinefarm und in der anderen Richtung die Abwasseranlage der Kommune. Wer immer sich hier ansiedeln wollte, musste die Gemeindeverwaltung erst einmal dazu bringen, Abhilfe zu schaffen. Wir sagten Paolo, dass uns auf Anhieb niemand einfiele, der sich für dieses Gebäude, das im Grunde ein behäbiges, schönes Doppelhaus war, interessieren würde.

Und so fuhren wir weiter zu *Podere Saletro*, das direkt an der Straße lag und kaum noch Dach aufwies. Jahrzehntelang hatten Wind und Wetter auf die Fußböden der darunter liegenden Räume einwirken können und sie waren mit der Zeit verrottet, verfault, heruntergekracht und lagen im Erdgeschoss als Berg von zerplatzten Ziegeln und zerbrochenen Balken. Über eine Innentreppe aus Stein konnte man in den ersten Stock gelangen, aber nicht viel weiter, jeder Schritt über die verbliebenen zwei, drei morschen Balken war lebensgefährlich. Die Baulichkeiten hatten trotzdem viel Charme, sowohl das Haupthaus als auch die Nebengebäude, wenn man von den großbuchstabigen, obszönen Texten und Zeichnungen absah, die an alle Wände gekritzelt waren. Hohe Eukalyptusbäume standen auf der Wiese, das Land fiel sanft zum Bach hin ab. – Hier waren wir uns sicher, dass wir Paolo jemanden für dieses Objekt finden konnten, auch wenn es schon sehr verfallen war. Als uns eines Tages Claudia, die damalige Besitzerin des *Ristorante Bagnoli* erzählte, dass ihr in Bergamo lebender Bruder Furio in dieser Gegend ein Haus suchte, haben wir ihn an Paolo vermittelt. Claudia, die die Umbauphase überwachte und nun selbst im Haus wohnt, hat bei der Renovierung und Einrichtung viel Geschick und Gespür für das alte Gemäuer gezeigt.

San Bartolomeo wollte ich eigentlich schon nicht mehr sehen. Die Jungs hatten von Beginn an gequengelt, besonders Philip, dem nach Ostern hoch und heilig versprochen worden war, keine alten Häuser mehr…

Und die Hitze hatte inzwischen zugenommen. Bei den letzten drei Gebäuden, deren Besichtigung hinter uns lag und die ungeschützt auf freiem Feld standen, war sie schier unerträglich gewesen, als würde man vor einer geöffneten Backofentür stehen.

Franklin wurde plötzlich sehr munter, als Paolo über *San Bartolomeo* sprach. Es lag auf einem Hügel, zu dem eine Allee von riesigen Schirmpinien hinauf-

führte, dichter Wald im Rücken, Blick aufs Meer und auf dem gegenüberliegenden Hügel sieht man *Villa Montepergole*, die dem Conte Gaddo, einem der Grafen Gherardesca, gehört.

Was die Ruine *San Bartolomeo* anbelangte, hier war nichts mehr in Ordnung. Sogar die Außenwände zeigten tiefe Risse. Aber was für eine Lage! Rechts oben Castagneto mit dem lang gestreckten Schloss inmitten hoher schlanker Zypressen, links die zum Besitz gehörenden Olivenhaine, hinter sich die Maremma-Hügel und nach vorne volle Sicht aufs Meer. Elba war an diesem heißen Tag im Dunst, aber man wusste, von dieser erhöhten Position aus könnte man es bei klarem Wetter mit all den anderen Inseln sehen, Capraia, Gorgona und selbst Korsika.

Ja, man spürte Schmetterlinge im Bauch. Das war ein außergewöhnlich schöner Platz. Auch hier betrug der Kaufpreis, zum Gebäude gehörten zwölf Hektar Olivenland, zweihundertvierzigtausend Mark. Wenn man die Preise an der Küste kannte, war das eher wenig. Nach einem Jahr des Angebots zog es die *Azienda* zurück. Erst Ende der Neunziger wurde wieder von Verkauf gesprochen, als die *Azienda* komplett in den Besitz von *Parmalat*, einem anderen großen Lebensmittelkonzern überging, und nun endlich fand das Haus einen Käufer – für den vierfachen Preis von damals. Hatten wir anfangs von einer Ruine gesprochen, vierzehn Jahre später war der Zustand der Baulichkeiten durch Vandalismus, Wind und Wetter auf keinen Fall besser geworden.

Inzwischen waren wir alle so erschöpft, dass wir nur noch daran dachten, zum Meer hinunterzufahren und uns in die kühlenden Fluten zu werfen. Paolo jedoch war unerbittlich.

„Eines fehlt aber noch", sagte er, „*Mulino Rotone*."

„Kennen wir schon!", log ich schnell. Nicht nur die Kinder waren am Rande der zumutbaren Belastung angelangt.

Paolo, der nachgebend auf dem Weg zu seinem Auto war, drehte sich plötzlich um und sagte: „Ich glaube nicht, dass du es kennen kannst. Das war doch immer Sperrgebiet, da durfte niemand hinein, wegen der Bullen."

Es stellte sich heraus, dass es sich um die riesige Rinderfarm handelte, zu der ich einige Jahre vorher einmal vergeblich Zugang gesucht hatte, als ich mit Barbara Klemm unterwegs war. Barbara war in einem der castagnetanischen Sommer Malschülerin bei Franklin gewesen und wir hatten uns mit ihr und Leo, ihrem Mann, angefreundet. Sie wollte gerne die großen weißen Maremma-Langhornrinder für eine FAZ-Reportage fotografieren. Aber man hatte uns nicht hineingelassen. Wegen der Gefährlichkeit der jungen Bullen war das ganze Areal mit Stacheldraht eingezäunt und gut abgesichert gewesen und sie konnte nicht einmal aus der Distanz ein brauchbares Foto schießen. – Jetzt wurden wir neugierig.

Auf dem Feldweg, der an *Saletro* vorbeiführt, fuhren wir in den Wald hinein. Nach siebenhundert Metern, der Bachlauf war links, rechts die bewaldeten Hügel, spürte man sofort einen angenehmen Temperaturwechsel. Sanfter Sommerwind strich durch die hohen Bäume: Steineichen, Korkeichen, Kastanien und Pappeln. Das Haus sah man eigentlich erst, wenn man unmittelbar davor stand.

MULINO ROTONE, die größte Ruine, die man uns je angeboten hatte. Ein grauer Dinosaurier von einem heruntergekommenen Haus.

Eigentlich bestand das Gebäude, wenn man von den Dachformen und -firsten ausging, aus drei aneinander hängenden Häusern, die, den unterschiedlich großen Tür- und Fensteröffnungen nach zu urteilen, nicht zu gleicher Zeit entstanden sein konnten. Paolo erzählte, dass es sich um eine antike Öl- und Getreidemühle handelte, aus dem Besitz der Grafen Gherardesca, eine der ältesten Baulichkeiten der ganzen Zone. Die Mühle, die seit Jahrzehnten nicht mehr bewohnt war, hatte man zur Rinderfarm umfunktioniert und dem Verfall anheim gegeben.

Geröll, Ziegel, Zäune, voluminöse Stacheldrahtrollen, Rohre, alles lag wüst auf dem Grundstück und im Hausinneren herum. Es gab Gebäudeteile mit fast intaktem Dach und einige der ebenerdigen Räume schienen trocken zu sein. Also ehrlich, eigentlich sahen nur drei so aus, als könne man sie in relativ kurzer Zeit bewohnbar machen. Es war ein Haus mit vielen Türöffnungen, aber keinen Türen, Fensterhöhlen ohne Rahmen oder Glasscheiben. In einem Seitenflügel war das Dach völlig eingestürzt und lag, zusammen mit dem Fußboden der oberen Räume, als Bauschutt im Keller. Aber die Außenmauern waren überall solide. Wir hatten schon schlimmere Besichtigungen hinter uns, hier waren die Mauern unversehrt und in insgesamt sechs Räumen die Fußböden. Aber die Dimensionen war gigantisch!

Vom Fahrweg her hatte das Gebäude ebenerdigen Zugang, drei Eingänge. Wir zappten durch die Räume, soweit es möglich war. Auch hier wurde die Entdeckerfreude durch heruntergebrochene Fußböden gestoppt und, wenn man den Blick dann hob, sah man über den dachlosen Außenmauern den blauen Himmel und an der gegenüberliegenden Wand, getrennt durch einen Abgrund, zwischen Parterre und erstem Stock eine Kaminhaube kleben und eine alte Kastanienholztür bewegte sich im bodenlosen Raum in ihren in der Wand befestigten Scharnieren. Irgendwie wurde man an Fotos von Erdbeben, Explosionen, Krieg und Luftangriffen erinnert.

Aber so sehr das Haus verwahrlost war, es hatte eine positive Ausstrahlung, die warmen Wände fühlten sich angenehm an und außer nach Kuhdung roch es in fast allen Räumen intensiv nach sonnenwarmem Korn.

Ich fragte Paolo oben an der Kellertreppe, die wir gerade hinuntergehen wollten, was das für ein merkwürdiges Tier sei, das über seine schwarz polierten Bommelschuhe hopste, immer hin und her und so hoch und elegant. Er blickte angewidert auf das spinnenbeinige hüpfende Insekt und die allgegenwärtigen Kuhfladen und meinte, da er das Haus ja schon kenne, könne er auch zum Auto zurückgehen und mir die Kelleransicht allein überlassen.

Vorsichtig Fuß vor Fuß setzend, tastete ich mich die Treppe hinab, durchquerte einen halbdunklen Raum, ja und dann verschlug es mir die Sprache. Ich stand in einer großen Halle mit Kreuzgewölbe, wie in einer Kirche, mindestens sechs Meter hoch. Der große Bereich war durch einen weit ausladenden Ziegelbogen abgetrennt vom anderen Teil, der ebenfalls Kreuzgewölbe aufwies, jedoch in schmaleren Segmenten. Auf der anderen Seite waren zwei große, ziegelverblendete Bogendurchgänge, die den Raum mit dem anschließenden Teil verbanden, der eine tiefer eingezogene, jetzt durchgebrochene Kastanienholzdecke hatte.

Der Raum, mindestens einhundert Quadratmeter groß und einst Mühlenbereich, war in den letzten dreißig Jahren als Stall genutzt worden. Holzpfähle für

Pferche waren in Beton oder den gestampften Boden gerammt, lange Tröge liefen entlang der Wände. Gerümpel aller Art lag herum. Das vormals weiße Mauerwerk wies großflächige, tiefe Löcher auf, wo der Stuck abgefallen und darunter liegende Ziegel zerschlagen oder zerbröselt waren. Durch die glaslosen Fensterhöhlen segelten in gewagten Flugmanövern pfeilschnelle Schwalben aus und ein und an den Stützbalken der Holzdecke hing kopfüber eine Hundertschaft schlafender Fledermäuse.

Ich stand immer noch wie angewurzelt, hatte nicht bemerkt, dass Franklin, der die leicht am Hang liegende Mühle umrundet hatte, durch einen Seiteneingang eingetreten war. Er sagte kein Wort, aber ich wusste, dass auch er beeindruckt war. Annähernd Ähnliches hatten wir auf keiner unserer vielen Exkursionen gesehen.

Am späten Nachmittag fuhren wir dann nach Pietrasanta zurück. Paolo hatte versprochen, uns eine Liste mit den Namen der Häuser und den Preisen zu schicken, auch die Angabe wie viel Land jeweils dazugehörte, damit wir allen Freunden und Bekannten, die uns jemals darum gebeten hatten, für sie die Augen offen zu halten, die Angebote weitergeben könnten.

Innerlich hatte ich, seit die Umzugswagen meine Sachen nach Pietrasanta gebracht hatten, mit Castagneto abge-

schlossen. Aber ich muss sagen, dies letzte Anwesen, das Paolo uns vorgeführt hatte, das auch noch weniger als die Hälfte der anderen großen Häuser kostete, *Mulino Rotone*, hatte wirklich etwas Grandioses und Einmaliges. Das lang gestreckte Grundstück war umgeben von uraltem Baumbestand. Auf der einen Seite hatte man wie bei den Häusern, die vorne in der Ebene lagen, Sicht auf das in einigen hundert Metern entfernt liegende Castagneto-Carducci und sonst gab es nur Olivenhaine, Bäume, nichts als Bäume und bewaldete Hügel.

Das Haus war nicht nur wegen der Halle im unteren Bereich attraktiv. Die zehn Eingänge, die rund um das antike Gebäude, das L-Form aufwies, verteilt waren, führten in verschiedene Wohnungen. Es gab sicherlich an die zwanzig Räume unterschiedlicher Größe, die im Augenblick nicht alle erforschbar waren.

In den Zimmern, die eine Decke hatten und trocken waren, hatte ich solide alte Ziegelböden gesehen. Gesäubert und mit dunkelrotem *Cera*, dem flüssigen Wachs getränkt, das die hiesigen Bäuerinnen benutzen, würden sie wieder distinguiert gepflegt glänzen. Den Geruch von *Cera* liebe ich einfach. Jeden Winter verbringe ich viele Stunden auf meinen Knien, wenn ich die Fußböden damit einlasse. Es ist wie eine Sucht und keine Putzfrau kann mir diese Arbeit gut genug machen.

Die Rückreise verlief weitgehendst schweigsam. Philip und Oliver hatten nach dem Baden und einer Pizza noch ein großes Eis akzeptiert und dann waren sie, abgekämpft und erschöpft, nach einem langen heißen Tag auf dem Rücksitz des Autos eingeschlafen. Bei mir regte sich das schlechte Gewissen. So hatten die beiden Jungs sich den Ferienbeginn sicherlich nicht vorgestellt.

Meine Blicke waren starr auf die Fahrbahn gerichtet, während meine Gedanken kreuz und quer sprangen wie in Panik geratene Kaninchen. Warum, warum nur hatten wir das Haus nicht einige

Monate vorher angeboten bekommen?! Ich war verrückt genug, *Mulino Rotone* für uns haben zu wollen, diese voluminöse Ruine, die größte Herausforderung aller Zeiten, das wäre es gewesen! Gleichzeitig war mir klar, dass Franklin mir niemals verzeihen würde, wenn ich ihn nun dazu bringen wollte, sich auch nur mit der Idee eines Wechsels zu beschäftigen. Wenn ich jetzt den Mund aufmachte und sei es nur um zu sagen, wie beeindruckt ich war, würde er explodieren und ich müsste mir dann ein ganzes Leben lang anhören, dass ich versucht hätte, ihn in dieses rückständige Castagneto zurückzuzerren, seine Karriere als Bildhauer zu zerstören und er würde dann lange Tiraden über meinen grenzenlosen Egoismus loslassen.

„*Altissimo*", sagte Franklin, „mein Lieblingsberg."

Das sagte er jedes Mal, wenn wir uns der Ausfahrt *Versilia* näherten, ganz gleich von welcher Seite.

„Hm", machte ich. Manchmal stellte sich bei mir das Gefühl ein, er könne in meinem Kopf spazieren gehen und meine Gedanken lesen. Also jetzt nur keine großen Bemerkungen.

„In den letzten anderthalb Stunden hast du kaum etwas gesprochen", sagte er, „das ist nicht normal. Wenigstens nicht für dich. Wenn du nicht schläfst oder isst, redest du doch fast ununterbrochen… hast du die Nebengebäude gesehen?"

Er sah aus, als konzentriere er sich auf die Straße.

„Eines der Nebengebäude, die größere Scheune, ist mindestens dreißig Meter lang. Das würde eine tolle Werkstatt abgeben, auch nicht zu nah an den Wohnungen."

„Ja", sagte ich.

Und er: „Ich bin sicher, dass wir das Haus sehr schnell verkaufen können."

Wie ein kleines Tier hatte ich sofort Witterung aufgenommen. Die Angelegenheit lief ganz offensichtlich in die Richtung, in die ich es mir wünschte. Aber ich sagte mir, Kontrolle, Kontrolle, einmal im Leben wenigstens nichts falsch machen und nicht voreilig sein, beschloss fürs Erste mich dümmlich zu stellen und meinte, dass es sicher nicht so einfach sei, für ein so riesiges Gebäude einen Käufer zu finden.

„*Regnalla*", sagte er, „wir finden jemanden, der uns *Regnalla* abnimmt. Das Haus, das wir wirklich wollen, ist *Mulino Rotone* und du weißt das genauso gut wie ich. Also lass das Theater!"

Bronzeskulptur von Franklin Gilliam

Am nächsten Nachmittag saßen wir auf der Terrasse der *Bar Igea*, die zu der Zeit der „In"-Treffpunkt Pietrasantas war. Nach und nach vergrößerte sich unsere Runde, nachmittägliches Ritual, Tische wurden zusammengestellt, Stühle herangerückt, dann noch mehr Stühle. Franklins amerikanischer Bildhauer- und Malerfreund Joseph Sheppard sagte uns noch am gleichen Abend, dass er gerne den Kaufvertrag für *Regnalla* übernehmen würde, drei weitere Bildhauer hatten es sich bis zum nächsten Tag überlegt und kamen zu spät. Es ist auch in Pietrasanta sehr schwirig, ein schönes Anwesen zu einem guten Preis zu finden.

Franklin hat nur eine große Ausstellung in diesem Jahr, bei Beck in Homburg/Saar.

Beck nimmt auch Objekte von ihm zur *Art Fair* in New York mit: eine Serie von Melonenscheiben aus grünem und weißem Marmor und gelbem mexikanischem Onyx, die auf einem schwarzem Marmorteller oder -sockel stehen. Später entstehen Granittische, an denen Familien Platz nehmen könnten, Melonen aus Travertin mutieren zu Kugeln von einem Meter, die Teller der Stilleben sind riesig. Parallel dazu ist eine Serie von immer größer werdenden Marmormessern entstanden, das größte hat dann stolze zweieinhalb Meter Länge. Thematisch ähnliche Objekte entstehen zur gleichen Zeit in Bronze. Die meisten seiner abstrakten Arbeiten kenne ich nur von Fotografien, er arbeitet jetzt lieber gegenständlich.

Messer aller Art und ihre Funktion haben ihn schon immer interessiert und das Thema des Schneidens und Zerteilens einer Frucht beschäftigt ihn besonders bei seinem nächsten Projekt: einer Serie von Bronzen mit Birnen, ganzen, halbierten, geviertelten, mit fein ziseliertem Gehäuse und Kernen, Obstmesserchen und Teller ebenfalls aus Bronze. Später entsteht dann auch eine Serie weißer Marmorbirnen mit wunderschön ausgearbeiteten Blüten. Auch diese Objekte werden erst in Normal- dann in Metergröße gefertigt.

Es wird ein teurer Sommer. Nicht nur wegen der Material- und Studiorechnungen für die Bildhauerarbeiten, die sich angestaut haben. Wir wohnen sechs Wochen lang in Franklins Häuschen *Arcadia di Belvedere* in der Nähe von Pietrasanta und mieten in dieser Zeit ein *Bagno* am Meer: Kabine, Schirm, Liege, Liegestühle und Tischchen. Ein weiß gekleideter Kellner kommt in regelmäßigen Abständen und nimmt die Bestellungen der Badegäste auf, Drinks aller Art, Eiscremes, Sandwiches, Pizzastückchen. Philip und Oliver haben endlich den Spaß, den sie brauchen. Sie erfinden eine Geheimsprache und albern herum. Der paradiesische Zustand hält an bis zum Schulanfang der Jungen. Weder vorher noch nachher in meinem Leben gab es einen Sommer, der so mit Nichtstun angefüllt war.

Am ersten Oktober sollten wir dann nach Massa Marittima kommen, für die *Procura speciale a comprare*, den offiziellen Kaufvertrag. Wir wurden dem Notar vorgestellt oder er uns. Es spielte keine Rolle. Er schenkte uns außer einem eher beiläufigem laschen Händedruck nur einen abwesenden Blick, während er mit jemandem am Telefon sprach, was wie eine Maschinengewehrsalve klang, er rauchte dabei, suchte einen Aschenbecher, drückte mit nikotingelben Fingern die Zigarette in die anderen stinkenden Kippen, zündete bereits die nächste an, blätterte in Papierbergen, sprach mit einer Sekretärin, sprach mit Paolo, bekam wieder einen Anruf, ignorierte uns. Leute kamen herein, die wir nie im Leben gesehen hatten, schüttelten uns lächelnd die Hand, setzten sich auch dazu. Einer, wurde uns zugeraunt, müsse provisionsmäßig beteiligt werden. Wir wollten aufbrausen, Paolo und seinem Partner Antonio standen bereits fünf Prozent der Kaufsumme zu, der Notar musste bezahlt, Steuern auf der Stelle entrichtet werden.

„Paolo, wer zum Teufel ist das?", zischte ich.

„F… them", sagte Franklin. „Let's go. I am tired of all their games!"

Nach all der Hektik war es im Büro erstaunlich still geworden. Paolo versuchte uns zu beruhigen, er wolle uns später erklären, weshalb es noch nötig gewesen war, einen weiteren Vermittler einzuschalten, der sein Händchen aufhielt. Wir waren doch Freunde, alles habe seine Richtigkeit, wir sollten ihm jetzt vertrauen. Nun aber müsse das Procedere durchgeführt werden, es war so schwierig gewesen, diesen, den heutigen Termin mit dem Notar zu vereinbaren. Würden wir ihn kippen, müssten wir bis zum nächsten Jahr warten und wer weiß, was bis dahin passiert, der *Dottore* ist bis Weihnachten ausgebucht.

Wir sahen uns an, nahmen ergeben wieder Platz und wie aus der Pistole geschossen schnurrte der Advokat, dem wir vorher bestätigen mussten, dass wir des Italienischen mächtig waren, weil er nur dann den Vertrag ohne Dolmetscher (an den keiner gedacht hatte) vortragen dürfe, den ganzen Text herunter, vier Seiten lang, ohne Pause zu machen und fast ohne Luft zu holen.

Außer einzelnen Wörtern hier und da, die aber aus dem Zusammenhang herausgerissen für uns gar keinen Sinn ergaben, haben wir nichts verstanden. Wir unterschrieben.

„Hoffentlich ist alles in Ordnung", dachten wir und auch: „Was haben wir da eigentlich unterschrieben?"

Dann gingen wir essen. Paolo und Antonio ließen sich einladen.

In diesen Tagen verhandelten wir noch mit einem Bauunternehmer, der vorher Paolos Haus renoviert und für andere seiner Kunden gearbeitet hatte und dann fuhren wir nach Deutschland zurück und kamen erst nach Weihnachten wieder.

„Büchertisch" Marmor mit Birnenskulptur von Franklin Gilliam

Sechstes Kapitel

Wir verlieren uns im Labyrinth

Der Dezember war außerordentlich mild. Wir hielten es für ein gutes Zeichen.

"Und hier", sagte Franklin zu Silvio Rumor, unserem ersten Bauunternehmer auf *Rotone*, der sich nach anfänglicher und kalkulierter Zieretei, bereits genügend Kunden, nein, zu viele, dies hier sei zu viel Arbeit für ihn, nein, vielleicht ginge es doch und so weiter, freundlicherweise bereit erklärt hatte, für uns tätig zu werden. Mit seiner Mannschaft sollte er *Mulino Rotone* restaurieren und wieder bewohnbar machen. "Und hier", Franklin deutete auf Berge von Bauschutt, leere Flaschen, eine zerbrochene Pflugschar, durchgerostete übereinander getürmte eiserne Wasser- oder Futtertröge, gesplitterte und vom Alter rissig gewordene Betonröhren, umgekippte stacheldrahtbewehrte Lattenzäune, löcherige, grüne Gummistiefel jeglicher Größe, mit Gras und Unkraut überwucherte Abfallhügel "machen wir etwas ganz Besonderes."

Vor meinem inneren Auge erschien der Gemüsegarten, über den wir schon einige Male gesprochen hatten. Ich betrachtete den Einfall der Sonnenstrahlen auf diesem üppigen, fruchtbaren Stück Land etwas unterhalb des Hauses, zwischen Weg und Bachlauf. Wir hatten noch nie einen Gemüsegarten bestellt. Und ich versuchte mir auszumalen, wie wir ganz früh am Morgen, wenn die Hitze noch nicht so stark war, einträchtig nebeneinander, mit den Händen in der lockeren warmen Erde arbeiten würden. Bohnen wollte ich ziehen, Tomaten, Auberginen, Zucchini, kleine Gürkchen zum Süßsauer-Einlegen, große, goldgelbe Kürbisse, die dann bis zum Herbst reifen würden. Die Tomaten könnte man frisch vom Strauch essen, süß, weil in der Sonne matur geworden, mit Mozzarella-Käse und frischem, grob gehacktem Basilikum und dem wunderbaren kaltge-

pressten Olivenöl von Luigi Serni, dem Bruder von unserem früheren Nachbarn Attilio an der *Segalari*, dem Besitzer der Olivenmühle, der sich links von der *Bolgherese in Loc Le Lame* niedergelassen hatte. Diese kleine Mahlzeit könnte man zu jeder Zeit essen. Dazu käme ein schönes Glas Weißwein, kühl und trocken, nach getaner Arbeit, unter einem Baum sitzend, geschützt vor der Mittagssonne.

Und dann erst die *Piselli*, diese kleinen, butterzarten Erbsen. Wenn man die dünne Schale der jungen Schoten aufbricht, liegen sie wie helljadegrüne Perlenschnürchen darinnen, die Natur macht Geschenke für Gaumen und Auge. Italiener essen sie gerne als sommerliche Vorspeise, zusammen mit einigen Scheiben Parmaschinken oder auch *Prosciutto di San Daniele*. "Sottile" ist das magische Wort. Ganz, ganz dünn geschnitten. Die wenigsten Verkäuferinnen bei den Feinkosttheken sind auf Anhieb bereit, ihre Schneidemaschinen umzustellen. Es sieht so aus, als bevorzuge die gemeine Klientel kräftige Scheiben. Aber lieber als eine massige sind mir drei hauchdünne, die ich übereinander lege. Ich bilde mir ein, diese "molto sottile" geschnittenen Schinkenscheiben sind in der Lage, ein völlig anderes Aroma zu entfalten.

In den heißen Sommermonaten wäre auch Tsatsiki erfrischend, oder Gazpacho, auch eine kalte Tomatensuppe mit frisch gerösteten Buttercroûtons.

"Was ist das Besondere, was Sie hier machen wollen?", fragte Rumor. Möglicherweise dachte er an ein Bildhaueratelier, das war im Gespräch gewesen, allerdings in der fünfzig Meter vom Haus entfernten riesigen Scheune.

"*Un labirinto*", sagte Franklin mit entspanntem Lächeln. "Einen Irrgarten."

Rumor sah mich an, ohne dass sich sein Gesichtsausdruck im mindesten verändert hätte. Meiner möglicherweise auch nicht, denn ich dachte, ich hätte mich verhört und wartete jetzt auf Aufklärung.

Jedoch Franklin wiederholte es: "Einen Irrgarten! Aber natürlich muss man erst den Abfall wegschaffen, das Terrain planieren, denn man braucht ja eine absolut ebene Fläche."

Rumor nickte langsam und es sah aus, als horche er in sich hinein. Dann raffte er sich aber doch zu der Frage auf: "*Un labirinto*? Was ist das und wozu wird es gebraucht?"

Und Franklin, der nicht nur Bildhauer, sondern auch Kunsthistoriker war, mit blitzenden Augen, Zeit und Raum vergessend, setzte an zu einer seiner endlos langen Lektionen in Kunstgeschichte, diesmal mit Auslassungen über berühmte Gärten. Es war viel von Renaissance die Rede und von den Fürsten Medici in ihrer Blütezeit. Auf die Frage, ob er die Fürsten Medici kenne, nickte Rumor bedächtig und mit ernstem Gesicht.

Ja, also die Fürsten Medici hätten wunderschöne und sehr kunstvolle Irrgärten angelegt! Und jetzt wollte Franklin auch einen. Und ich glaube, dies war unser historischer Moment. Hier wurden die Meilensteine für die Zukunft gesetzt, wo wir verloren gingen in UNSEREM ganz persönlichen Labyrinth. Anstatt dem Bauunternehmer, der uns bei einem Umtrunk in seinem Haus halb im Scherz, aber doch mit gewissem Stolz gestanden hatte, dass er von sardischen Piraten abstamme, Belehrungen über die Freizeitgewohnheiten der Medicifürsten zu geben, wäre es angebrachter gewesen, ihn über unsere wirkliche Situation ins Bild zu setzen.

„Keine Seeräubereien bitte. Meine Frau und ich, wir sind beide Künstler ohne festes Einkommen oder Vermögen im Hintergrund. Da wir nur über das Geld verfügen, das wir vom Verkauf des anderen Hauses nach Kauf dieses Anwesens hier übrig haben, müssen wir jetzt gemeinsam entscheiden, welche Arbeiten vorrangig erledigt werden sollten und welche noch warten können. Wir haben ein Budget und auf keinen Fall werden wir in der Lage sein, das Haus, groß wie es ist, zügig zu renovieren. Alles in allem wird es wohl ein Jahrzehnt oder mehr in Anspruch nehmen."

So oder vielleicht etwas eleganter formuliert, hätte man die Situation rüberbringen, ihn aufklären müssen.

Meine Aufmerksamkeit wurde auf Rumor gelenkt, der mit halb geöffnetem Mund dastand und wie hypnotisiert wirkte. Und während seine wunderschönen, großen braunen Augen mit schwimmendem Glanz an Franklin hingen, blitzte etwas sehr Gefährliches in ihnen auf und ich schwöre bei Gott, ich habe es gesehen, ganz deutlich, Flash um Flash, immer dasselbe: DOLLAR, DOLLAR, DOLLAR!

Dass es zu spät für jede Schadenbegrenzung war, konnte man hier schon ahnen. Kapituliert habe ich aber erst einige Minuten später, als Rumor Franklin fragte:

„Werden Sie den weißen Carrara-Marmor für das große Schwimmbad aus Ihrem Studio in Pietrasanta bringen lassen oder soll ich mich hier in der Gegend nach einer Bezugsquelle umsehen?"

Es stellte sich heraus, dass die beiden, am Bache stehend, während es den Anschein hatte, als tauschten sie Informationen über die Vegetation und den Verlauf des Wassers aus, darüber gesprochen hatten, dass man in dem mehr als hundert Quadratmeter großen, ehemaligen Mühlenraum mit dem hohen Gewölbe, ein beheiztes Schwimmbecken einrichten könnte. Bereits fest stand auch, dass vier breite Marmorstufen hinunterführen sollten. Franklin sah es ganz deutlich vor sich, offenbar so, wie ich meinen Gemüsegarten.

Beiden war uns klar, dass außer in einem Gartenbrunnen kein Wasser da war und dass die nächste Wasseranschluss-Stelle kilometerweit entfernt lag. Unter Umständen mussten wir uns auf jahrelange Wartezeit einrichten, da die gesamte Ebene zwischen Castagneto, dem *Torre* und dem Wald noch nicht erschlossen war. Und wie und mit was in aller Welt sollte das Wasser ohne Elektrizität temperiert werden? Sollte ich vielleicht bei Gelegenheit Tauchsieder mit Batteriebetrieb vorschlagen?

Weiterhin wurde an diesem Tage deutlich, dass dem gutaussehenden Piratenabkömmling, der jetzt aber in seiner stiernackigen Bulligkeit eher dem *Duce* ähnelte, was mir bisher noch nicht aufgefallen war, durchaus viele Informationen gegeben worden waren, um die er zwar nicht gebeten hatte, die er aber mit Befriedigung zur Kenntnis genommen hatte.

Zum Beispiel, dass Franklin aus einer alten Tabakfarmerfamilie aus Virginia kam. Ich wette, dass Rumor nicht wusste, dass die Farm bereits vor Jahrzehnten unter verschiedenen Erben aufgeteilt worden war, brachlag und keinen großen Wert mehr darstellte. Und das Geld einer kleineren Farm, deren Erbteil Franklin zugefallen war, war bereits ausgegeben worden, ehe wir uns begegneten.

„Virginia", wiederholte Silvio andächtig, „guter Tabak, guter Tabak." Oder hatte er Dollar gesagt? Ich weiß nicht, wem von beiden ich lieber in den Hintern getreten hätte.

Rumor, zwei Köpfe kleiner, also meine Größe, trottete wie ein emsiges Hündchen hinter dem dozierenden Franklin her und um ihn herum, umsprang ihn und ich dachte, gleich schnappt er fröhlich zu. Da ich seit geraumer Zeit für keinen der beiden mehr präsent gewesen war, fiel meine Abwanderung auch nicht auf.

Ich ging ins Haus zurück und diesmal war mir das Herz etwas schwer, als ich so etwas wie Bestandsaufnahme machte und alles mit immer noch liebevollen, aber jetzt doch zum ersten Mal etwas nüchterneren Blicken begutachtete. Was Rumor gesagt hatte, stimmte. Das Dach war nicht mehr zu retten und musste im Ganzen neu gedeckt werden.

Optisch hatte es für mich seinen eigenen Charme, wenn die Fußböden leicht uneben, fast etwas wellig schienen. Jedoch teilten sich beim Begehen unter den Tritten Schwingungen als unbehagliche Sensation mit. Irgendwie empfand man

es als unangenehm und dachte daran, dass der Fußboden unter einem wegsacken und dass man in das darunter liegende Stockwerk stürzen würde. Mit großer Sicherheit mussten in den meisten Räumen, wo Fußböden auf den ersten Blick intakt wirkten, trotz alledem neue eingezogen werden.

Von Anfang an gab es einen harten Kampf mit Rumor und später mit wechselnden anderen Bauunternehmern und Maurern, wenn es um den Erhalt oder die Eliminierung alter Bausubstanz ging. Sie wollten alles, aber auch alles Alte hinauswerfen, während es unser Wunsch war, so viel wie möglich zu erhalten. Dieses antike Gebäude, das mir, als ich es zum ersten Mal betrat, das Gefühl gegeben hat, als hänge mir jemand einen weichen, schützenden Mantel um die Schultern, sollte nicht durch überflüssige Modernisierung seinen einmaligen Zauber verlieren.

Hier war alles so rustikal, wie ich es mir immer erträumt hatte. Nichts war perfekt. Es gab keine ganz glatten, durchgängig geraden Wandflächen. Schwellen und Steine zeigten Gebrauchsspuren, waren in Türnähe und auf Treppen ausgetreten von Tausenden und Abertausenden von Schritten der vielen Generationen, die dieses Haus schon bewohnt oder hier gearbeitet hatten. Von all den Fenstern des Hauses gab es keine zwei mit exakt den gleichen Maßen, was den Schreinern später Gelegenheit gab, bei den Kostenvoranschlägen freudig auf diese besondere Schwierigkeit hinzuweisen, so als sei es ihnen gelungen, einen halbkriminellen Akt aufzudecken. Die Diskussion um Türmaße und Türkosten bereitete ebenfalls schlaflose Nächte.

Während Franklin und Rumor noch draußen in Zukunftsplänen schwelgten, hallte das Wort „Tennisplatz" klar und deutlich zu mir herauf und *„Piscina"* – jetzt wurde offenbar über ein Außenschwimmbecken verhandelt – legte ich im oberen Stockwerk mit einem alten Stück Eisen, Kuhdung und anderen Abfall penetrierend, einige Fußbodenziegel frei, um deren Zustand zu begutachten. Hier, in einem riesigen Zimmer, das über dem großen Mühlenraum lag, waren geplatzte Kornsäcke auf dem Boden und fünf oder sechs Ratten turnten munter auf viereckigen, wassergefüllten Eternitbehältern herum, ohne die geringste Scheu vor Menschen, hier, wo ohne Frage später einmal unser Wohnzimmer sein würde,

das, groß wie es war, auch meinen Arbeitsraum beherbergen sollte. Die Fußbodenproben, die ich an verschiedenen Stellen vornahm, zeigten überall das gleiche gute Ergebnis: handgeformte, schöne und trockene, alte Ziegel.

Ich glaube, wenn ich meine Hände nicht mit irgendeiner Arbeit beschäftigt hätte, wäre ich auf andere Art handgreiflich geworden. Lust hatte ich dazu und Grund wohl auch.

Es mussten Treppen ausgebessert werden, Wasser-, Gas- und Stromleitungen gelegt, Türen zugemauert, für andere Öffnungen geschaffen werden, Badezimmer und Küchen waren zu installieren. Und wir wussten, dass dieses Haus ein Fass ohne Boden war und dass wir das Dachdecken bezahlen könnten und vielleicht noch die Renovierung einer oder zweier Wohnungen, aber dann war eine Pause angesagt.

Es war viel gesprochen worden an diesem Tage, aber eigentlich nichts Wesentliches festgelegt oder entschieden und nun musste Rumor nach Hause.

„Penso io", waren seine letzten, gefährlichen Worte, als er beschwingt winkend in sein Auto stieg. Also, er würde sich um alles kümmern.

„Buona notte", konnte ich da nur noch denken.

Wenn man das Haus durch die erste der drei Eingangstüren im oberen Bereich betritt, kommt man in einen Teil, der immer eine Wohnung mit vier Räumen war. Dieser Hausteil war baulich intakt, außer dass man im ersten Zimmer die Decke herausgerissen hatte, um hochkant lange Wasserrohre zu lagern, die bis fast unter das Dach des darüber liegenden Stockwerks ragten. Natürlich gab es kein Bad, sondern nur den berühmten Außenabort mit dem Keramikrohr an der Hauswand, das aussah, als hätte man Blumentöpfe ineinander gesteckt.

„Das wird sofort komplett abgerissen", sagte Rumor am nächsten Tag, als wir uns darauf einigten, diese Wohnung als erste zu renovieren.

„Das reißen wir nicht ab", sagte ich, „das wird ein Balkon."

Bei einem Frankfurter Trödler, der in einem ausgedienten Kriegsbunker die abenteuerlichsten alten Gegenstände hortete, gab es einmal alte Balkongitter von Abbruchhäusern und ich konnte mir vorstellen, dass sich Ähnliches wieder finden ließe. Wenn man also Dach und Wände des Außenaborts abtrug und den

Boden mit umlaufendem Gitter sicherte, hatte man einen Balkon. Die Türöffnung zum Raum war ja bereits da.

Rumor, der ein italienischer Macho alten Stils war und für den ich als Geschäftspartner nicht existent war, schenkte mir einen abschätzigen Blick, mit dem man allenfalls ein lästiges Kind bedenkt, jedoch keine Antwort. So ein dummer Einfall, noch dazu von einer Frau…

Aber in Franklins Augen hatte es aufgeleuchtet, er fand die Idee gut.

„Ja", sagte ich ihm zugewandt, „das ist unser künftiger Balkon. Für einen Tennisplatz wäre es hier oben nämlich zu klein."

Jetzt bestimmte Rumor, dass alle Räume mit glatten und großen, pflegeleichten Platten ausgelegt werden sollten und das Bad wollte er in das Balkonzimmer legen. Es war der Raum mit der schönsten Aussicht, mit Blick auf die Zypressen, die ich pflanzen wollte, auf blühende Hibiskus- und Oleanderhecken, die in Zukunft im Garten wachsen würden.

Aber ich setzte mich durch. Das erste Zimmer, das man vom Eingang her betrat, wurde halbiert, nachdem eine Decke eingezogen worden war. Es gab nun einen Flur, vom dem aus man in ein geräumiges Bad gelangte, mit Blick auf den Zufahrtsweg und ohne Balkon. In das Balkonzimmer kam, nachdem ich die schönen alten Fußbodenziegel gereinigt und geölt hatte, unser altes Kastanienbett aus Franklins Pietrasanta-Haushalt und man konnte, wenn man morgens die Augen aufschlug, über Olivenhaine und Weinberge auf das malerische Castagneto-Carducci sehen. Es war, als würde man einen schönen, großen Fotoband über die Toscana aufschlagen, nur dass die Wirklichkeit noch viel aufregender war.

Siebtes Kapitel

Der Pirat wird zum Barracuda

Rumor hat die ersten, durch meine hartnäckig zur Schau getragene Missbilligung nur geringfügig gebremsten Anweisungen für die kommenden Bauarbeiten entgegengenommen, auch einen beträchtlichen Anzahlungsbetrag. Bis Ostern soll viel geschehen. Wir hatten uns in den Tagen in Castagneto im Haus einer deutschen Kinderbuchmalerin und -autorin eingemietet. Es war eine spärlichst ausgestattete Bleibe, muffig, feucht und heizungslos. Im ganzen Haus konnte man keinen Gegenstand finden, der einem gefallen hätte. Wir waren uns einig. So primitiv durfte ein Haus nicht sein, wenn man Miete dafür verlangt. Gut nur, dass Philip seine Weihnachtsferien in der warmen Wohnung meiner Eltern in Regensburg verbrachte.

Jetzt bewegen wir uns Richtung Norden, sind auf der Rückreise nach Deutschland. Ich schließe die Augen: Wie viele Fenster hat das Haus, Türen sind es zehn, aber Fenster? Vierundzwanzig, nein, vierunddreißig, oder? Noch mal in Gedanken rund um das Gemäuer, in jede Nische, jedes Stockwerk des verschachtelten Gebäudes: Es sind dreißig, wenn man die beiden doppelflügeligen Fenster über zwei Eingangstüren nicht mitzählt, die eine Art Oberlicht bilden.

In Italien, lernen wir jetzt, hängen Fenster nicht nur simpel im Rahmen, jedes benötigt noch zusätzlich einen Innenladen, sogenannte *scuretti*, die man nachts schließt und mit denen man offensichtlich auch die Sonne aussperrt. Wozu gibt es eigentlich Vorhänge?

Als ich noch in der Künstlerkolonie von *Segalari* wohnte, war ich einmal Gast bei einer wohlhabenden, an Malerei interessierten Familie in Castagneto. Es handelte sich um eine Einladung zum Tee mit kleinen *Biscotti* und Bachkantaten von der Kassette. Im großen Wohnraum herrschte Halbdämmer, weil die Fenster geschlossen waren und das Licht nur durch einen Spalt der kleinen *scuretti*, die Sonne und Wärme aussperrten, hereindringen konnte. Um mich die herrliche Aussicht über die Ebene bis zum Meer bewundern zu lassen, öffnete Herr Moscetti, der Gastgeber, die Fensterflügel und gleißende Helligkeit blendete uns. Zuviel auf einmal für die Augen, ich drehte meinen Kopf zur Seite, das gleiche taten die beiden Moscetti und in einem kostbaren, von Altersflecken halbblindem Barockspiegel begegneten sich unsere Blicke – sie musterten mich überrascht, ich musterte sie. Beide sahen aus wie Kartoffelkeimlinge, von einer Bleichheit, als würden sie unterirdisch vegetieren und nicht in diesem zwar von außen unscheinbaren, aber innen palazzoähnlichem Haus, hoch oben in Castagneto residieren, umgeben von polierten, antiken Möbeln, sanft schimmerndem, altem Silber und wuchtigen Bronzekandelabern.

Ich war braun wie eine Mulattin, im stockfleckigen Glas des alten Spiegels noch dunkler. Nicht nur, dass ich in jenem Sommer viel Zeit im Garten und am Meer zugebracht hatte, ich war auch mit den Arbeiterinnen meines Nachbars Attilio in die Erdbeerfelder gezogen. In einer der Wochen hatte er einen Engpass, der ihm zu schaffen machte: viel zu wenige Erntehelfer und die Früchte waren reif und mussten unter Zeitdruck für den Export gepflückt werden. Und weil Attilio und seine Frau Maria, eigentlich die ganze Familie, immer so nett und hilfsbereit gewesen waren, freute ich mich, dass ich mich ein klein wenig hatte revanchieren können.

Signor und Signora Moscetti standen immer noch hinter mir und betrachteten mich im Spiegel. Dann sagte sie mir mit ihrer kontrolliert wirkenden, kühlen Stimme, dass sie aus dem Süden Italiens käme und es in ihren Kreisen als vulgär gelte, so braun zu sein. Auch aus diesem Grunde müssten immer die *scuretti* geschlossen bleiben und wenn sie ausgehe, dann mit Handschuhen, Hut und manchmal sogar mit Sonnenschirm. Das gleiche würde sie auch mir empfehlen, zumal ich ja wie sie aus einer Nobelfamilie stamme.

Kann sein, dass ich seit diesem musikalischen Nachmittag eine kleine Abneigung gegen diese Innenläden habe, die mir zudem, da wir gegen den Wind und Wetter ja auch massive Außenläden bestellt hatten, als unnötige Geldausgabe erschienen.

Die Wahl für einen Schreiner fällt auf Vasco und Guido, es blieb uns gar nichts anderes übrig, denn der einzige andere, der seine Werkstatt oben in Castagneto an der Straße zum Dorf hat, signalisierte Überlastung, bis nach Ostern könne er auf keinen Fall Arbeit annehmen. Vasco, der kommunikativere der beiden, ein untersetzter, schnauzbärtiger Mann, Fröhlichkeit verbreitend, besteht darauf, uns zum Mittagessen einzuladen. Er gibt uns zu verstehen, dass die Einladung in sein Haus absolut nichts damit zu tun hat, dass er den Auftrag haben möchte. Natürlich will er ihn. Aber hauptsächlich sei er an uns beiden interessiert, weil er sich selbst auch als Künstler sieht, er

restauriere, entwerfe und baue Möbel aus altem Holz. Und er habe seiner Frau schon so viel von uns erzählt, dass wir ihr den Besuch schuldig sind. Im Grunde genommen halten wir es für keine so gute Idee, uns von ihm nach Hause einladen zu lassen, besser wäre es, Geschäftliches und Privates getrennt zu halten. Aber das geht offenbar nicht. Wir werden gewaltsam adoptiert. Das Argument, das dann den Ausschlag gibt, war, dass wir in seinem Haus die Art von Fenster begutachten können, die er auch für uns anfertigen will. Und er könnte uns seine Möbel vorführen.

In Deutschland würde man wahrscheinlich für manche der kleinen Fensterformate, wie sie in unserem Haus vorgegeben sind, eine nicht unterteilte Glasscheibe nehmen. Aber wie würde das in einem dreihundertundfünfzig Jahre altem Haus aussehen: wie leere Augen. Ohne große Diskussionen entscheiden wir uns für zweiflügelige Fenster, die je nach Höhe ein oder zwei Querleisten haben sollen, so wie es ursprünglich auch war. Das Holzwerk darf nicht wuchtig ausfallen, damit nicht noch mehr Helligkeit geschluckt wird; Rahmen und Querhölzer müssen so zierlich wie möglich gehalten werden.

schrift schwer leserlichen, angsteinflößenden Ausdrücken.

Was für Verwirrungen. Nach langen Diskussionen fällt die Wahl. Da Vasco nicht in der Lage ist, Doppelglas für isolierte Fenster aufzutreiben, er kennt auch weder in Castagneto noch in Donoratico jemanden, der isolierte Fenster hat, noch kann er Bezugsquellen ausfindig machen, beschließen wir *abete* zu nehmen und das Holzwerk, wie in der Gegend üblich, moosgrün streichen zu lassen.

Für Innen- und Außentür, Glas und Holz, zur ersten Wohneinheit mache ich eine maßstabsgerechte Zeichnung, nachdem wir im Zentrum Castagnetos, wo viele alte Häuser stehen, unsere Studien getrieben haben. Die Fenster und Türen sollen solide und schlicht sein und so aussehen, als wären sie seit eh und je Bestandteil des Hauses gewesen.

Ohne dass je große Worte zwischen uns gefallen wären, sind Franklin und ich übereingekommen, das Haus behutsam zu renovieren, mit großem Respekt vor allem, was alt ist. Vielleicht war ich noch fanatischer als er. Das rächte sich dann später hier und da und ich wünschte, ich hätte auf ihn gehört; in manchen Dingen war er zwar nicht viel, aber doch etwas praktischer als ich. Im Grunde genommen hätte man uns beide als Nestbauer und Dekorateure bezeichnen können. Wenn wir einen Raum betraten, richteten wir ihn schon ein. Schön musste es aussehen, zweckmäßige Erwägungen blieben oft außen vor.

Den mit grober Hand von Vasco geschriebenen Kostenvoranschlag versteht keiner von uns. Es ist von *bozzetta inferiore* die Rede, *il bozzetto* heißt aber laut Lexikon Entwurf, Skizze. Hier aber sollte es sich um Fensterfelder handeln, oder? Wir können sie haben in *pino* oder *abete*, Tanne (Kiefer?) oder Pinie, aber *castagna* wäre das Beste und Dauerhafteste, dafür aber doppelt so teuer. Es schwirrt nur so von Ausdrücken wie *controtelai per porte*, was auch im großen Langenscheidt nicht zu finden ist, *trattamento antitarma*, Behandlung gegen Ungeziefer und vielen anderen, in Vascos Hand-

In einem unbeobachteten Moment, wohl wissend, dass es gegen Franklins Stolz gehen würde, habe ich Vasco beiseite genommen und ihn gebeten, aus Kostengründen für uns auf keinen Fall auf einmal sämtliche Fenster für das ganze Haus zu schreinern, sondern erst einmal nur für die zwei Wohnungen, die wir vorrangig renovieren wollten, natürlich nur mit Außenläden. Unnötig zu sagen, dass bei unserem nächsten Castagneto-Besuch alle Fenster, selbstverständlich mit Innen- und Außenläden, und auch die meisten Türen schon fertig oder das Holz zumindest zugeschnitten ist und dass erwartet wird, dass wir die Rechnung möglichst zügig begleichen.

Franklin war nach Weihnachten nach Pietrasanta gereist, um eine Edition von hundert kleinen Marmorskulpturen für die Zeitschrift „Schöner Wohnen" zu machen und war so unter Zeitdruck gewesen, dass er keinen Abstecher nach Castagneto hatte machen können. So waren wir auf Telefongespräche angewiesen. Alle fünf Tage kamen Lageberichte von Rumor, aber auch neue und gewaltige Geldforderungen, die wir uns, da wir ihm schon eine große Summe als Anzahlung hinterlegt hatten, nicht erklären konnten. Als die Forderungen immer obskurer wurden, die Rechnungen am handgeschriebenen Kostenvoranschlag vorbeigingen, flog Franklin Ende März nach Italien, um sich an Ort und Stelle vom Fortschritt der Arbeiten zu überzeugen.

Er machte Bestandsaufnahme im Haus und war entsetzt über alles, was er sah. Unsere finstersten Vorstellungen waren übertroffen und wir fühlten uns machtlos. Mit Brachialgewalt hatten Rumor und seine Mannschaft im Haus gewirkt. Nicht nur, dass alle Schornsteine entfernt waren, die Kamine mit ihren alten Steinumrandungen waren von den Wänden abgeschlagen und abtransportiert, Fensterumrahmungen aus Stein und alte, noch erhaltenswerte Terracotta-Böden. Alles war gestrippt. Ziegel und Balken hatte er wegfahren lassen, um sie neu zu kaufen, auch eine doppelflügelige, große Kastanienholztür mit handgeschmiedeten, großköpfigen, dolchartigen Eisennägeln und kunstvollen Beschlägen und Scharnieren, ein Fund aus den Kellerräumen, den wir in einer Ecke mit einer Plane und einer entsprechenden Notiz gesichert hatten, war verschwunden. Angeblich hatten seine Arbeiter sie für ihr mittägliches Grillfeuer verheizt. Wenn man solch eine massive Bogentür für sein altes Haus wollte, konnte man sie nach langem Suchen und für viel Geld bei Antiquitätenhändlern finden, wenn man Glück hatte.

Da laut seiner Aufstellung alleine das Dachdecken eine größere Summe verschlungen hatte, als der Kaufpreis für Haus und Grund ausgemacht hatte, zogen wir die Notbremse. Wir wollten erst wieder Zahlungen leisten, wenn die vereinbarten Arbeiten ausgeführt worden waren. Es trafen aber weiterhin hohe Rechnungen und dann auch Mahnungen ein, die wir weder überprüfen noch bezahlen konnten.

Wir waren zu blauäugig, zu naiv gewesen.

„Siamo amici", hatte er gesagt, an dem Abend, als wir bei ihm zum Abendessen im Familienkreis eingeladen gewesen waren. Wir hatten in diesen Stunden sehr viel gelacht. Seine Frau hatte ein gutes Essen gekocht. Bei rotem Landwein verstand man sich, er konnte sehr charmant sein, entspannt und lustig. Man fühlte sich wirklich, als hätte man einen guten Freund gefunden. „*Siamo amici*" und „*Penso io*", das waren im Grunde manchmal nicht ehrliche und sogar gefährliche Worte.

Wir waren des Italienischen nicht mächtig genug, um durch seine wirren, teils handgeschriebenen, teils getippten und von Hand ergänzten und verbesserten Kostenvoranschläge durchzufinden, die immer Lücken für zusätzliche Arbeiten offen ließen, über die zuvor nicht geredet worden war, die aber für den Ablauf anderer zwingend notwendig waren und dann unverhältnismäßig hohe Beträge verursachten. Teilweise waren die Forderungen geradezu provokativ. Nimmt ein Maurer einen Vorschlaghammer in die Hand, um eine relativ dünne Zwischenwand für eine Türöffnung durchzubrechen, dann dauert das, wie wir später beobachten konnten, weniger als eine Stunde, viel weniger. Und Rumor berechnete für diese Mühe den zwanzigfachen Stundenlohn. Fast den gleichen Preis verlangte er für das Zerstören von jedem der sechs gemauerten Innenkamine und deren Schornsteine, die wir auf keinen Fall hatten abreißen wollen.

Dies waren eher kleine Beträge. Es gab natürlich auch große Rechnungen für Arbeiten, die überhaupt nicht ausgeführt worden waren.

Der Kölner Architekt Gerd Schwarz, ein alter Freund, mit dem ich zufällig telefonierte und der inzwischen in Cortona wohnt, kannte sich mit den italienischen Baugesetzen aus und verhalf uns zu einem Anwalt, der eine *Perizia*, einen sofortigen totalen Baustopp erwirkte. Ein offizieller Gutachter musste herangezogen werden, der gemeinsam mit einem neutralen Architekten und dem Anwalt den Status quo ermittelte. Das blockierte uns zwar für einige Monate, aber gleichzeitig befreite es uns vor Duce-Barracuda.

Achtes Kapitel

Italienische Gäste

Das erste Restaurant, das ich in Castagneto kennen gelernt hatte, war das *Il Cacciatore*, der Jäger, das einige hundert Meter oberhalb unserer kleinen deutschen Kolonie an der *Segalari*-Straße lag. Von unten kommend, trat man durch einen Seiteneingang in ein winziges Gastzimmer mit zwei Tischen (dem heutigen Küchenbereich), wo meist alte Männer in viel getragenem, olivgrünem Jägeroutfit saßen, aus angeschmuddelten, bauchigen Chiantiflaschen, die nie gewaschen, sondern immer nur nachgefüllt wurden, Rotwein in blinde Gläser gossen und Pasta und Wildschwein oder Pilzgerichte aßen. Die an den Gastraum anschließende kleine Küche war primitiv und noch winziger als der Bewirtungsteil. Die übrigen Räume des Hauses waren verschlossen, die Wirtsfamilie bewohnte sie, Verwandte der Serni, unserer damaligen Nachbarn.

Die Küche war rustikal und man aß, was auf den Tisch kam: salzigen, dick geschnittenen Schinken, bittere Oliven oder *Crostini*, mit Hasenleberragout bestrichene kleine Toastscheiben, schwere, zu lang gekochte und ebenfalls zu salzige Nudel- und Fleischgerichte. Die Wirtsleute waren nicht unfreundlich, aber man fühlte sich fast ins Mittelalter zurückversetzt, die Atmosphäre war eher dunkel und bedrückend.

Außer dem *Zi Martino* (in dem kleineren an der Straße gelegenen Gebäude) gab es keine anderen Lokale. In Donoratico konnte man in zwei Bars etwas zu essen bekommen, in meinen ersten zwei Castagneto-Jahren existierte das *L'Orizzonte* noch nicht. Später dann wurde das *Cacciatore* an ein junges Paar verpachtet, Donatella und Michele Valori, es war mittlerweile wesentlich vergrößert worden, hatte innen zwei geräumige Gaststuben und eine Küche, die einigermaßen passabel ausgestattet war. Jetzt konnte man auch bei warmem Wetter im Garten sitzen, unter einer Wellblechpergola, und über die Olivenbaumkronen hinweg bis zum Meer sehen. Es war immer noch äußerst rustikal, aber Donatella und Michele waren beide gute Köche, sie für Pasta, er ein Meister am Grill, und sie hatten stets gute Laune.

Einmal erzählten sie uns, dass sie im Herbst nach Deutschland reisen würden, das wäre ihre erste Reise überhaupt, denn bisher wären sie über Livorno nicht hinausgekommen. In Heidelberg und Düsseldorf wollten sie Freunde besuchen.

„Wunderbar", sagte Franklin. Wir sind genau in der Mitte, da könnt Ihr uns guten Tag sagen, ruft doch einfach an, wenn Ihr da seid. Karin, gib ihnen gleich unsere Adresse und Telefonnummer."

Das tat ich dann auch mit deutscher Gründlichkeit, Galerienummer, Privatnummer, Postleitzahl, Ort und Straße, alles schön leserlich in Druckbuchstaben.

An einem Oktobertag klingelte das Telefon. Sie waren in Frankfurt, fünf Mann hoch, weil ein Sohn, ein Bruder und eine Schwägerin mitgekommen waren, Italiener sind eine gesellige Spezies. Ganz gleich, ob sie ein Paar neue Schuhe oder ein Auto kaufen, zum Arzt gehen, zu einer Abendesseneinladung, immer wird noch – und meist unangemeldet – zusätzlich jemand aus der Familie dabei sein, die Anzahl des Anhangs variiert natürlich.

Auf der anderen Mainseite, im Stadtteil Sachsenhausen, waren sie verloren gegangen und brauchten Hilfe. Es war ein Tag, an dem wir unter Stress standen. Es hatte Pannen beim Druck der Einladungen für die nächste Galerieausstellung gegeben; sie waren eine Woche zu spät fertig geworden und die Vernissage sollte in wenigen Tagen stattfinden. Zwölfhundert Karten mussten in Briefkuverts gesteckt, adressiert und frankiert werden. Teamwork war angesagt. Aber es half nichts. Franklin musste nach Sachsenhausen, suchte sie mindestens eine Stunde, weil sie nicht mehr an der angegebenen Stelle warteten, sondern aus unerfindlichen Gründen inzwischen zwei Straßenzüge weiter Position bezogen hatten. Es war eher Zufall, dass er sie fand.

Inzwischen war es drei Uhr nachmittags und sie waren sehr hungrig. Ich machte Mittagessen für unsere Gäste, die sich fröhlich und locker gaben, sich und uns unterhielten. Da nichts auf Aufbruch hindeutete, machte ich mich auf den Weg zur nächsten Konditorei. Um sechs Uhr gab es Kaffee und Kuchen.

Dann sagten sie uns auf Befragen, dass sie nicht am selben Tag nach Düsseldorf fahren müssten, in Heidelberg seien sie auch noch nicht gewesen, sie waren aus Italien direkt zu uns gekommen, mitten in der Nacht losgefahren und jetzt zum Umfallen müde. Im Wohnraum hatten wir eine Doppelbettcouch. Donatella, Michele und ihr fünfjähriger Sohn Gianluca schliefen da. Für Fabrizio und seine Frau musste unser italienisches Au-pair-Mädchen ihr Zimmer räumen. Sie erklärte sich bereit, auf einer Matratze vor Philips Bett zu lagern. Nun gut, für eine Nacht würde es schon gehen.

Am nächsten Tag war Stadtbesichtigung angesagt. Das Frühstück hatte sich schon gute zwei Stunden hingezogen. Es hatte Buttercroissants gegeben und verschiedene andere Backwaren: Laugen-, Mehrkorn-, Kürbiskern-, Sesam- und Mohnbrötchen. Die ganze Palette der deutschen Brotbackkunst führte ich ihnen vor. Dazu machte ich sie mit feinen Wurstwaren bekannt: Kalbsleberwurst, Gelbwurst, Bierschinken und mehreren anderen Aufschnittsorten, auch Marmelade und Honig standen auf dem Tisch. Sie sollten in Italien richtig was zu erzählen haben, was ein deutsches Frühstück sein kann. Ich war schon kurz nach sieben einkaufen gegangen und ich war ein wenig stolz, dass sie dem Frühstück zusprachen, denn Italiener sind im allgemeinen heikel und eher ablehnend, was die Küchengenüsse anderer Völker anbelangt. Aber je länger sie sich Zeit ließen, desto nervöser wurde ich. Schließlich war meine Arbeit am Vortag liegengeblieben. Jetzt wollten sie die Stadt besichtigen.

„Sei nicht so verdammt unhöflich und mach nicht so ein verbissenes Gesicht", sagte Franklin. „Frankfurt ist deine Stadt und wenn sie sie sehen wollen, musst du sie ihnen zeigen. Das erfordert die Gastfreundschaft."

Keiner hatte je eine Rolltreppe gesehen, die absoluten Attraktionen waren also Kaufhof und Hertie, nicht die Paulskirche oder die Katharinenkirche, nicht der Dom oder der Römer. Ich weiß nicht, wie oft wir an diesem Nachmittag die Rolltreppen hinauf- und hinunterfahren mussten, bis alle genug hatten, aber ihr Vergnügen war fast ansteckend. Es wurde viel angefasst, kommentiert und eingekauft. Sie benahmen sich so, wie wir uns in Italien benehmen, wenn wir etwas Neues entdecken und Spaß haben.

Am Abend wurden auf der Holzplatte meines Küchentischs Tortellini hergestellt, die Zutaten hatten wir in der Kleinmarkthalle bekommen, und dann, mit dem Rest des Teigs auch noch Tagliatelle für den nächsten Tag. Ich sollte zusehen, um es zu lernen, aber ich war unfähig, mich ganz zu konzentrieren. Alles, aber auch alles war mit Mehl bestäubt. Neun Leute in einer mittelgroßen Küche und ich in einer Ecke, Galerieprospekte und Einladungskarten für die am Sonntag stattfindende Ausstellungseröffnung eintütend. Eigentlich war es fast zu spät für den Versand und manche der Briefe wurden sicher erst am Montag danach zugestellt.

Am nächsten Abend zeigten wir ihnen das Vergnügungs-Äppelwoiviertel Sachsenhausen. Sie mochten es sehr, auch den Flohmarkt am Samstag und die Vernissage am Sonntag, wo sie das Publikum regelrecht bestaunten. Jede Nacht waren wir lange aufgeblieben; ich weiß nicht mehr, wie wir die Ausstellungseröffnung überstanden haben.

Am Montag darauf nahm ich Gabriella beiseite und sagte zu ihr: „Du hör mal, du bist doch Italienerin. Wenn ich Fragen stelle, kommt das vielleicht schräg raus. Kannst du nicht einmal vorsichtig vorfühlen, wie lange sie eigentlich noch bleiben wollen. Dies ist der sechste Tag. Schließlich müssen sie ja noch nach Düsseldorf und dann auf dem Rückweg nach Heidelberg, sie können ja nicht ewig Urlaub machen, oder?"

Es dauerte eine Weile und dann kam Gabriella in mein Arbeitszimmer, etwas blass um die Nase und auch verwirrt.

„Signora", sagte sie, „ich weiß gar nicht, was ich denken soll oder wie ich es sagen soll. Aber es ist so, dass sie von ihren anderen Freunden keine Telefonnummer haben und deswegen müssen sie jetzt in Frankfurt bleiben, ich meine, die ganze Zeit, aber ich weiß nicht, wie lang die ganze Zeit sein wird."

Mir fiel ein Stein vom Herzen. Beschwingt eilte ich in die Küche, wo sie alle, es war inzwischen elf Uhr und ich überlegte schon wieder krampfhaft, was ich zum Mittagessen kochen könnte, wenn Philip aus der Schule käme, sich noch am Frühstückstisch festhielten. Ich sagte, dass ich gehört hätte, dass sie die Telefonnummern ihrer Freunde verloren hätten.

„Aber wisst Ihr, das ist in Deutschland kein Problem. Gebt mir die Namen und Adressen Eurer Freunde, ich rufe die Auskunft an und dann könnt Ihr Kontakt aufnehmen."

Ratlose Blicke. Es stellte sich heraus, dass der Düsseldorfer „Freund" Dieter hieß und der Heidelberger Thomas, eine der Frauen eventuell Heidi, vielleicht aber auch Hanne oder Anne.

Als wir das nächste Mal nach Italien kamen, wir lebten noch in der Segalari-Kolonie, wollte Franklin mein Haus weiß streichen, weil rosa für ihn die schlimmste Farbe war. Als Kind hatte er ab und an *Peptobismo* schlucken müssen, ein rosa Abführmittel, und ich hatte es fertiggebracht, bei meiner Hausfassade exakt denselben Farbton zu treffen.

Drei Anstriche waren nötig, um meine rosa Entgleisung, von der er behauptete, dass ihr Anblick ihm stets leichte Übelkeit beschere, zu überdecken. Und Michele und Fabrizio waren jeden Tag zur Stelle und halfen tatkräftig mit. Denn wir waren ja eben Freunde.

Als wir uns von unseren ersten Bauunternehmer auf Rotone getrennt hatten und einen neuen suchten, sagte uns Michele, dass sie einen in der Familie hätten. Donatellas vierzehnjährige Schwester hatte einen Verlobten, ja wir hatten uns nicht verhört, schließlich war Donatella ja auch schon mit fünfzehn verheiratet und Mama gewesen, frühe Bindungen lagen offenbar in der Familie. Der Vater des Verlobten von Donatellas Schwester war Maurer. Nun trat also Zanaboni, Giancarlo mit Vornamen, in unser Leben beziehungsweise in unser Haus.

Neuntes Kapitel

Der erste lange Sommer

Giancarlo sang oft, laut und eigentlich nicht einmal so schlecht. Wenn er sang, war die Situation entspannt und alle waren froh. Aber er konnte auch sehr, sehr schlechte Laune haben, was dann nicht zu überhören war. Dann schimpfte er: *porca miseria* oder *porca madonna* – Schweinemisere, das mochte noch angehen, das konnte man nachvollziehen, aber Schweinemadonna? Was das wohl sollte? Oder dann *porca madonna con le rape*! Also *rape*, das heißt doch eigentlich Rüben, oder?

Handlanger waren sein sechzehnjähriger, rotschopfiger Sohn Massimiliano und ein anderer Mann namens Silvano, eine Art Aussteiger aus Milano, der, wie er uns versicherte, eigentlich von einer Nobelfamilie aus Mantua abstamme. In Milano war er bei einer Firma Ingenieur gewesen, hatte Pferde besessen, es gab viele Fotos von ihm als stolzen Turnierreiter. Auf dem Fabrikgelände der Firma hatte er auch gewohnt und Tiere gehalten, alte Esel und Maultiere aufgenommen und gepflegt, zahllose streunende Hunde und verlassene Katzen, denen er freundlicherweise gestattete, sich zu vermehren. Es gab auch Gänse, Enten, Hühner und Kaninchen und natürlich hatte unser Franz von Assisi es nicht fertiggebracht, auch nur eines der Nutztiere zu schlachten. Als die Anzahl auf insgesamt dreihundertsechzig angeschwollen war, war er aufgefordert worden, sich von seinem Privatzoo zu trennen oder man müsse ihm kündigen. Vielleicht hatte man ihm auch gekündigt und er musste die Tiere aufgeben. So genau habe ich das nicht verstanden, obwohl die Geschichte mehrmals erzählt wurde.

Mit Verbitterung im Herzen ging er in die Toscana, auf die er schon immer neugierig gewesen war, wie er sagte, während seine Frau in Mailand blieb. Er hauste im Wald bei Bolgheri, lebte wie ein Einsiedler in einem winzigen, alten Gemäuer, wo er über Wochen hinweg beobachtete, wie die langen, peitschenartigen Zweige einer Brombeerhecke durch die leeren Fensteröffnungen auf ihn zuwuchsen. Als es Winter wurde und sehr kalt, der Wald gab nichts mehr zu seiner Ernährung her, kehrte er widerwillig in die Zivilisation zurück, das heißt, er musste sich bereit erklären, in limitiertem Umfang Hilfsarbeiten zu verrichten, um zu überleben. Irgendwann hat er dann zu seiner Frau Kontakt aufgenommen, als sie dann nach Bolgheri kam, wurde ihm auf einem Besitz, dessen *Padrone* im Norden wohnten, eine Art Kustodenposten angeboten. Das Gut hatte keine Tierhaltung und die Landwirtschaft war verpachtet. Tina verzieh ihm nie, dass sie in Milano ihren Krankenschwesterjob aufgegeben hatte.

Jetzt war er also Hilfsarbeiter bei unserem Maurer und für einen so kleinen und zierlichen Mann erwies er sich als sehr stark. Wir unterhielten uns gerne mit ihm, weil er klug und sensibel war und sich in Gesprächen auch Mühe gab, dass wir ihn verstanden. Der robuste Giancarlo kujonierte ihn natürlich und man hatte immer das Gefühl, als müsse man Silvano beschützen.

Giancarlo hatte eine sehr zupackende Art und wenn er eine Arbeit in Angriff nahm, ging sie schnell voran. Leider drängte sich manchmal der Gedanke auf, er habe eine Art von Legasthenie. In seiner Ägide entstanden viele Fehler, spätere Pannen wurden vorprogrammiert und manche Dinge mussten zwei-, dreimal gemacht werden, bis sie funktionierten. Ich würde sagen, nicht nur wir haben viel gelernt während dieses Zeitraums seiner Arbeit auf *Rotone*.

Das Haupthandicap war, dass er alles immer schnell, ganz schnell machen wollte, weil er inzwischen auch noch woanders einen Job angenommen hatte. Er war ein Typ, der am liebsten auf fünf Hochzeiten getanzt hätte. Immer wieder entstand Verärgerung, weil er trotz seiner volltönenden Versprechung *domani mattina alle otto* einfach nicht erschien, weder um acht, noch später und wenn Franklin dann losfuhr, war er nicht zu finden – ich wünschte, wir hätten von Anfang an ein Telefon gehabt – seine Frau stellte sich in solchen Fällen tumb. „Mua", sagte sie dann oder etwas, was ähnlich klang, wenn man nach ihm fragte, vielleicht auch „buä". Auf jeden Fall bekamen wir in diesen Tagen mit, dass sie uns mit diesem Laut zu vermitteln suchte, dass sie nicht wüsste, wo er war oder auch, dass sie sich nicht darum scherte, ob wir es erfuhren oder nicht. Vielleicht durfte sie es auch nicht sagen.

Natürlich kam es auch vor, dass er morgens pünktlich erschien, sich geschäftig durch die Gegend radaute, lautstarke Anweisungen gab, kurz gesagt, heftige Präsenz zeigte. Man war froh und innerlich entspannt, endlich geschah etwas. Aber dann, nach einer halben Stunde und manchmal für den Rest des Tages, wurde er nicht mehr gesehen, während seine beiden untrainierten Helfer, die er freundlicherweise zurückgelassen hatte, mehr oder minder ratlos herumpickelten und sich im Kreise drehten.

Da wir immer nur kurz bleiben konnten und dann wieder nach Deutschland zurückmussten und im Moment auch keine andere Alternative hatten, waren wir ihm ziemlich ausgeliefert. Natürlich hatte es auch den Ausschlag gegeben, dass er preislich mit Abstand der günstigste Maurer gewesen war, den wir bekommen konnten. Eine gewisse künstlerische Ader durfte man ihm auch nicht absprechen, dies war der andere Grund, weshalb wir es so lange mit ihm aushielten. Bis heute kenne ich niemanden, der in der Lage ist, so schöne Natursteinmauern zu bauen wie er. Wo Giancarlo Fassaden mit Steinen ausgebessert oder neue Mauern hochgezogen hat, stets sind sie noch schöner als die alten.

Gleich in den ersten Wochen sprach er über seinen Einfall, den grauen, verwitterten Außenputz, der durch die Jahrhunderte gelitten hatte und fast überall beschädigt, abgebrochen oder herausgeschlagen war, ganz abzuklopfen, die darunter liegenden Steine sandzustrahlen und neu zu verfugen. Wir konnten uns das nicht richtig vorstellen, in der ganzen Castagneto-Gegend kannten wir kein Haus, das Naturstein zeigte, sie waren alle verputzt. Unsere Idee war es gewesen, das Haus in einem leuchtenden Sienagelb erstrahlen zu lassen, vielleicht mit weiß umrandeten Fenstern. Giancarlo aber war von seiner Idee besessen und fing ungefragt an, über einige Quadratmeter hin, den alten Putz abzuklopfen.

Jetzt konnte man sehen, was er meinte und wir waren hellauf begeistert. Steine in unterschiedlichster Größe wurden freigelegt, die meisten in Beigetönen, ins Bräunliche übergehend, glatt und gebuckelt, auch einige alte Ziegel waren eingepasst. Plötzlich hatte die Fassade Eigenleben, das Haus gewann an Charakter. Drei Wochen lang wurde gestemmt, gehämmert, geklopft. Ungeheure Staubschwaden zogen über die Landschaft hin und für uns war jeder Tag wie ein Geschenk. Hier kam unter dem alten Putz eine frühere Fensterumrahmung zum Vorschein, da war vor Zeiten eine inzwischen zugemauerte Tür gewesen, Ziegelbögen liefen in interessanten Schwüngen über das Mauerwerk – offenbar hatten die Gebäude im Laufe der Zeit vielmals ihre Nutzung geändert. Es war angebaut und umgebaut worden. Nun, wo all dies zum Vorschein kam, wurde die ehemals etwas langweilige Fassade sehr lebendig.

Einige unserer Nachbarn, die später ihre Häuser renovierten, haben sich inspirieren lassen und sind dem Beispiel, die Natursteine wieder freizulegen, gefolgt.

Nach dem Sandstrahlen, das die Steine von altem Putz und Farbresten säuberte, mussten sie wieder verfugt werden, das heißt, jeder einzelne Stein wurde aufs Neue mit Zement ummantelt. Es war ein Glück, dass wir in dieser Phase der Arbeit vor Ort waren. Denn der Zement, der bei den ersten Quadratmetern um die Steine geschmiert wurde, war dunkelgrau, in der anfänglichen Nässe sogar schwarz und ließ die Fassade winterlich trist erscheinen. Franklin wusste, dass man zur Aufhellung *Giallo di Siena*, beigegelbes Farbpulver beimischen musste. Der Unterschied war gewaltig, die Wandflächen bekamen einen warmen, freundlichen Ton.

Die ganze Zeit über, eigentlich seit wir *Rotone* erworben hatten, fühlten wir uns wie im Zoo. Die *Castagnetani* pilgerten in Gruppen zu uns herunter, um mit eigenen Augen die Arbeiten zu verfolgen. Sie hielten gebührend Abstand, ließen Bach und offenes Gelände zwischen sich und uns, niemand sprach uns an, wir wurden nur beobachtet. Ich weiß nicht, ob jemals andere Fremde, die sich in Castagneto-Carducci niedergelassen haben, so viel Aufsehen erregt und so eine ungeheure Neugier hervorgerufen haben.

Mulino Rotone war vielen bekannt, eine riesige Ruine, die jahrzehntelang Wind und Wetter ausgesetzt gewesen war. Niemand aus der Gegend hätte im Traum daran gedacht, sie haben zu wollen und nun kamen zwei Verrückte und versuchten, das Haus wieder aufzubauen. WAS HATTEN DIE VOR? Amerikaner waren das. Schlagersänger, wie man hört. Nein, er ist Millionär und hat noch zwei Häuser gekauft, das ist das erste, was renoviert wird. Filme wollen sie machen. Nein, er ist Tabakfarmer und jetzt will er den Bach ausbaggern und Fische züchten!

Das einzige Unternehmen, das über einen Bagger verfügte, war die Firma Parrini. Und Enrico kam, ein jung wirkender, tief sonnengebräunter Mann mit bereits schneeweißem Haar. Franklin verlor sich in großen Ausführungen über künftige Arbeiten, die weder für Enrico noch für mich auch nur einigermaßen transparent waren, vor allen Dingen, weil Franklin, seiner Gewohnheit entsprechend, unverdrossen alle seine Anweisungen in der Vergangenheitsform abgab, wenn er die Zukunft meinte. Das stiftete mehr als einmal Verwirrung.

Enrico begann, die Erde zu schieben, auszuheben, zu nivellieren, am falschen Ende des Grundstücks, weil auch diese Stelle in irgendeinem Zusammenhang schon im Gespräch gewesen war. Nach vier Stunden bekam Franklin die Fehlleistung mit und der Einsatz wurde neu besprochen: Es wurde Enrico gezeigt, wo Franklin für seinen künftigen Gemüsegarten eine ebene Fläche haben wollte. Es war der Platz, den er zuvor für einen Irrgarten vorgesehen hatte.

Ich sah ihn an, er sah verschwitzt und erschöpft aus. Mitleid regte sich in meiner Seele.

„Und dein *labirinto*?", fragte ich.

„Das kann später auf dem Feld hinten am Wald gepflanzt werden", sagte er, „*look at this place! Here is the cow-shit of the whole world, good for tomatoes.*"

In unserem ersten Sommer in *Mulino Rotone* arbeiten wir den ganzen Juli und August wie Sklaven. Franklin fasst überall mit an, wo starke Hände nötig sind. Außerdem ist er jeden Tag Stunden unterwegs, um den Nachschub der Baumaterialien zu organisieren, die vom Maurer nicht rechtzeitig bestellt oder einfach vergessen worden waren. Er besorgt auch die Werkzeuge, die zur Arbeit dringend nötig sind, die aber die Handwerker nicht mitgebracht haben. Wenn man sie nach Hause schickte, um sie zu holen, verlöre man unter Garantie weitere Stunden.

Inzwischen haben die Elektriker in der ersten Wohneinheit für spätere Zeiten, wenn wir ans Stromnetz angeschlossen werden, Leitungen gelegt, Steckdosen und Lichtschalter gesetzt. Die Kanäle sind wieder verstuckt und glatt gespachtelt worden und jetzt bin ich dran. Weißbinderarbeiten sind angesagt. Darin bin ich durch zahllose Umzüge in meinem Leben geübt. Zuvor habe ich schon tagelang, auf den Knien liegend versucht, alte Zementplacken und eingetrocknete Farbflecke vom Boden abzuschleifen, Ellenbogen- und Schultergelenke schmerzen, als wären sie entzündet. In der Mitte eines Schlafraums, wo die Jäger offensichtlich häufiger ihr Grillfeuer auf dem Fußboden gemacht haben, hat die Schwärze des Brennholzes sich tief in die Ziegel hineingefressen. Später würde man einen Teppich darüber legen müssen.

Mathias Beck, der Sohn der Galeristen Beck, bei denen Franklin als Bildhauer und ich etwas später als Malerin eine Ausstellung gehabt hatten, und der selber ein talentierter, junger Bildhauer ist, kommt, obwohl vereinbart war, dass er alleine sein würde, mit Geschwistern und Freunden, um bei der Hausrenovierung zu helfen. Zwei Tage lang schichten sie unter Franklins Regie Steine im Bachbett auf, sodass eine Art künstlicher Wasserfall entsteht. Dies Projekt, von dem zuvor niemals die Rede gewesen war, hat plötzlich absoluten Vorrang. Das Steineschleppen nimmt den Kids sehr viel von ihrer Energie. Ich hätte sie gerne, wie am ersten Tag abgesprochen, für andere Arbeiten eingeteilt, unsere Intentionen werden irgendwie auf den Kopf gestellt. Als Folge davon zeigen sich am dritten Morgen bereits die allerschwersten Ermüdungszeichen. Eine mitgebrachte Blondine, der im Nacken aus dem Kurzhaarschnitt ein rattenschwanzdünner Zopf von einem halben Meter heraushängt, schürt die Stimmung. Es wird etwas von Sichnichtausnutzenlassen gemurmelt und jetzt wollen die Kids nur noch Urlaub machen, ans Meer fahren, jedoch natürlich von mir bekocht werden. Jeder hat auch kleine Blessuren aufzuweisen, wie einen Kratzer am Bein, eine Blase an der feinhäutigen Hand, sie signalisieren, dass sie nicht mehr einsetzbar sind.

Immerhin können sie mir einige wichtige Tipps geben, wie man Möbel ablaugt und anschließend die Farbreste abschleift, schließlich war das ja die Sache, die zu übernehmen sie sich angeboten hatten. Ich hingegen bin ein Anfänger auf diesem Gebiet und sie feuern mich an, ermutigen mich, wenn meine Kraft und Ausdauer nachzulassen drohen.

Innerlich murmle auch ich etwas von Sichnichtausnutzenlassen, lasse aber nichtsdestotrotz weiterhin die Beck-Kids und deren Anhang an den Mahlzeiten teilnehmen, die ich für uns und eine fünfköpfige Installateurmannschaft auf den Tisch stelle. Der Bildhauer Michele Benedetto hat seinen Stiefsohn Francesco als kompetent und zuverlässig empfohlen, Franklin hat die Gruppe aus Pietrasanta mitgebracht. Später wird uns das zu schaffen machen, denn bei Pannen oder Reparaturarbeiten hat keiner der lokalen Installateure Lust, die Fehler seiner auswärtigen Konkurrenz zu beheben.

Ganz leicht ist es nicht, sich unter den primitiven Gegebenheiten zu arrangieren.

Wir leben wie Pioniere. Wasser wird aus dem frisch gereinigten Brunnen geholt. Im Freien, an einer schützenden Wand, ist ein dreiflammiger Herd aufgestellt, der an eine Propangasflasche angeschlossen ist. Es ist uns gelungen, in Frankfurt einen gasbetriebenen, großen Kühlschrank zu bekommen, ein Schweizer Modell. Was würden wir in diesem Sommer ohne ihn tun? Ich liebe dieses Möbelstück. Zwei lange, rohe Holzbretter auf Steinsockeln, das ergibt den Tisch, ohne Tischdecke, aber immer mit einem riesigen Wildblumenstrauß, die Bänke links und rechts sind ebenfalls Baubretter, die auf Hohlblocksteinen lagern.

Bei jeder Mahlzeit halten sich vierzehn bis sechzehn Leute am nicht vorhandenen Tischtuch fest, die Installateure und die Jugendlichen, Silvano, der mittags nicht nach Hause fährt, und wer sonst noch so vorbeikommt. Es ist Sommer, Schinken- und Melonenzeit, frisches Brot und schöne Käse, Salami und Mozzarella-Tomaten, rohes Gemüse, ein Stück Pizza oder Schiacciata werden gereicht. Am Abend gibt es dann eine größere Mahlzeit, Pasta, Fischsuppe oder etwas, was sich in der Pfanne braten lässt, frische Salate dazu, grüne Bohnen, nach dem Abtropfen kurz in Knoblauchbutter geschwenkt.

Maureen und Carlos Mele machen sich mit uns bekannt. Er ist ein Römer, der sehr englisch aussieht, sie ist Engländerin, die man ohne Weiteres für eine Italienerin halten könnte. Sie leben in London und haben einige Monate später als wir ein Haus gekauft, auf der anderen Seite des Bachs, noch tiefer im Wald gelegen. Es ist keine Ruine, da es bis vor kurzem bewohnt war, aber natürlich müssen sie trotzdem an- und umbauen. Franklin ist glücklich, auf jemanden zu treffen, der Englisch spricht. Dies ist der Beginn einer langen und engen Freundschaft.

Sobald es abends dunkel wird, geht man zu Bett. Natürlich könnte man jetzt Kerzen anzünden, aber da man von der Arbeit rechtschaffen müde ist, fallen einem die Augen von alleine zu. Nur die Jugendlichen fahren ab und zu noch in den Ort, um Eis zu essen oder in einem Straßencafe zu sitzen. Für sie haben wir Feldbetten und Matratzen in einem der großen Räume aufgestellt und ausgelegt, die Jungs aus Pietrasanta schlafen in einem anderen Zimmer, Franklin, Philip und ich sowie unser Hund Jakob residieren in der schon halbwegs fertigen Wohnung.

Vor einigen Jahren hatte ich einem Bauern, der in eine der Neubauwohnungen in Donoratico zog, einen alten Vitrinenschrank abgekauft, arte povero wird der Stil genannt. Das Ablaugen, das schlichte, schmale und hohe Möbelstück war mit einem schäbigen, bräunlichen Anstrich überzogen gewesen, ging leicht vonstatten. Auch das Schleifen, denn das Holz war weich und setzte keinen Widerstand entgegen. Jetzt wird der Schrank in die Küche getragen und an die Wand gerückt. Wie schön er geworden ist! Und was für ein sinnliches Vergnügen es bereitet, die Teller, Tassen und die polierten Gläser einzuräumen, zu ordnen und gefällig zu präsentieren. Meine erste Küche im neuen Haus.

Auf einem der sonntäglichen Sommer-Antikmärkte, die auf der *Piazza* in Pietrasanta abgehalten werden, hatten wir kurz vorher einen schönen, quadratischen Holztisch gefunden, einen so genannten *Olandese*, einen holländischen Tisch, dessen Seitenflügel man auszieht, wenn die Größe verdoppelt werden soll. Das Mittelfeld wird durch einen breiten Holzrahmen gehalten und die runden Beine sind kräftig. Mir gefällt dieses wuchtige Möbel, zu dem die einfachen, alten Bauernstühle mit dem Strohgeflecht passen. Und im Schlafzimmer steht bereits unser Kastanienholzbett. Die erste Wagenladung mit den vor zwei Jahren nach Pietrasanta ausgelagerten Möbeln und Haushaltsgegenständen ist schon wieder nach Castagneto zurückgeführt worden.

Da wir noch keinen Wasseranschluss haben, benutzen wir Campingtoiletten oder gehen in den Wald. Sickergruben können erst im Herbst ausgehoben werden, weil ein Gutachter aus Livorno und ein *geometra*, eine Art Vermessungstechniker, für das komplizierte Genehmigungsverfahren eingeschaltet werden müssen. Nur unsere Wohnung ist optisch fertig, in den anderen Räumen müssen noch Kanäle für Wasserrohre, Elektrokabel und Gas in den harten Stein geschlagen werden.

Wir fahren mit den Installateuren nach Venturina in einen so genannten Großhandel für Sanitärobjekte mit einer äußerst beschränkten Auswahl und suchen für drei Badezimmer die allerbilligsten Objekte aus, die erschwinglichsten Küchenspülen und Wasserhähne, die in jedem deutschen Baumarkt nur ein

Toscanische Spezialitäten in Populonia

Drittel kosten würden. Später, sagen wir uns, später, wenn wir etwas besser bei Kasse sind und nicht mehr jeden Pfennig umdrehen müssen, können wir das ja alles noch ändern. Noch wissen wir nicht, dass nichts auf der Welt haltbarer ist als ein Provisorium. Wir müssen noch viel lernen.

Zum abendlichen Duschen hat die Installateurmannschaft eine findige Idee ausgearbeitet. Sie hieven einen großen, quadratischen Eternitbehälter, den sie auf dem Grundstück finden, auf ein Scheunendach, leiten mittels eines Schlauches Brunnenwasser hinein, bringen einen Wasserhahn zum Auf- und Zudrehen an und nun kann man darunter, hinter einer Plane, die eine Art Kabine bildet, duschen. Wenn man Glück hat und zu den ersten dreien gehört, ist es nicht einmal so kalt. Aber danach spürt man, dass das Wasser aus der Tiefe eines tiefen Brunnens kommt und fast jeder kreischt erschrocken auf unter dem eisigen Strahl, was den Rest der Wartenden ungemein belustigt.

Es gibt Fotos aus dieser Zeit und ich denke heute, dass diese Wochen einfach schön waren, so voller Fantasie und positiver Energie und Träume. Und wenn es Frustrationen und Ärger gegeben hat, dann ist das längst vergessen und ich kann mich nicht einmal daran erinnern. – Nur, dass die Wildwiesen aufs Üppigste blühten und riesengroße Schmetterlinge wie trunken über dem ganzen Tumult hin- und hergaukelten, nach opulenten Mahlzeiten halbherzig von Franklin und mir mit großen Fischernetzen gejagt. Eichhörnchen sprangen aufgeregt in den Ästen eines alten Nussbaums hin und her, nicht an Menschen gewohnt und trotzdem nicht willens, ihr Revier aufzugeben. Und unter unseren Tritten stiegen Duftwolken von frischer Minze auf.

Meine Eltern machen Ferien in Franklins Pietrasanta-Haus und jetzt reisen sie an, um Philip abzuholen. Ich weiß nicht, was sie sich nach unseren Erzählungen unter *Mulino Rotone* vorgestellt haben. Auf jeden Fall sind sie erschüttert, so sehr, dass es ihnen wirklich die Sprache verschlägt – und ich hatte erwartet, dass sie sich für uns und mit uns freuen würden. *Rotone* muss auf ihrer Netzhaut andere Reflexe ausgelöst haben, als auf der unseren. Sie bleiben nicht lange und ihre düsteren Mienen hellen sich keine Sekunde auf. Ich werde beobachtet, wie ich mich mit einem Möbelstück abmühe,

jetzt ist ein viertüriger, alter Kleiderschrank an der Reihe, der nach dem Ablaugen mit Sandpapier glatt geschliffen werden muss. Wortlos beäugen sie mich, ein Berg von Bauschutt liegt zwischen ihnen und mir. In gewisser Weise ist es die gleiche Situation wie mit den Leuten von Castagneto, die auf der anderen Bachseite stehen bleiben und nicht näherkommen wollen.

Irgendwann höre ich meine Mutter sagen: „Jetzt ist sie ganz verrückt geworden. Das war vorher schon schlimm genug. Aber seit sie den Franklin geheiratet hat, also jetzt ist es ganz aus!"

Mein Vater kneift verbittert die Lippen zusammen.

Bauerdicks kommen zu Besuch, frühere Nachbarn von der *Segalari*-Straße, die unser neues Heim besichtigen wollen. Sie steigen aus dem Auto und Rosemie, die wie angewurzelt stehen bleibt, sagt: „Du Arme, du", und Herbert: „Karin, um Gottes willen, was hast du denn jetzt schon wieder angestellt? Was wollt Ihr denn *damit* anfangen, das sieht ja *fürchterlich* aus!"

Ich bin beleidigt. Franklin findet ein unschönes Wort für alle, es fängt mit Id… an, im Englischen wie im Deutschen. Das Dach ist bereits gedeckt, einige Fenster und Türen eingesetzt und auch wenn die Fassade immer noch aussieht wie nach einem mittelschweren Bombenangriff, hat sich unserer Meinung nach schon vieles verändert und wir sind stolz darauf. – Niemals haben wir unser künftiges Heim mit den kühl kalkulierenden Augen der anderen gesehen. Vom ersten Augenblick an waren wir so blind verliebt in das alte Gemäuer, dass wir uns sofort alles „umerzählten". Wir hatten eine gemeinsame Vision, von der die anderen ausgeschlossen waren.

Aber, um ganz ehrlich zu sein: Wenn ich heute Fotos von *Mulino Rotone* in die Hand nehme, die damals gemacht wurden, verstehe ich inzwischen doch ein wenig den Schock, der alle unsere Lieben ereilte, die von Beginn an wussten, dass wir Abertausende von Arbeitsstunden in unseren Traum stecken mussten, den Support vieler Freunde und der Familie nötig haben würden, nicht zu vergessen, die Hilfe einer Bank, ohne die es letztendlich sehr viel schwieriger gewesen wäre.

Da wir mit unseren eigenen Mitteln ziemlich schnell am Ende angelangt waren, begann die ein ganzes Jahr lang

andauernde Odyssee zu Banken, denen wir klarzumachen versuchten, dass wir, wenn das Haus erst einmal fertig war, durchaus in der Lage sein würden, eine Hypothek, die sie uns jetzt geben sollten, zurückzuzahlen. Ich erinnere mich an viele schräg geneigte Köpfe, die uns mit ernster Miene ihr Ohr liehen, von unserer Begeisterung für das Haus aber eher beunruhigt als überzeugt, es gab einige halbherzige Zu- und am Ende nur unmissverständliche Absagen. Italienische Banken verlangten die für uns nicht machbaren achtzehn Prozent Zinsen, deutsche wollten keinen Kredit für Objekte im Ausland geben.

Bis Jürgen Groschke, unser junger, agiler Banksachbearbeiter etwas Interessantes entdeckte und uns half: Es handelte sich um eine Art Versuch, ein Pilotprojekt der Banken, im Hinblick auf das irgendwann kommende Vereinte Europa. Wir trugen Unterlagen zusammen, Fotos der Ruine, Aufnahmen vom Jetztzustand, Montagen, wie wir uns alles vorstellten und schriftlich formuliert, wer wir waren und was wir mit diesem Haus und Projekt vorhatten: nämlich eine Existenz aufbauen. Aber letztendlich hätten wir unseren Antrag ohne die Hilfe von Marion Andreani, die in der Mailänder Dependance der Vereinsbank saß und unsere Angelegenheit nicht nur mit Wohlwollen, sondern auch mit Umsicht und großer Energie verfolgte und vorantrieb, trotzdem nicht durchbekommen. Frau Andreanis Job heute ist es, für die Niederlassung der Deutschen Bank in Milano, für die sie inzwischen arbeitet, Investoren oder Leuten, die Häuser im Ausland kaufen, die Wege zu ebnen und mit Rat und Tat zur Seite zu stehen. Sie hatte damals, vor zwölf Jahren, schon die Weitsicht und Tatkraft, ein solches Projekt – auch gegen Widerstand im eigenen Büro – durchzuziehen.

Es gab so viele versteckte Kosten, an die wir in unserem Enthusiasmus beim Hauskauf nicht gedacht oder die wir gedanklich beiseite geschoben hatten, die sich aber beängstigend summierten. Wir wussten zwar, dass weder Wasser- noch Stromanschlüsse im Haus waren, hatten uns aber keine sehr großen Gedanken gemacht, mit welch technischem Aufwand das alles bis zum Gebäude gebracht werden müsste. Zuerst einmal war es erforderlich, dafür Gräben auszuheben. Man empfiehlt uns, diese elementaren Arbeiten, die auf jeden Fall

anfallen werden, schon jetzt in Angriff zu nehmen, da der Baggerfahrer gerade für einige Tage frei ist.

Vom künftigen Eingangstor frisst die Baggerschaufel einen halbmeterbreiten Kanal in den Waldweg bis zum Haus und noch weiter ins Gelände, zu Franklins Bildhauerstudio, wo der Kompressor für die Steinarbeiten stehen wird, alles in allem gut dreihundert Meter. Die Elektrokabel und die Wasserrohre kommen in den Schacht, auch die Abwasserrohre, die bis zum Platz für die Sickergrube gelegt werden, die im Winter gebaut werden soll. Hätte jemand rechtzeitig daran gedacht, wäre auch die Telefonleitung gleich unter die Erde gekommen, anstatt später von Holzmasten durch die Landschaft schwingend an der Hausmauer befestigt zu werden. Der Bagger ächzt und stöhnt und quietscht jedes Mal, wenn seine große Schaufel auf die Erde trifft und man spürt die Vibration bis ins Gebäude hinein. Ausgerechnet jetzt, wo meine Eltern zu Besuch sind, ist Enrico angerollt und führt diese Arbeiten aus.

Der Pioniergeist, den wir zeigen, geht ihnen völlig ab. Vielleicht haben sie es sich ein wenig schlimm vorgestellt, als wir ihnen von unserer Ruine erzählt haben, aber ganz gewiss haben sie etwas mehr Komfort erwartet. Ich wiederum hatte die Erwartung gehegt, dass wenigstens meine Mutter die Ärmel hochkrempeln und mit zufassen würde, vielleicht die Küche übernähme, dass sie Einkäufe, kleine Besorgungen erledigen würden. Aber sie betrachtet unsere Helfer und die ganze Mannschaft, die ich füttere, eher mit Widerwillen und sagt:

„Wer sind denn die alle? Können die nicht für sich selbst sorgen?"

Im Nu ist alle Lustigkeit gedämpft. Dann fährt sie fort: „In dieser Bruchbude" – in Zukunft wird sie das Haus noch öfter so nennen, was sie aber nicht hindern wird, zwei-, dreimal im Jahr ihren Urlaub hier zu verbringen, was sich dann zu Monaten summiert – „bleibe ich keinen Tag. Und das Kind kann hier keine Ferien machen. Komm, Philip, wir fahren mit dem Opa nach Pietrasanta!" – Diesmal werden die Koffer nicht ausgepackt.

Ich lasse Philip ziehen. Er liebt seine Großeltern und sie lieben ihn. Ich weiß, dass sie mit ihm ans Meer gehen, das *Festa l' Unita* besuchen, Eis essen und wie immer gut für ihn sorgen werden. Mir ist auch klar, dass er alte Häuser und Baustellen genauso wenig mag wie meine Eltern, aber es macht mich ein wenig traurig, wie schnell und glücklich er aufbricht. Mein Sohn zieht fröhlich von dannen und ich fühle mich nicht nur verlassen, sondern frage mich auch noch, ob ich eine schlechte Mutter bin.

Zehntes Kapitel

Wandinschriften

Überall im Gebäude wird gehämmert, gepickelt, gearbeitet, die Atmosphäre ist positiv und animierend. In einer französischen Zeitschrift über renovierte alte Bauernhäuser habe ich einen Innenraum gesehen, dessen eine Wand Natursteine zeigt. Das gefällt uns und wir überlegen, ob wir nicht, wenn wir im nächsten Jahr die Küche mit dem ebenerdigen Eingang, die dann zu unserer im ersten Stock liegenden großen Wohnung gehören wird, so gestalten.

Giancarlo wirft im Vorbeigehen einen Blick auf das Foto, hört sich unsere Idee an. Er ist so begeistert, dass er sofort alles, was gerade noch wichtig war, stehen und liegen lässt und fünf Minuten später mit einem großen Vorschlaghammer und einem Stahlmeißel die rückwärtige Wand des späteren Küchenraums vom Putz befreit und die Natursteine freilegt. Eigentlich war er damit beschäftigt, in den drei Zimmern der Wohneinheit, die als Nächstes fertiggestellt werden soll, Kanäle für Versorgungsleitungen in die Steinwände zu schlagen. Aber nun ist er nicht mehr zu halten, dies verspricht künstlerischen Erfolg und er ist ein Künstler, was Steine anbelangt.

Er bearbeitet die Wand mit weit ausholenden kräftigen Schwüngen und jedes Mal platzt ein großes Stück Putz und Mörtel ab. Alles versinkt in einer dichten Staubwolke, aus der Giancarlos laute Gesänge quellen und wir suchen hustend das Weite. Der Abfallberg hinter der Scheune, auf den der Putz gekippt wird, wächst. Am Nachmittag sind die groben Arbeiten fertig. Giancarlo plädiert dafür, dass die große Küche zügig weiterrenoviert wird, obwohl der erste Stock, unser späteres Wohn- und Schlafzimmer sowie das Bad, erst im Jahr darauf in Angriff genommen werden sollen. Er vertröstet uns, die Mauerdurchbrüche und Rohr-

verlegung für Heizung und Wasser könne er auch nach unserer Abreise ausführen und er würde dann auch die Elektriker rufen, wenn die Kanäle für die Kabel geschlagen wären und anschließend gleich die Verputzarbeiten machen. Wir vertrauen ihm, seine Begeisterung für diese Natursteinmauer ist ansteckend.

Am nächsten Tag erscheint er nicht. Massimiliano, der Rotschopf, weiß auch nicht, wo sein *babbo* abgeblieben ist. Wir sind ziemlich wütend. Sein Verhalten ist einfach nicht erklärbar und drückt auf unsere Stimmung und auch sein Sohn schleicht lustlos durch die Räume. Gegen fünf Uhr fährt Giancarlo vor, in einem geliehenen kleinen Pick-up. Fröhlich lärmend wuchtet er schwere Sandsäcke und eine vorsintflutlich aussehende Maschine aus dem Wagen. Weder in Donoratico noch in Cecina war es ihm gelungen, jemanden zu finden, der die Wand sandgestrahlt hätte. Termine dafür hätte man Wochen und Monate vorher verabreden müssen. Auch in den Baumärkten war der feinkörnige Sand, der von aggressiver Schärfe ist und am Ufer des Lago di Massaciuccoli in der Versila abgebaut wird, nicht zu finden. Und so war Giancarlo am Morgen weitergefahren, hatte den Sand aus Torre di Lago bei Viareggio geholt und irgendwo unterwegs, bei wem auch immer, auch noch die Maschine zum Sandstrahlen und was sonst noch nötig war, ausgeborgt.

Franklin war die Technik des Sandstrahlens aus der Bronzegießerei bekannt. Ich sehe diese Arbeiten zum ersten Mal. Als eine Spezialfirma die Zimmerdecken und Balken der zuerst renovierten Wohnung von den jahrhundertelang immer neu aufgetragenen, dicken, weißen Farbschichten befreit hatte, waren wir in Deutschland gewesen.

Am nächsten Morgen erinnert Giancarlos Aussehen an das eines Astronauten: Schutzanzug von Kopf bis Fuß, bis zum Nacken reichender Helm, der auf der Vorderseite ein Plexiglassichtfenster hat, unförmig dicke, bis zu den Ellenbogen reichende Lederhandschuhe. Seine Bewegungen sind eingeschränkt. Den Sand hat er bereits vorher in die dafür vorgesehene Bottichöffnung gefüllt, nun stellt er den ohrenbetäubend lauten Kompressor an, dessen ratternder Krach einen vermuten lässt, dass er uns allen in wenigen Sekunden mit einer lauten Explosion um die Ohren fliegen wird, wuchtet die Maschine auf die Schulter und hält den Strahl erst auf die vom Putz befreite Wand, um die grauen Natursteine zu säubern, dann auf die weiß gestrichenen Balken und die *travicelli* der Zimmerdecke und auf die dazwischenliegenden großen Ziegelplatten.

Der Sand stiebt nach allen Seiten und die kleinsten Körnchen sind noch wie Geschosse, es brennt an Armen und Beinen und wir nehmen Reißaus. Jetzt ist das ganze Haus voller Staub und in dem Raum, in dem Giancarlo arbeitet, wachsen dünenartige Sandberge auf dem Boden. Plötzlich wird die Maschine abgeschaltet. Wir werden geholt, um eine Entdeckung zu begutachten. An den drei altersfleckigen Wänden, deren Putz noch erhalten ist, haben sich durch kleine Sandquerschläger von der Zimmerdecke die obersten Farbschichten abgelöst und Inschriften sind zutage getreten. An einer Wand sieht man in Deckennähe einen Fries von Wörtern, aber die abgetragene Farbe ist von so einem lichten Ocker, dass nichts mehr zu entziffern ist, unvollständige Buchstabenreihen laufen über die ganze Wandbreite. Bei der nächsten Wand war Giancarlo bereits auf *iscrizione* gefasst und konnte vorsichtiger operieren. Klar und deutlich ist zu lesen *Oggi on si fa credenza, domani si*.

Das verstehen auch wir auf Anhieb. Als *Mulino Rotone* noch Öl- und Getreidemühle war, mussten die Kunden selbst in alten Zeiten sofort Bares auf den Tisch legen. Bei der Inschrift, die aus ungefähr zwölf Zentimeter hohen, in Sepiabraun gehaltenen Buchstaben besteht, haben die „N's" den Mittelstrich nicht von links oben nach rechts unten, sondern umgekehrt. Darüber steht, dreimal so hoch, eine große, runde Drei, eine bauchige Neun und noch eine Zahl dahinter, die man aber nicht mehr erkennen kann. Dieses Feld lassen wir später ausgespart, während die Küchenwände weiß gestrichen werden. Für den schönen Wandspruch gibt es leider keine Rettung. Da der große Kamin an dieser und an keiner anderen Seite des Raumes hochgezogen werden kann, verschwindet er hinter der Kaminhaube.

Ab und zu lernen wir jemanden kennen, der uns erzählt, er hätte in *Mulino Rotone* gewohnt, als Kind, oder seine Eltern wären hier geboren, ein Onkel, ein Großvater hätte da gearbeitet und wir sind ganz begierig, etwas über die Vergangenheit des Hauses zu erfahren. Der beste Informant ist Luciano Bezzini, ein Historiker, aus dessen Feder viele Bücher stammen: über Castagneto-Carducci, Bolgheri, die Geschichte alter

Farmhäuser der Gegend, uralte Kochrezepte. Er übergibt uns eine Liste aller Pächter, die in den letzten einhundertfünfzig Jahren im Haus gewohnt und für den Grafen gearbeitet haben und erzählt uns, dass es in der ganzen Gegend kein vergleichsweises Gebäude gibt. Aber Fotos hat er leider keine, die bekommen wir erst viel später, Schwarzweißaufnahmen mit Maremma-Rindern.

Wasserrohre werden jetzt auf der Zufahrtsstraße vor dem Haus in den dafür vorgesehenen Kanal verlegt, orangerot. Für das Abwassersystem hat Franklin welche bestellt, die vierundzwanzig Zentimeter Durchmesser haben. Giancarlo, mit ungläubigem Lächeln, deutet mit Daumen und Zeigefinger der rechten Hand eine Rundung an, die weniger als die Hälfte zeigt. Wir beharren auf unserem Durchmesser. Plötzlich sind alle auf dem Grundstück arbeitenden Männer involviert, Elektriker, Bag-

gerfahrer, Maurer, Hilfsarbeiter. Nicht nur, dass sie Giancarlo beipflichten, der kleinere Durchmesser wäre das Normale, es stellt sich auch heraus, dass der Baumarkt gar keine Rohre hat, die größer sind. Was die kleinen Rohre anbelangt, geben wir klein bei. Später stellt sich das als böser, böser Fehler heraus. Später, wenn unsere Feriengäste Dinge in die Toiletten werfen, die nicht hinein-

gehören und nicht durchgespült werden können: große Pfanni-Knödel, von denen eine vorsorgende Mutter etliche Packungen im Reisegepäck mitgeführt hat, die aber die Familie sich dann in der schönen Toscana zu essen weigert, Hühnerteile und andere Essensreste, Hygieneartikel aller Art bis hin zu kompletten Pampers.

Unser Sommer auf *Rotone* geht zu Ende. Wir hatten kein einziges Mal Zeit, ans Meer zu gehen. Aber wir haben oft im Garten gesessen und, besonders am Abend, den unterschiedlichen Vogelstimmen gelauscht, während wir mit einem Glas Wein den vergangenen Tag noch einmal Revue passieren ließen. Ich habe gelernt, den Gesang der Nachtigallen zu lieben, den ich jetzt aus allen anderen Vogelstimmen heraushören kann.

Am letzten Abend sitzen wir unter der Steineiche, deren Äste so ausladend sind, dass kein Regentropfen durch das dichte Blattwerk dringen würde. Wir haben Philip in Pietrasanta abgeholt, seine Großeltern sind bereits Richtung Bayern unterwegs. Philip ist braungebrannt, locker und entspannt, er krault seinen Hund Jakob, der sich an ihn schmiegt. Alle sind ruhig. Es ist ein Moment des Glücks. Die Nachtigall, die jetzt singt, sitzt ganz nahebei im Gebüsch. Das ist wie ein Abschiedsgeschenk für uns, denn eigentlich hören die kleinen Vögel mit ihrem Gesang auf, sobald es richtig heiß wird. Wir unterhalten uns, welche Arbeiten in Deutschland in den Monaten bis Weihnachten auf uns warten und was alles erledigt werden soll und welche Projekte wir uns für die nächsten Ferien in Castagneto vornehmen könnten. Wir sind voller Pläne und gleichzeitig traurig, dass es uns nicht möglich ist, einfach hier zu bleiben.

Elftes Kapitel

Der Winter der hundert Bäume

Im Oktober haben wir zehn Jahre Galeriejubiläum gefeiert mit einer überaus erfolgreichen Ausstellung von Franklins Bildhauer- und Malerfreund Mauro Vecoli aus Pietrasanta, zu dessen geheimnisvollen Bildern ich mich sehr hingezogen fühle. Während Vecolis Ausstellung läuft, scheitere ich am Versuch, die darauf folgende vorzubereiten. Der chinesische Künstler, dessen abstrakte Bilder und Frottagen wir zeigen wollten, hat im Sommer bereits fast alle Arbeiten in Holland verkauft und konfrontiert uns mit einer späten Absage für die bei uns terminierte Ausstellung.

In dieser Paniksituation erinnere ich mich an das Angebot eines Stuttgarter Händlers, den ich auf der Herbstmesse kennen gelernt hatte und der mir alte chinesische Zeichnungen und Holzschnitte zur Verfügung stellen wollte, Elfenbeinschnitzereien und Netsukes, antike Vasen und Figuren, hauchdünne Jadegefäße, Dosen und Schalen und große weißblaue Porzellan-Ingwertöpfe mit Holzdeckeln, hundert Jahre alte kleine Hochzeitstruhen aus ochsenblutrot gestrichenem Holz mit blattvergoldeten Griffen. Im allerletzten Augenblick bringt er uns noch antiken Gold-, Silber-, Elfenbein- und Korallenschmuck. In den vergangenen Jahren haben wir fast ausschließlich zeitgenössische Künstler gezeigt und diese Ausstellung fällt etwas aus dem Rahmen. Aber vor Weihnachten ist der Verkaufserfolg überwältigend und wir tragen dem vertragsbrüchigen Künstler nichts nach.

Franklin selbst hat eine glücklose Ausstellung bei dem Kunsthändler Osper in Köln hinter sich. Während der Dauer der Ausstellung wurden die Galerieräume umgebaut und niemand hatte uns vorgewarnt oder daran gedacht, die Ausstellung zu verschieben, noch wollte jemand für die schlechte Planung oder den Misserfolg verantwortlich sein. Bis zu diesem Zeitpunkt hatte Osper viel für Franklins Erfolg getan und so ist unsere Enttäuschung groß, auch weil wir dringend Geld aus Verkaufserlösen für *Rotone* benötigt hätten.

Nach den Weihnachtsfeiertagen setzen wir uns ins wieder vollbeladene Auto und fahren nach Castagneto. Im Dezember ist es in der *Mulino* mächtig kalt. Aber wir haben, dank eines kleinen Generators, inzwischen Wasser im Haus, eine Leitung wird vom Brunnen eingespeist. Die Tage sind wunderschön und es gibt viel zu tun. Da die Sonne scheint, ist es draußen wärmer als in den ausgekühlten Räumen. Wir sind jeden Abend Gäste in Castagnetos *Birreria*, deren Wände mit grünkariertem Schottenstoff verkleidet sind. Das Lokal ist klein, aber gut beheizt. Wir tragen dicke Pullover, zwei, drei Lagen übereinander, denn bei uns ist es eisig. Hier in der Wärme wird unsere Müdigkeit verstärkt und wir sitzen dösend vor dem laut laufenden Fernseher, essen, trinken Wein, Philip hat seine *Aranciata* und im übrigen bemühen wir uns, nicht am Tisch einzuschlafen. Es ist jedes Mal eine große Entscheidung, aufzustehen und nach Hause, in die durch die Nähe des Meeres bedingte feuchte Kälte zu fahren.

Aus Frankfurt haben wir jede Menge Gummiwärmflaschen mitgebracht, die ich nun rasch mit auf dem Gasherd heiß gemachtem Wasser fülle, in Handtücher wickle und nach wenigen Minuten sind die ansonsten klammen Betten angenehm warm. Philip hat drei Wärmflaschen um sich gepackt und am Fußende den Hund, der auf keinen Fall auf dem Boden schlafen will und wir haben jeder eine und außerdem wärmen wir uns gegenseitig.

Giancarlo fährt mit uns Richtung Follonica, zum *forestale*, zur Forstbehörde, wo man für wenige Lire, einem symbolischen Preis, viele Jungpflanzen erstehen kann: Hibiskus, Oleander, Ginster, Rosmarin, Lorbeer, aber auch kleine Bäume wie Akazien, Pinien, Zedern, Zypressen, *salice piangente* – Trauerweiden. Verkauft werden ausschließlich Pflanzen, die im Mittelmeerraum beheimatet sind, und nur an Leute, die nachweisen können, dass sie genügend Land besitzen. So soll vermieden werden, dass jemand mit den preiswerten Gewächsen Handel treibt.

Wir suchen die ersten hundert Büsche und Bäume für den Garten aus, sie sollen rund ums Haus, zwischen Wald und Bach gesetzt werden. Während Franklin den Bauarbeitern hilft, ständig mangelt es an Werkzeugen, Material, das nicht rechtzeitig bestellt oder geliefert wurde, sind schwere Dinge zu bewegen, Fahrten zu machen, haben Philip und ich das Vergnügen, unsere Garteneinkäufe zu verteilen und zu pflanzen. Das Vergnügen bereitet aber auch Muskelkater und Rückenschmerzen sowie bei mir dicke Blasen in den Handinnenflächen, denn die Spitzhacke mit dem langen Stiel ist schwer zu handhaben und die harte Erde, die lange keinen Regen aufgenommen hat, leistet Widerstand.

Im Nachhinein stellt sich dann heraus, dass wir, um die Kahlheit zu begrünen, Folge der Säuberungsaktionen mit dem Bagger, die Pflanzen viel zu dicht gesetzt haben. Wir haben zwischen den Büschen, nicht bedenkend, dass jeder später zwei Meter Platz brauchen wird, immer nur drei Handbreit frei gelassen, Anfängerfehler. Am letzten Pflanztag kommt *tramontana* auf, ein eisiger Wind, der von den Bergen fegt. Ich fühle mich nicht so gut und eigentlich bin ich sicher, dass ich mich erkältet habe, und mehr Angst habe ich um Philip, der sehr empfindlich ist. Franklin besteht darauf, vor dem Schlafengehen sein amerikanisches Hausrezept an uns auszuprobieren, erhitzten Orangensaft mit einem Schuss Whiskey. Und obwohl mir schon der Geruch von Whiskey zuwider ist, werde ich genötigt, den Drink so heiß wie möglich zu mir zu nehmen. Philip bekommt ihn in abgemilderter Form. Wir schlafen wie die Babys in dieser Nacht und am nächsten Tag sind wir topfit. Die Sonne scheint wieder, wir umrunden das Haus und begutachten die Arbeit der vergangenen Tage. Jetzt muss es nur noch tüchtig regnen in der Zeit, während der wir nicht da sein können, dann wurzeln die Pflanzen bis zum Frühjahr richtig und haben gute Chancen.

Auf die Kuppe der Uferböschung haben wir Reihen von Oleandern gesetzt, rosa, rot und weiß, einfache sowie gefüllte, rosenähnliche Blüten, wie die Etiketten verkünden, dazwischen einen Ginster, dann zwei Hibiskus, wieder einen Ginster, der eines Tages gelb über gelb blühen und vor dem Dunkelviolettblau der

Hibiskusbüsche erstrahlen wird. Ein wenig wird diese Blütenhecke am Bach außerdem in Zukunft dem neugierigen Schauvolk die Sicht auf uns nehmen.

Entlang des Fahrwegs, im Wechsel mit Pinien, werden Zypressen wachsen, unten an der Terrasse sollen sie eine Wand bilden. Dazwischen könnte man im Frühling Margeriten setzen, die sich in diesem milden Klima zu riesigen Kissen entwickeln und vielleicht zu dem leuchtenden Weiß der Margeriten dunkelblaue Petunien. Die gesamte Familie liebt blaue und weiße Blumen.

Um Ostern herum müssten dann zu den Rosmarinpflanzen, die bis dahin gut angewachsen sein sollten, noch Töpfchen mit Salbei, Thymian, Majoran und Zitronenmelisse, Petersilie und Basilikum gekauft werden und alles zusammen in die Erde gesetzt, ergäbe an der Rückseite des Hauses einen Kräutergarten, in dem nichts fehlt.

Zwölftes Kapitel

Im Nachtigallenwald

Die Nachtigall ist laut Lexikon „ein schlank gebauter Vogel, mit hochläufigen, kräftigen Beinen und mittellangen Flügeln, braun, mit braunrotem Schwanz, unterseits bräunlich-cremefarben".

Es ist mir bis jetzt nicht gelungen, bewusst einen dieser tüchtigen Sänger aus der Nähe zu sehen, obwohl sie nicht nur zu den friedfertigen, sondern auch zu den zutraulichen Vogelarten zählen. Die baumbestandenen Hügel um *Mulino Rotone* sind Nachtigallenwald. Von April bis August, Anfang oder Mitte, je nachdem, wann die ganz große sommerliche Hitzewelle einfällt und sie verstummen lässt, sind das Unterholz, die Niederbüsche, speziell da, wo sie Bach und Gräben umsäumen, erfüllt von ihren Trillern.

Der Gesang der Nachtigall übertrifft den aller anderen Vögel durch die Fülle der Töne, deren Abwechslung und Harmonie. Die laut geschmetterten Strophen, die mit lang gezogenen, anschwellenden Flötentönen abwechseln, kann man sowohl am Tag als auch in der Nacht hören. Auf *Rotone* sind die Nachtigallen in den Vormittagsstunden am aktivsten, zum Entzücken all unserer Besucher, die die Gesangsdarbietungen gleichsam zum Frühstück mitserviert bekommen.

Im Italienischen wird die Nachtigall *l'usignolo* genannt, das allein klingt schon wie Musik. Sie ist ein Sommervogel, der das tropische Klima Afrikas zum Überwintern benötigt. An dem heißen Sommersonnentag, an dem sie ihren Gesang einstellt, setzt schlagartig und wie auf Kommando das laute Zirpen der Zikaden ein, das dann für den Rest der Saison nicht mehr abreißt. Dieser Moment macht mich immer ein wenig wehmütig. Der Sommer hat jetzt seinen Zenit erreicht und die lange Linie der schönen Tage senkt sich, wenn auch noch nicht direkt wahrnehmbar, dem Herbst entgegen. Hinzu kommt, dass ich die laut zirpenden, nie enden wollenden Rätschtöne dieses Grillenvolks für ohrenbeleidigend, aufdringlich und belästigend empfinde.

Die Nachtigall war der erste Vogel überhaupt, für den ich mich als Kind interessierte. Als ich neun Jahre alt war, habe ich eines meiner ersten Bücher geschenkt bekommen, eine Kostbarkeit in der Nachkriegszeit, eine 1948 im Braunschweiger Schlösser Verlag auf grauem Recyclingpapier gedruckte Ausgabe von Oscar Wildes Mär

chen. Meine Großmutter hatte mir Hauffs Märchen vorgelesen, die ich heiß und innig liebte. Oscar Wilde las ich dann selbst: Der junge König – Der Geburtstag der Infantin – Der Fischer und seine Seele – Der glückliche Prinz… Alle diese Erzählungen berührten mein Herz und brachten mich zum Weinen. Aber keine so sehr wie „Die Nachtigall und die Rose".

Ein Student glaubt das von ihm verehrte Mädchen nur erobern zu können, wenn er ihr eine rote Rose zum Ball mitbringt. Die kleine Nachtigall nimmt Anteil am Liebeskummer des Studenten, an seiner Verzweiflung über den erfrorenen Rosenstrauch vor seinem Fenster. Er erzählt der mitfühlenden Nachtigall, dass eine rote Rose aus den kahlen Ästen sprießen würde im Lichte des Mondes, beim Gesang der Nachtigall und mit dem Blut ihres kleinen Herzens. Sie müsse ein Lied singen, während sie sich einen Dorn des Rosenstrauchs tief in die Brust drückt.

„Die ganze Nacht musst du für mich singen und der Dorn muss dein Herz ganz durchbohren."

Und während die Nachtigall unter dem kalten, kristallenen Mond stirbt, erblüht vor dem Fenster des Studenten die schönste purpurne Rose, die er je gesehen hat. Er trägt sie am nächsten Morgen zu seiner Angebeteten, die ihm sagt, die Rose passe nicht zu ihrem Kleide und zudem habe sie beschlossen, sich von einem anderen Herrn zum Tanze ausführen zu lassen. Der verdrossene Student schleudert die Rose auf die Straße, „wo sie in die Gosse fiel und ein Wagenrad ging darüber hin".

Bücher waren rar in meiner Kinderzeit und so habe ich dieses Märchen mehr als einige Male gelesen und immer wieder ist mir das Herz schwer geworden, wenn ich an die kleine Nachtigall und ihre wahre Liebe gedacht habe und wie sie missachtet und verschwendet wurde.

Bin ich von Italien fort, habe ich Heimweh und wenn ich an mein Zuhause denke, dann fällt mir sofort der Nachtigallenwald ein und ich höre den Gesang der *usignoli*.

Für uns stand schnell fest, dass wir zum frühest möglichen Termin unsere Frankfurter Existenz aufgeben und in *Mulino Rotone* leben würden. Jedes Mal, wenn wir nach Deutschland zu unserer eigentlichen Arbeit, die uns ernährte, zurück mussten, versuchten wir den Abfahrtstermin immer wieder hinauszuschieben. Ich brachte es dabei fertig, schon vor der Abreise kleine Vorschüsse auf künftiges Heimweh abzuheben.

Was das Haus anbelangt, sind wir von jeher geradezu sentimental gewesen. Es wurde geliebt, wie man eine Person liebt und nichts war zuviel, wenn es nur dem Haus gut tat. Man diente ihm, aber man bekam auch viel zurück, eigentlich von Anfang an, ein Wohlbefinden an vielen Tagen und einige sehr glückliche Momente. Das ist mehr, als manche anderen Menschen in ihrem Leben erfahren.

Es ist schon viel darüber nachgedacht und geschrieben worden, was die besondere Anziehungskraft von Italien und speziell der Toscana ausmacht. Es hat nicht nur mit schöner Landschaft, Sonnenschein und gutem Essen zu tun. Es ist, als würde das Herz hier einen anderen Rhythmus schlagen, oder wie Franklin sagt, „the whole system calms down"… man wird einfach ruhiger, ausgeglichener. Es gibt Dinge, die einem zu schaffen gemacht haben und dann nach der Ankunft nicht mehr wichtig erscheinen und man vergisst viele Sachen, von denen man zuvor dachte, man könne unmöglich auf ihre Annehmlichkeit verzichten. Man fühlt sich auch selbst nicht mehr so bedeutend. Die Wertigkeiten verschieben sich und man öffnet die Sinne für ein einfacheres, aber irgendwie mehr befriedigenderes Leben.

Manchmal tauche ich aus dem Schlaf auf und für eine kurze Morgenzeit lastet eine gleichsam hörbare Stille über der Natur, die dann später zerpflügt wird durch Hahnengeschrei, Hundegebell und vielstimmigen Vogellärm. Noch später dann fallen die allgegenwärtigen Motorsägen ein, die sich in die Äste der silbrig glänzenden Olivenbäume fressen. Irgendjemand ist immer dabei, das Geäst auszudünnen und der Sägelärm ist weithin zu hören.

Ich fühle mich glücklich, wenn ich in der Frühe aus dem Fenster sehe und den Morgennebel beobachten kann, wie er über Wiese und Olivenhain erst langsam, dann schneller werdend aufsteigt und sich verflüchtigt. Das Licht spielt vielleicht auch noch eine besondere Rolle, das weiche, klare Licht, in dem alles deutlich, wie rein gewaschen, erkennbar ist.

Ein neuer und schöner Tag kann beginnen. Es erfüllt einen schon mit Freude, wenn man auf einem lanzenförmigen, langen Oleanderblatt Sonnenstrahlen betrachtet, die sich glitzernd in einem Tautropfen brechen und wahre Lichtkaskaden nach allen Seiten sprühen. Das ist mir die liebste Zeit des Tages, wenn ich mit einer großen Kaffeetasse Richtung Obstgarten gehe und Zwiesprache mit der Natur halte, gefolgt von einigen gleichgesinnten Katzen, vielfarbigen Streunern, die der Wald ausgespuckt hat und die sich gebärden, als wären sie feste Familienmitglieder, und dem treuen, bernsteinäugigen Hund, der gemächlich das Schlusslicht der Prozession bildet. Dieses morgendliche Eintauchen in die Natur macht demütig und Momente wie dieser balancieren das innere Gleichgewicht aus.

Das Meer ist so nahe und trotzdem finden wir in den ersten Jahren keine Zeit, einen Badetag einzuschieben. Wir können auch nicht nach Castagneto fahren, wo die Touristen in den Straßencafes sitzen und Zeitung lesen oder auf und ab flanieren. Meist sind wir ans Haus gebunden, auf Handwerker wartend, die dann kommen oder nicht. Ist man nicht ständig präsent, laufen viele Dinge anders als geplant. Anweisungen sind missverstanden oder vergessen worden oder man muss rasch neue Entscheidungen treffen, die sich aus soeben beendeten Arbeiten ergeben. Vieles wird auch von uns selbst getan, wir sind von morgens bis abends beschäftigt. Die Tage vor unseren Rückfahrten nach Deutschland sind angefüllt mit Hektik: Besprechungen, Bestellungen, Materialbeschaffungen, Aufräumungs- und Renovierungsarbeiten und manches Mal auch mit Frustration.

Mehr als einmal habe ich mich nach der Zeit gesehnt, wo wir das Haus einigermaßen fertig hätten und genießen könnten. Und es kommt mir Philip gegenüber ungerecht vor, dass wir ihm in den Ferien weniger Zeit schenken können als dem Gebäude. Es erweist sich als sehr schwierig, ihn einzubeziehen, denn seine Aufmerksamkeit und Energie erlahmen schnell, wenn es darum geht, mit Hand anzulegen. Es ist nicht seine Welt. Er kann stundenlang Erzählungen oder Liedertexte schreiben, Musikkassetten hören oder lesen. Ganz offensichtlich langweilt er sich nie. Aber im wirklichen Leben ist er nicht zu Hause.

Rotone hat inzwischen Wasserleitungen, aber noch kein Wasser von der Gemeinde, außerdem fehlt Elektrizität. Als Pioniere in dieser Gegend sind wir *fuori di tutto*, außerhalb. Da wir wussten, dass der Luxus Strom zu haben, noch einige Zeit auf sich warten lassen würde, haben wir bei einem Besuch meiner Eltern in Regensburg in einem auf alte Lampen spezialisierten Antiquitätenladen mehrere Petroleumhängeleuchten aus Messing gekauft. Sie sind mit weißen, kuppelförmigen Glasschirmen ausgestattet und zudem noch mit sechs bis neun Kerzenhaltern bestückt und geben wunderschönes, mattes Licht.

Wenn es draußen dunkel wird und man auf den Schein von Kerzen und Petroleumleuchten angewiesen ist, dauert es nicht lange und bleierne Müdigkeit überkommt einen. Die Augen werden schwer und man geht zu gesunder Zeit zu Bett – natürlich spielt es auch eine Rolle, dass man der Handwerker wegen früh aufstehen muss und den ganzen Tag über in Bewegung ist. Die Erschöpfung stellt sich bereits am frühen Abend ein.

Der nächstliegende Elektromast, an den *Rotone* angeschlossen werden könnte, ist so viele Kilometer entfernt, dass die Verlegung von Strom bis zu unserem Haus circa zwanzigtausend Mark kosten soll. Nach mehreren Fahrten zu *Enel*, dem Büro des Elektrizitätswerks, gelingt es Franklin, den maßgeblichen Entscheidungstreffer zur Mitfahrt nach *Rotone* zu bewegen, damit man gemeinsam vor Ort die Problematik studieren kann. Zehn Häuser, beziehungsweise Hausruinen, stehen in unserer Ebene.

„Eines Tages und das wird bestimmt nicht lange dauern", sagt Franklin, „werden alle diese Häuser verkauft sein und von ihren neuen Besitzern restauriert werden. *Enel* muss das als Projekt betrachten: Elektrizität für alle Häuser und nicht nur für das unsere."

Wir haben wenig Lust, den Piloten für die künftigen, im Augenblick noch unbekannten Nachbarn zu spielen. Für die anderen Häuser würden später nur geringe Anschlusskosten entstehen, nämlich von den von uns bezahlten Masten bis zu ihrem Anwesen. Das gleiche gilt für Telefon und kommunale Wasserleitungen. Nicht den Letzten, den Ersten beißen hier die Hunde.

Bei einem gemeinsamen Mittagessen mit dem einsichtigen *Enel*-Bürochef im *Zi Martino* wird die Angelegenheit eingehend erörtert. Kurz darauf wird der Vertrag abgeschlossen und ehe der nächste Sommerurlaub beginnt, haben wir Elektrizität und das Wasser aus dem Brunnen gelangt nun über eine Filteranlage ins Haus. Franklin hatte rechtzeitig dafür gesorgt, dass ein unterirdisches Wasserdepot von fünftausend Litern angelegt wurde. Ich stehe da und drehe die Hähne auf und zu, staune über die Selbstverständlichkeit, dass nun jederzeit Wasser daraus fließt und freue mich wie ein kleines Kind.

Die Sickergruben sind bereits fertig und auch zwei der Wohnungen, fast drei. Die Wohnung meiner Eltern hat bereits Küche, Bad und ein Schlafzimmer. Wenn man allerdings die Küchentür zum geplanten doppelstöckigen Wohnraum hin öffnet, steht man am Abgrund, weil der Fußboden des Nebenraums fehlt. Diesem Renovierungsprojekt werden noch zwei, drei Jahre Aufschub gewährt.

Wir haben inzwischen Gabriele und Nunzio kennen gelernt, die in Donoratico eine Firma für Steinarbeiten eröffnet haben. *Artistica* heißt sie. Zu ihnen gehen wir jetzt, wenn wir Marmorplatten oder Travertin-Küchenzeilen brauchen und sie bauen uns auch Kamin- oder Türumrandungen und schneiden neue Tischplatten und Türschwellen. Beide sind sehr nett und Franklin freundet sich schnell mit ihnen an. Manchmal arbeitet er auch an ihren Maschinen, wenn er sich dadurch eine Fahrt nach Pietrasanta erspart.

In diesem Sommer wohnen die ersten Gäste in unserem Haus, frühere Nachbarn, alte Freunde aus Frankfurt, ein Kollege meines Bruders, meine Eltern. – Ja, so haben wir es uns vorgestellt. An Sommerabenden draußen im Freien zu sein, unter ausladenden Bäumen den Abendgeräuschen zu lauschen und mit Freunden zusammen am Tisch zu sitzen, ein Abendessen zu teilen, ein interessantes Gespräch zu führen.

Während der Kanalarbeiten wurde auch das wellige Terrain hinter dem Haus, zwischen Wald und Bach mit Raupenfahrzeugen und Bagger nivelliert. Jetzt kann der Obstgarten entstehen. Unser Freund Silvano hat genauso wenig Ahnung wie wir. Aber Giancarlo kann uns beraten. Drei Aprikosen-, Pflaumen-, Nespolibäume, Orangen-, Mandarinen-, Grapefruit-, zwei Feigen-, drei Kirsch-, Äpfel-, Birnen-, Mirabellen-, Nektarinen-, Susinen-, Kaki- und etwa vierzehn Pfirsichbäume (unterschiedliche Sorten, die zeitungleich reifen), alles in allem mehr als sechzig Bäume; Giancarlo und Silvano pflanzen sie im Herbst ein.

In unseren Oktoberferien begutachten wir sie. Dürftig sehen sie aus, wie sie da, als dürre Stöckchen, brutal auf anderthalb Meter zurückgeschnitten und blattlos in der Landschaft stehen. Sie wirken verfroren, wie im Schock, obwohl die Herbstsonne noch wärmt. Es fällt schwer sich vorzustellen, dass sie im Frühling ausschlagen werden, Knospen, Triebe, Äste, ja Kronen entfalten und eines Tages, vielleicht schon im nächsten oder übernächsten Jahr, Früchte tragen werden.

Ich habe niemals gelernt, Marmeladen zu machen, Obst einzulegen oder einzukochen, es hat sich einfach nicht ergeben. Aber ich weiß, dass es mir Vergnügen bereiten wird. Ich sehe bereits schön etikettierte Batterien von Gläsern in den Kellerregalen vor mir: A bis Z, von golden für Aprikose über zartgelb für Birne, rot für Susine und Pflaume, wieder gelb für Zitrone.

Dreizehntes Kapitel

Weihnachten auf Rotone

Der Winter kommt. Wir wollen zum ersten Mal Weihnachten auf *Rotone* feiern und über Neujahr bleiben, bis in die ersten Januartage hinein, wenn Philips Unterricht wieder beginnt. Die Arbeit am Haus soll auch in dieser Zeit um einige Etappen weitergebracht werden.

Das Land ist durch monatelange Dürre ausgetrocknet, der Boden knochenhart. Jetzt regnet es heftig, seit Tagen schon, und die Erde nimmt das Wasser nicht auf. Es sickert nicht ein und schießt jetzt von allen Seiten in den kleinen *Rotone*-Bach, der im Nu gewaltig anschwillt und im unteren Bereich, hundert Meter vom Haus entfernt, über die Ufer tritt. In Haushöhe, wo Franklin im ersten Sommer die kleine Staustufe gebaut hat, stürzt das Wasser jetzt mit lautem Gedonner und Getöse in das tiefer gelegene Bachbett, ganze entwurzelte Bäume und Sträucher mit sich führend, ein totes Schaf, das dünn und elend aussieht mit seinem schmutzignassen, angeklatschten Fell und sich wie trunken im Strudel dreht. Mir wird ganz übel und ich bleibe in respektvoller Entfernung vor dem offensichtlich alles mitreißenden Strom stehen. Wie kann sich ein kleiner, harmloser Bach in wenigen Stunden in ein solch gefährliches, lehmbraunes Ungetüm verwandeln?

So viel für unser vier Meter tiefes Fischbecken, das der Bagger im Frühling oberhalb des kleinen Wasserfalls ausgehoben hatte und das die Natur sich jetzt zurückerobert. Im Nu ist es mit Sand und Gesteinsbrocken aufgefüllt, fast bis zur Oberkante der Uferböschung, als hätte es nie ein Bassin gegeben. Wären jetzt noch die Forellen und Karpfen drin, die wir ausgesetzt, aber bereits im August abgefischt hatten, die Wucht des Wassers würde sie hochschleudern und im Bachbett Richtung Meer treiben.

Wir sind am dreiundzwanzigsten Dezember in Castagneto angekommen. Unsere Galeriearbeit, vor Weihnachten am intensivsten, hatte eine frühere Abreise verhindert. Bei Ankunft sind wir etwas abgekämpft von der Arbeit der letzten Wochen und der langen Reise, aber in fröhlicher Stimmung. Unterwegs haben wir mehrere Male das Lied von *Rudolph the red-nosed reindeer* gesungen und je näher wir *Rotone* kamen, desto übermütiger wurden wir.

Ich wünschte nur, wir hätten im Herbst vor der Abreise schon daran gedacht, den Kamin zu bestücken, dem zwar noch die Marmorumrandungen fehlen, der aber schon vorzüglich funktioniert. Mit einem kleinen Streichholz hätte man im Nu ein wärmendes Feuer angefacht. Das nächste Mal wissen wir Bescheid. Ehe diese Ferien vorbei sind, bin auch ich zu einem Meister für gut brennende Kaminfeuer geworden. Die großen, harzigen Pinienzapfen, die auf allen Wegen liegen, sind die besten Anfacher. Jeder in eine Seite der *Zeit* gewickelt, die seit Oktober jungfräulich ungelesen auf dem Küchentisch liegt, zusammen mit Pappstücken eines Weinkartons, einige dünne, trockene Zweige aus dem Kupferkessel, in dem wir Feuerholz aufbewahren, dann lange, dünne Äste, die aufrecht stehen müssen, an die Rückwand des Kaminschachts gelehnt, damit sie genügend Luftzufuhr bekommen, und schon züngeln die Flammen. Und während wir das voll bepackte Auto entladen und die Lebensmittel, die später in Kühlschrank und Vorratstruhe kommen, auf den Küchentisch legen, erwärmt sich der Raum schon langsam und die Luft ist erfüllt vom Duft der Pinienzapfen und des trockenen Olivenholzes. Die große Küche ist noch nicht ganz fertig, aber das Weihnachtsessen soll trotzdem hier, in unserem Lieblingsraum, stattfinden und so haben wir uns provisorisch mit Möbeln, die eigentlich für andere Räume gedacht sind, eingerichtet.

Der mitgebrachte Christbaum wird hereingeholt und auf den tischhohen Turm, den die drei übereinandergeschichteten, runden Mühlsteine in der Küche bilden, gestellt. Nach Weihnachten wollen wir die Tanne im Garten einpflanzen. Fichten und Tannen zur Weihnachtszeit werden in dieser Gegend erst Jahre später populär. Heutzutage kann man sie in der Vorweihnachtszeit in jedem Supermarkt erwerben. Baumschmuck, wie wir ihn im Norden kennen, habe ich zu dieser Zeit auch noch nicht gesehen, außer orangefarbenen und gelben, vielleicht noch hellgiftiggrüne Plastikkugeln, die oft vor den Häusern, aber auch in Innenräumen, in den Zweigen von Zypressen hängen und kess im Dreisekundentakt aufblinken. Selbst Palmen werden damit aufgeputzt. Was fehlt, ist die weihnachtliche Stimmung.

Ich kann es kaum erwarten, meine dunkelblauen und silbernen Kugeln, die Glasvögel, Strohsterne und die naturfarbenen Bienenwachskerzen herauszuholen und den Baum zu schmücken. Alles erscheint uns viel aufregender als in Deutschland. Diesmal sind wir hier richtig in Ferien. Und gleichzeitig sind wir hier zu Hause. Was für ein merkwürdiges Gefühl!

Einige Dinge fehlen uns noch und wir haben, mit den hiesigen Gebräuchen nicht vertraut, Angst, dass wir am 24. Dezember keine Einkäufe mehr tätigen können. Es stellt sich heraus, dass die Läden bis in den Abend hinein geöffnet haben. Alle Leute scheinen unterwegs zu sein, aber es fehlt die Hektik, die man von Deutschland her gewöhnt ist, wo jeder, plastiktütenbewehrt, mit verkniffenem Gesichtsausdruck und andere anrempelnd, seinem Ziel entgegeneilt.

Hier sind ganze Familien unterwegs und die meisten scheinen sich zu kennen: „*Ciao Michele, come stai?*" „*Non ce male, grazie, e tu?*" „*Bene.*" Und dann geht die Unterhaltung erst richtig los. Was für ein kommunikatives Volk. Der Spaß am Gedanken- und Wortaustausch geht durch alle Generationen und Schichten und wird anscheinend nur durch die Schlafenszeiten unterbrochen. Man hat das Gefühl, dass immer und über alles geredet wird.

Um fünf Uhr abends ist uns eingefallen, dass wir möglicherweise nicht genügend Brennmaterial für die kommenden Weihnachtsfeiertage haben. Jetzt in den Wald zu gehen und Bäume zu fällen oder Äste abzuschlagen, wäre sinnlos; grünes Holz brennt nicht. Wir haben Glück. Der Holzhändler hat noch geöffnet und lädt uns den Kofferraum voll. Rasch kaufen wir noch *Panettone*, einen puderzuckerbestreuten Hefekuchen, der einfach zu Weihnachten gehört, nicht ahnend, dass uns in den nächsten Tagen drei weitere von italienischen Besuchern geschenkt werden. Da ich keine Bäckerin bin, mir fehlt nicht nur die Zeit sondern auch die Geduld, bin ich froh, dass meine Mutter ihre berühmten Wiener Nusskuchen und Weihnachtsplätzchen gebacken und uns rechtzeitig geschickt hat.

Am frühen Nachmittag, bei einem Rundgang auf dem Grundstück, haben wir lange Ranken von Efeu abgeschnitten, Hagebuttenzweige und andere, an denen Trauben von kleinen, roten Beeren hängen. Weitere größere Äste, die wir nach Hause bringen, tragen dunkelblaue Früchte und erinnern an verwilderte Schlehen. Jetzt werden Zweige und die Ranken verteilt, einige werden in gerader Linie in die Mitte der weißen Tischplatte gelegt, zwischen dem Grün und den bunt bebeerten Zweigen stehen Kerzenständer mit hohen, dunkelroten Kerzen. Die gleiche Dekoration kommt auf das lange Regalbrett, an dem die Tassen hängen.

Italienische Kinder erhalten traditionsgemäß ihre Geschenke erst am 6. Januar, an *Befana*. Gute Hexen sind es hier, die das Spielzeug und die Süßigkeiten bringen. Nach einem einzigen, missglückten Versuch, Weihnachten auf amerikanische Art zu feiern, nämlich den Heiligen Abend ignorierend und das Geschenkeauspacken auf den nächsten Morgen zu verlegen, sind wir zur deutschen Tradition zurückgekehrt. Wir sind zwar in Italien, haben aber Majorität: Der Hund ist Italiener, weiß aber nicht, was *Befana* ist, Franklin ist Amerikaner – Philip und ich sind deutsch.

Außerdem denke ich, dass es für Philip, wenn er auch kein Kleinkind mehr ist, wichtig ist, Weihnachten weiterhin so zu feiern, wie er es kennt und liebt. Für ihn ist die Welt durch unsere vielen Reisen ohnehin so oft auf den Kopf gestellt und unser Leben ist unruhig. Zumindest einige Dinge sollten so bleiben, wie er es gewohnt ist.

Den Neujahrsabend verbringen wir auch auf *Rotone*, zusammen mit meinen Eltern, die unterdessen angereist sind, dem Maurer Giancarlo und seiner Frau Ceti, Silvano Guadioli und Tina, mit der wir uns inzwischen auch angefreundet haben, sowie deren Besuch aus Milano, die Deutsche Susi und ihr Mann Sergio, die später beide in Baden-Baden eine Modeboutique, hauptsächlich für exquisite italienische Stricksachen, eröffnen werden. Susi ist sehr hübsch und auf Anhieb sympathisch. Umsichtig und praktisch fasst sie auch gleich in der Küche mit an und die ganze Familie mag sie. Ihr Mann Sergio ist eine Frohnatur. Fortwährend erzählt er in einem rasend schnellen, nuschelnden Italienisch *barzellette*, Witze. Dabei wird man mit großen Gesten und dramatischer Expression fixiert und wenn er spürt, dass man nicht ganz oder eher gar nicht folgen kann, spult er die ganze Schnurrpfeiferei noch einmal herunter und vielleicht auch noch ein drittes Mal, bis man mit gequältem Lächeln vorgibt, alles verstanden zu haben. Es gibt kein Entkommen, kein Pardon.

Unser großes Abendessen in der Hauptküche beginnt mit einer kräftigen Brühe mit Gemüse, dann gibt es als Zwischengericht goldbraun gebackene, buttrige Blätterteigpasteten, gefüllt mit Huhn und Champignon, endlich kann der Backherd in Betrieb genommen werden. Wir essen krachig frischen Feldsalat aus der Offenbacher Gegend dazu, mit einem leichten Dressing aus Olivenöl, Dijonsenf und Zitronensaft. Dieser Salat, wie auch die Pasteten sind für unsere italienischen Freunde eine Novität.

Es ist Winter und in Castagneto werden 1988, obwohl es bereits zwei Supermärkte gibt, nur die Produkte verkauft, die im Augenblick auch in den Gärten wachsen, also im Winter keine grünen Bohnen, keine Tomaten, keine Gurken. Die Ananas, die in Scheiben geschnitten zur Dekoration des riesigen *Virginian Ham* dienen soll, der in einer Kasserolle mit getrockneten Pflaumen und Aprikosen vor sich hin köchelt, erregt allgemeine Bewunderung. Von jetzt an wollen wir jedes Mal eine für Ceti als Geschenk mitbringen. Auch von den vielen Nusssorten, die in einer großen Schale liegen, sind nur Hasel- und Walnuss bekannt. Cashew- und Paranüsse sind exotisch und werden den ganzen Abend über in die verschiedenen Nussknacker geschoben.

In dieser Zeit vertraut noch jeder maßvoll der Qualität heimischer Erzeugnisse. Da die regional bestimmte toscanische Küche nicht nur mit dem auskommt, was in der Gegend angebaut wird, sondern auch noch davon abhängig ist, wann es wächst, hat man auf der anderen Seite die Garantie, immer frische Produkte auf dem Tisch zu haben, aber eben nur zu ihrer Zeit.

Einige Jahre später hat sich das Bild total gewandelt. Plötzlich gibt es Importe von überall her. Ich nehme an, dass Fernsehwerbung eine wichtige Rolle spielt, Nachfragen zu animieren und Märkte zu öffnen. Aber merkwürdig ist es schon: Wenn Dinge nicht vorhanden sind, kommt man gut ohne sie aus, vergisst sie sogar. Selbst wenn im Sommer etwas fehlt, an das man von Deutschland her gewohnt war, vermisst man es kaum, weil eine solche Fülle von saisonbedingten Gemüse-, Salat- und Obstsorten angeboten wird, dass manchmal schon die Entscheidung schwer fällt.

Nach dem Neujahrsessen gehen wir alle gemeinsam in den ersten Stock hinauf zur Besichtigung unserer künftigen Wohnung. Wir werden ein großes Schlafzimmer, ein geräumiges Badezimmer und einen siebzig Quadratmeter großen, hellen Wohnraum haben. Noch sind die Wände nicht ausgebessert und geweißt. Aber ich habe den Fußboden bereits gesäubert, nachdem Giancarlo am Vortag die Fenster einzementiert hat.

Bei *Epoque*, dem Antikladen an der *Aurelia*, hatten wir alte Marmorteile entdeckt, zwei dicke, flache Leisten, porphyrgrau mit Einlagen eines kostbaren rostroten Marmors, der wolkige Explosionen zeigt. Die Muster ähneln ein wenig denen, die man in einem Glasprisma betrachten kann. Darauf aufgesetzt sind weiße Marmor-Blattrispen. Ein schwarzes Marmorteil gehört noch dazu und eine breite Leiste aus dem gleichen roten französischen Marmor, schwarz gerahmt. Das, was ich auf den ersten Blick als Kamin erkannte, war in Wirklichkeit ein alter Kirchenaltar, der für den Händler keinen so großen Wert hatte, denn wer will schon einen Altar kaufen? Es ist der schönste Kamin des Hauses, Giancarlo hat ihn gemauert, während wir in Deutschland waren. Er hat zwar die einzelnen Teile verwechselt, aber nach dem ersten Schock sagen wir, wenn man es nicht weiß, wie es gedacht war, sieht es auch so gut aus. Das Material ist einfach schön.

An diesem Neujahrsabend weihen wir den Kamin, ein munteres Feuerchen entfachend, ein. Stühle werden die Treppe hinaufgetragen, in den noch leeren, großen Raum gestellt, ein CD-Spieler wird installiert und während wir fröhlich trinken und ausgelassen tanzend über den blanken Steinboden walzen, verstummt die Musik abrupt und alle Lampen verlöschen

im selben Sekundenbruchteil. Was ist geschehen? Wir haben Elektrizität, aber kein Licht, weder am Neujahrsabend, noch an den zwei darauf folgenden Tagen.

Der herbeigerufene Elektriker stellt dann fest, dass Giancarlo die Kanäle für die Elektroleitungen durch den Kamin gezogen hat, ganz flach unter dem Putz liegen sie, und das erste, kleine Feuer hat dann, alles verschmorend, einen Kurzschluss für das ganze Haus verursacht.

Aber im Moment trüben solche Pannen nicht unsere Neujahrsstimmung. Schließlich sind wir im Besitz von Taschenlampen und genügend Kerzen. Und auf *Rotone* Elektrizität zu haben, war ohnedies einigermaßen ungewohnt.

Am nächsten Tag sind wir bei Tina und Silvano zum Mittagessen eingeladen. *Lenticchie*, das typische Neujahrsgericht, wird aufgetischt, an Neujahr Linsen zu essen, soll Glück bringen. Man isst sie, um das ganze Jahr über Geld in der Tasche zu haben, je mehr man davon verzehrt, desto besser. Wir tun alle, was wir können. Meine Familie ist unkompliziert, was Essen anbelangt, und nicht kaufaul. Die Linsen sind vorzüglich, einen Tag vorher eingeweicht und dann gegen Ende der Kochzeit mit angebratenen Zwiebel- und Speckwürfelchen verfeinert. Dazu wird das traditionelle *Zampone*, der gefüllte Schweinefuß, serviert, den man im Laden schon fertig abgepackt kauft, in einer Cellophanhülle, die samt dem *Zampone* in einer bunt bedruckten Packung steckt. Die Füllung ist enorm salzig, die Außenhaut gallertartig. In Scheiben geschnitten und zusammen mit den Linsen lässt es sich einmal im Jahr essen. Das ist eben Tradition.

Wir haben viel Spaß und Wein. Am Schluss tunken wir noch kleines, hartes Mandelgebäck, *Cantuccini in Vin Santo*, auch dieses Dessert ist an einem solchen Tag ein Muss.

Vierzehntes Kapitel

Wir gewinnen und verlieren einen Architekten

Im folgenden Sommer kommt es zu Unstimmigkeiten mit Giancarlo. Seit Monaten hat er Silvano, der sich nun Hilfe suchend an uns wendet, nicht mehr bezahlt. Andererseits tritt Giancarlo mit großen Honorarforderungen an uns heran, obwohl er an Weihnachten und Ostern beachtliche Vorschüsse kassiert, aber die Arbeiten an der Außenfassade nicht weitergeführt hat. Einige der Mauern sind noch mit altem Putz bedeckt und wo er bereits abgeschlagen ist, muss teilweise noch sandgestrahlt und neu verfugt werden. Er scheint nicht in der Lage zu sein, eine Arbeit wirklich zu Ende zu bringen. Wir finden außerdem heraus, dass er parallel zu unserem Projekt an zwei weiteren Baustellen arbeitet und deshalb, obwohl wir ihn bezahlt hatten, für uns keine Zeit mehr erübrigen kann. Am Telefon hat er immer behauptet, dass die Arbeiten an der Fassade fertig sind und unsere große Wohnung, wo er bisher nur bis Neujahr den Wohnraum in Angriff genommen hatte, nicht aber Schlaf- und Badezimmer, quasi finito. Er hat erzählt, dass er die Kanäle für Wasser, Elektrik und Gas geschlagen hat, eine Woche später waren nach seinen Worten alle Rohre verlegt, er gab am Telefon Diskussionen mit dem Elektriker wieder, sprach darüber, welche Materialien er bestellt oder gekauft hatte, berichtete über den Fußboden, den er bereits in Bad und Schlafzimmer verlegt hatte. Wir waren im Glauben angereist, dass außer den Weißbinderarbeiten nichts mehr zu tun war.

Nun mussten wir feststellen, dass er unser Haus wohl so ziemlich genau an unserem Abreisetag verlassen und seitdem wohl nicht mehr betreten hatte. Er hatte uns zudem telefonisch animiert, die Wohnung, die wir bisher immer bewohnt hatten, an Bekannte zu vermieten, weil ja bis zu unserer Ankunft die im ersten Stock fertig sein würde. Und nun hatte er die Dreistigkeit, einen neuerlichen Vorschuss zu verlangen. Nachdem wir ihm klargemacht haben, dass er den erst bekommen kann, wenn er die bereits bezahlten Arbeiten ausführt, lässt er sich überhaupt nicht mehr sehen.

Mitten im Sommer und so auf die Schnelle, ist es fast unmöglich, eine neue Maurerfirma zu finden. Es gelingt uns dann doch über Gerd Schwarz, der uns damals bei der Auseinandersetzung mit der ersten Baufirma behilflich gewesen war. Nun empfiehlt er uns einen Architektenkollegen aus unserer Gegend. Der hat eine Baubrigade, die für ihn arbeitet und gerade frei ist. Wir nehmen ihn und seine Truppe, stellen aber sofort fest, dass wir mit Alessandro keinen besonders glücklichen Griff getan haben. Wir geraten an jemanden, der den Drang hat, sich um jeden Preis zu profilieren. Mit strenger Miene und besserwisserisch plant er an unseren Wünschen und Bedürfnissen vorbei und versucht, uns seine Vorstellungen selbst im kleinsten Detail aufzuzwingen. Die Diskussionen, zu denen wir immer in sein Büro nach San Vincenzo anreisen müssen, gehen ins Uferlose und sind fruchtlos.

Die Frage nach einem Architekten hatte sich für uns eigentlich nie ergeben, weil wir selbst sehr genaue Vorstellungen davon hatten, was, wann und wie renoviert werden sollte und wir die künftige Funktion eines jeden Raumes kannten. Dieser Architekt, der sich zeitweilig aufführt wie ein erboster Zwerghahn, den man zum Kampf abgerichtet hat, ist ein Phänomen. Er will eine sehr moderne Note in das alte Gebäude bringen, ist verliebt in Plexiglastreppen, Beton und eiserne T-Träger, die er trotz unseres Protests für Zwischenböden einziehen lässt und deren Brutalität wir später mit dicken Holzbalken, die sie nachträglich ummanteln, kaschieren müssen.

Bekannterweise kann man mit den Toscanern, die geübt sind, jeden Gegenstand und jede Situation von zwei Seiten zu betrachten, ausgiebig diskutieren. Es wird über alles reflektiert, philosophiert und geredet und am Ende findet man eine gemeinsame Solution. Aber bei unserem Freund hier greift das nicht.

Beim anstehenden Ausbau eines kleinen Studios auf der unteren Terrasse wollte Alessandro unbedingt meinen Entwurf seitenverkehrt ausgeführt haben. Das hätte bedeutet, dass sich hinter einem riesigen, zur Terrasse hin öffnenden Bogenfenster das Bad befände, während die Küche in einem Miniraum, zudem fensterlos, untergebracht gewesen wäre. Man könnte dann angesichts der Schirme, Esstische und Stühle mit den Leuten darauf so gut wie in der Öffentlichkeit duschen, während die Hausfrau dazu verdammt wäre, in einer dunklen Kombüse zu kochen, ohne den Blick auf ihre Familie zu haben, auf blühende Myrte, Oleander- und Hibiskushecken, Lorbeerbüsche und dicke, weiße Büsche von Margeriten in Terracotta-Töpfen. So ignorant kann nur ein Mann sein, der Stunden vor dem Badezimmerspiegel zubringt, aber nicht gerne isst, das ist für uns klar. Denn beim Kochen muss man doch auch Spaß haben.

Was ihn vollends gegen uns aufbringt, ist, dass ich in den drei Wochen, in denen er sich auf der Baustelle nicht sehen lässt, die Maurermannschaft dazu gebracht habe, meinen ursprünglichen Entwurf umzusetzen. Sein Zorn über diese Impertinenz geht so weit, dass er sich zu einer schriftlichen Anzeige und Denunziation gegen mich versteigt, die er an die Gemeinde, die zuvor für seine Bauzeichnung die Genehmigung erteilt hat, schickt. Wir haben jetzt also illegal gebaut. Die Angelegenheit erregt allgemeines Aufsehen bei der Baubehörde, ein Architekt, der seinen eigenen Kunden anzeigt, Kundin genauer, denn nur ich bin namentlich aufgeführt, das hat es wohl noch nicht gegeben. Gleichwie, die *comune* muss der Sache nachgehen und davor haben wir große Angst. Hat man doch schon von Leuten gehört, die Wände wieder einreißen mussten, weil sie von den in den Plänen eingezeichneten einen viertel Meter abwichen. Franklin macht mir Vorwürfe, weil ich den Architekten dermaßen verärgert habe, obwohl er in der Sache natürlich hinter mir steht. Irgendwann kommt dann ein Gutachter, um Protokoll aufzunehmen, irgendwann wird eine *muta*, eine Strafe, zu zahlen sein. Und irgendwann ist dann alles in Ordnung und den Architekten sind wir auch los.

Immerhin hat die Maurermannschaft, mit der er zusammenarbeitet, in Schlafraum und Bad einen neuen Fußboden eingezogen, sein Installateur hat Wasseranschlüsse montiert und Objekte im Bad gesetzt (allerdings den Wasserabfluss für die Waschmaschine vergessen, was nachträglich nicht so ohne weiteres korrigiert werden kann, vor allen Dingen wohl, weil wir die Rechnung bereits bezahlt haben, ehe wir dieses Manko aufdecken). Im Großen und Ganzen sind wir aber in diesem Sommer wieder einen Schritt vorangekommen.

Fünfzehntes Kapitel

Der Wettbewerb

Im folgenden Winter fahren wir nicht nach Castagneto. Als wir von den Sommerferien zurückkamen, hatte ich in den Bergen von Post, die ich gleich in der Ankunftsnacht sichtete, die Einladung zu einem Wettbewerb entdeckt, „Kunst am Bau", Gestaltung des Freizeitraums des Staatlich Chemischen Untersuchungsamtes in Wiesbaden. Da die Betriebsangehörigen an ihren Arbeitsplätzen Medikamente, Drogen, Alkohol und Chemikalien untersuchen, teilweise bei ihrer Tätigkeit Mundschutz und Handschuhe tragen, können sie und dürfen sie am Arbeitsplatz weder trinken, essen oder rauchen. Dementsprechend groß und komfortabel sollte der Aufenthaltsraum, dem eine Küche angeschlossen ist, ausfallen.

Meine erste Idee ist ein toscanischer Garten, der sich mittels realer Pflanzen in schönen Terracotta-Töpfen in den Raum hinein fortsetzen könnte, Grünpflanzen als Raumteiler zwischen den Tischgruppen. Das einzige Handicap bei der Sache: In drei Tagen ist Abgabetermin; Ausnahmen gibt es nicht, wie ich am nächsten Morgen am Telefon erfahre. Franklin fährt nach Holland, Wachsmodelle für seine Skulpturen in eine Gießerei zu bringen, die ihm von niederländischen Künstlern empfohlen war. Anschließend will er diese Freunde besuchen.

Ich quäle mich einen ganzen Tag und eine halbe Nacht mit dem Entwurf des toscanischen Gartens. Dann führe ich eine völlig andere Idee aus: eine acht Meter lange Tafel, auf der die abenteuerlichsten Chemiegefäße stehen, gezwirbelte Rohre, Erlenmeyerkolben, zylindrische oder bauchigrunde Gläser, mit zierlichen Messinghähnchen versehen, transparente Verbindungsleitungen zu anderen Glasgefäßen, die wiederum Öffnungen für Zu- oder Abflüsse haben, alles aufs Abenteuerlichste verbunden und vernetzt, ein Kunstwerk aus Glas.

Deutlich erkennbar ist dabei, dass das Ausgangsprodukt, die Milch, die in den ersten Reagenzgläsern und dreieckigen Flaschen zu sehen ist, sich während des Prozesses auf dem Tisch von rechts nach links, in den Röhren und Kolben, zu Rotwein verwandelt. Vor allem sieht man das an der Reaktion der (überlebensgroßen) Figuren, die am Tisch sitzen, lümmeln oder halb liegen und mit spiralig gedrehtem Trinkhalm an der Pipeline hängen. Sofern die Leute keine Chemikerkittel tragen, sind sie elegant angezogen, manche allerdings haben Tierköpfe und einige, je weiter man den Blick nach links schweifen lässt, haben das verwandelte Produkt bereits getestet. Ein Katzengesicht mit leicht schielenden Blauaugen muss den schwer gewordenen Kopf stützen und bei der Jungfer neben ihr wächst der gestreckte Hals mit dem dünn befiederten Kopf eines Albatrosvogels aus dem perlenbehängten Dekollete. Der lange Schnabel taucht genüsslich in ein langes Reagenzglas, während sich schwere Lider selig über den Augen schließen. Es gibt ein Pärchen dümmlich aussehender Menschenzwillinge, die im Gleichschritt mit ihrer in transparente Plastiktüten verpackten Brotzeit ins Bild marschieren, eine in ihrer Freistunde strickende Frau, einen kreuzworträtsellösenden Löwen und ein gewaltiges Rhinozeros, dessen weißer Laborkittel mächtig über seinem Wanst spannt, und das, dominant rechts im Bild stehend, allen anderen zuprostet.

Am Abgabetag, er ist am Vorabend aus Holland zurückgekehrt, weigert sich Franklin zunächst, mich mit dem noch nassen Ölbildentwurf nach Wiesbaden zu fahren. Er ist entsetzt. Dem toscanischen Garten hätte er vielleicht eine kleine Chance eingeräumt, wenn er sich auch nicht hatte vorstellen können, dass ich den metergroßen Entwurf, und auch noch in Ölfarbe, in knapp drei Tagen schaffen könnte. Aber dies hier, meint er, könnte man gleich vergessen, es sei die reinste Zeitverschwendung. Die Leute wollen etwas Schönes sehen und nicht, wie jemand sich über ihren Job lustig macht.

Aber sie haben doch Humor und die Wahl der Jury fällt auf mich, obwohl ich, wie ich Wochen später erfahre, in meiner Unerfahrenheit, dies war meine erste Teilnahme an einer Ausschreibung, mehr als doppelt so hohe Honorarforderungen gestellt habe wie die anderen Teilnehmer.

Gästewohnung auf Molino Rotone

Unsere Galerie bleibt vom 20. Dezember bis Mitte Januar geschlossen, die Arbeit in Wiesbaden muss bis März beendet sein, dann soll der Raum genutzt werden. Ich muss besonders am Anfang ganz konzentriert arbeiten. Philip bleibt nach den Weihnachtsfeiertagen bei meinen Eltern und Franklin fährt nach Pietrasanta zurück, um an seiner Edition für die nächste Kölner Ausstellung, einen Bronzeteller mit zwei Birnenhälften und einem dazwischenliegendem Bronzemesser, in der Gießerei Mariani zu arbeiten. Der holländische Versuch ist fehlgeschlagen. Er hat den missglückten Bronzeguss im Gepäck und will versuchen, dieses Stück mit einer neuen Patina zu retten und vier weitere fertigzustellen.

Meine ersten Arbeitstage in Wiesbaden sind ernüchternd. Überlebensgroße Figuren an die Wand zu bringen, große Hintergrundflächen zu bearbeiten, irgendwann scheint mir alles zum Scheitern verurteilt. Ich hatte für einen Tag zwei junge Theatermaler bezahlt, damit Sie mir die Grundbegriffe für Wandmalerei mit Acrylfarben (das Gemälde musste strapazierfähig sein und am Ende noch einen abwaschbaren Schutzüberzug bekommen) im Crashkurs beibringen sollten. Danach war ich froh, dass das offenbar noch nicht einmal möblierte Gebäude unbehaust war und ich allein und ungestört meine Versuche machen konnte.

Ich habe einen Spezialschlüssel bekommen und den Code, mit dem sich das Eingangstor öffnen lässt, sowie die Anweisung, alle Türen gut zu sichern, denn in den oberen Stockwerken sind bereits teure Arbeitsgeräte installiert. Fort Knox in Wiesbaden. Anfangs reise ich morgens früh um acht Uhr an, U-Bahn bis Bahnhof, S-Bahn bis Wiesbaden, dann Taxi oder Bus bis in die Vorortstraße, wo meine Arbeit auf mich wartet. Dann verpasse ich eines Abends meinen letzten Bus und die einzige Telefonzelle im menschenleeren Industriegebiet funktioniert nicht. Ich laufe schnell in das Gebäude zurück, schließe hinter mir zu und arbeite weiter, bis zwei Uhr nachts. Dann breite ich meinen fellgefütterten Mantel auf dem Fußboden aus, schlafe, arbeite nach dem Aufwachen weiter. Am Morgen öffnet *Tengelmann*, der Supermarkt schräg gegenüber, seine Pforten und ich hole mir Seife, Zahnpasta und -bürste sowie frische Brötchen und Schinken. Kaffee und Orangensaft stehen ohnedies in großen Mengen für mich bereit. Da ich im

Augenblick ungewohnterweise für niemanden Verantwortung trage und mich um kein Familienmitglied kümmern muss, kann ich ungestört arbeiten, nach meinem eigenen Rhythmus, zehn oder auch achtzehn Stunden hintereinander und wenn ich müde werde, schlafe ich, wenn ich hungrig bin, esse ich und wenn ich über der Malerei alles vergesse, ist es auch gut. Es ist warm im Raum und außer dem Surren der Küchengeräte, die man für mich angeschlossen hat, ist kein Laut zu hören. Die Landschaft ist im Schnee versunken und ich fahre nur noch alle zwei Tage nach Frankfurt, denn inzwischen hat mir ein Hausmeister auch noch einen Duschraum gezeigt.

Es ist ein gutes Gefühl, mit diesem Auftrag in Castagneto ein großes Stück weiterzukommen. Der zweite Wettbewerb, den ich ein Jahr später gewinne, wird schon versierter und ohne die anfänglichen Angstzustände umgesetzt, der Aufenthaltsraum vor einer Jugenddisco, danach die Außenwand einer Sporthalle. Zum Bildermalen komme ich schon lange nicht mehr, den Luxus, zu malen kann ich mir aus Zeitgründen im Augenblick nur leisten, wenn er bezahlt wird, das heißt, wenn ich einen Auftrag bekomme. Zudem habe ich festgestellt, dass es mir wirklich liegt, große Figuren, Tiere und Pflanzen zu malen, bis zu unserem Umzug nach Castagneto sind es immerhin sieben Wandgestaltungen.

Franklin kehrt aus Pietrasanta mit seiner Bronzeedition zurück, die wirklich gelungen ist. Der breitrandige Bronzeteller ist goldgelb patiniert, das Obstmesserchen, das zwischen den dunkelgelb bis bräunlichgrünen Birnenstücken liegt, ist kupferfarben. Ein perfektes ästhetisches Objekt, für das er noch als Basis schwarze, quadratische Marmorplatten hat schneiden lassen.

Wir fahren mit den Skulpturen nach Köln, Osper bereitet eine neue Ausstellung vor und macht große Versprechungen für künftige Aufträge. Er hat viele Ideen, wie er Franklins Arbeiten auf den Markt bringen kann. Da er schon einige Objekte in gute Sammlungen verkauft hat und auch jetzt wieder voller Enthusiasmus ist, glauben wir ihm, dass er auch für die noch in Arbeit befindlichen größeren Kunden bringen wird.

Sechzehntes Kapitel

Das Herz des Hauses

Bei einem Restaurator in Cecina finden wir einen Kastanienholztisch. Zeit ans Meer zu gehen oder Spaziergänge in den Wald zu machen, finden wir nicht, jedoch die Werkstatt, die wir im Vorbeifahren gerade noch so aus den Augenwinkeln heraus erspähen, ist fast eine Vollbremsung wert und wird umgehend besucht. Das nennt man selektives Handeln.

War das nicht schon immer unser Traum gewesen, so einen Riesentisch zu finden, dreieinhalb Meter lang und von beachtlicher Breite, mit über dem Fußboden umlaufender Zarge, auf der die Füße der Sitzenden, vierzehn Gäste ließen sich platzieren, ruhen könnten? Das Faszinierendste sind die durchlaufenden Schubladen, in die man im Augenblick von oben hineinsieht, da die Tischplatte fehlt. Man kann sie sowohl von der einen Tischseite als auch von der anderen aufziehen, sie sind riesig, was könnte man da alles hineinpacken! Bestecke, Filtertüten, Servietten, Kugelschreiber, Büroklammern, Kerzen, Kochrezepte, Marmeladenetiketten, Schreibblock, Zollstock, Schraubenzieher, Zange, die Vitamintabletten für den Hund und was weiß ich noch alles.

Natürlich hat der Händler gemerkt, dass wir an dem Tisch interessiert sind, obwohl wir nicht gesprochen haben. Uns beiden war auf den ersten Blick klar und unsere Verständigung funktioniert gleichsam osmotisch, dieser und kein anderer Tisch kommt in die große Küche, die das Herz des Hauses sein wird. Wir beide kochen und essen so gerne, dass die Küche der wichtigste Raum sein wird, in dem wir uns tagsüber treffen und aufhalten. Ihn einzurichten ist das Projekt der nächsten Monate und hier ist also der Tisch.

„Eigentlich ist er zu groß", sage ich auf Italienisch, während ich Franklin, der in solchen Situationen sehr harmlos sein kann, mit strenger Miene fixiere. Er erwidert meinen intensiven Blick einigermaßen irritiert und will gerade den Mund aufmachen, wahrscheinlich um zu sagen, dass er doch ideale Proportionen hätte, als ich schnell fortfahre: „Und das Schlimmste ist, dass die Platte fehlt. Das Gestell ist nicht schlecht", wende ich mich jetzt an den Verkäufer, „abgesehen davon, dass ich einen Tisch brauche, der vielleicht ein gutes Stück kleiner ist, aber eine Kastanienholzplatte in dieser Größe zu finden, dürfte wohl ganz und gar unmöglich sein und selbst wenn man anderes Holz nähme, das rechnet sich einfach nicht."

Der Restaurator kennt die Holzpreise gut und ich denke, dieses Riesengestell ist ihm auch gewiss in seiner mit Möbeln vollgestopften Werkstatt sehr im Wege.

„Vierhundertfünfzigtausend Lire", sagt er, „wenn Sie mir Ihre Adresse aufschreiben, bringe ich ihn."

Wir feilschen nicht. Man muss auch wissen, wann man aufhören muss, oder besser gesagt, wann man gar nicht damit anfangen darf.

Wieder im Auto, sagt Franklin zu mir: „Marmor, weißer *Carrara*, was hältst du davon?"

„Genau", antworte ich, „so habe ich ihn auch gesehen, etwas anderes kommt gar nicht infrage, wir wollten doch schon immer einen Marmortisch."

Franklin kommt aus einer Familie, in der anscheinend ständig gekocht und gegessen wurde und ich habe niemals

jemanden mit einer solchen Sinnlichkeit, auch während einer Mahlzeit, schon von der nächsten oder vom Essen im Allgemeinen reden hören wie ihn. Seine Begeisterung ist mitreißend.

In einer Bronzegießerei in Chiasso, deren Besitzer er kennt und die wir aus Italien rückreisend besuchen, entdecke ich meinen Traumkamin. Das Gebäude, in dem der Betrieb untergebracht ist, steht nahe am Wasser, einem eiskalten Gebirgsfluss, der mit hurtigen Sprüngen über große, eiförmig abgewaschene Steine schießt. Alles ist grau in grau, der Strom, der Tag, das Haus, der Kamin, wieder einer von der Größe, in der man sitzen kann. Die Kaminhaube ruht auf Seitenwänden, drinnen sind schmale Bänke und an der Rückwand dann die eigentliche Feuerstelle. Der grauschwarze Stein der Vorderfront, der Leiste, die die Haube trägt, und des Innenkamins heißt *Pietra Serena*. So einen bombastisch großen Kamin will ich auch haben.

„Nimm die Maße", sagt Franklin, „wenn es genau das ist, was du haben willst, nimm Maß und mach eine Zeichnung. Der blaugraue Stein, der bei Fiesole gebrochen wird, mag vor dreihundert Jahren in Chiasso erschwinglich gewesen sein, aber unser Marmorhändler in Pietrasanta schlägt die Hände über dem Kopf zusammen und rät dringend zu weißem Carraramarmor. Es fällt mir sehr schwer, von einer so festen Vorstellung und vorgefassten Entscheidung abzugehen. Den Ausschlag gibt dann Franklins Argument, dass die Küche mit der Natursteinwand an der Stirnseite dringend eine Aufhellung vertragen könnte und außerdem würde der *bianco di Carrara* mit der großen Tischplatte harmonieren.

Das ornamentale Dekor auf den beiden Frontleisten des Chiasso-Kamins, ein granatapfelähnliches Motiv, animiert mich, halbmetergroße Granatäpfel zu entwerfen und sie mit einem dicken Schreinerbleistift auf die fertig polierten Marmorleisten zu malen, die im Pietrasanta-Studio auf soliden Holzböcken liegen, und Franklin beginnt in der gleichen Woche, mit einem Druckluftmeißel das Muster herauszuarbeiten. Für die Feuerstelle, die in der Wand eingelassen ist, nehmen wir eine Umrandung aus *Nero di Belgio* aus Liege, schwarz und weiß, das sieht sehr gut aus.

Irgendwann an einem Sommertag bringt ein Transporter die Kaminteile, die in den Küchenraum getragen werden. Vier Männer sind jeweils nötig, einen der zentnerschweren Marmorblöcke zu schleppen. Dann wird maurerseits monatelang über die Technologie des Aufbaus, der drei Meter breite Sims macht Probleme, nachgedacht.

Jetzt kommt der Zeitpunkt, wo wir uns an ein großes Doppelspülbecken aus Marmor erinnern, das im Vorgarten eines Steinmetzen in Pietrasanta jahrelang zwischen halb fertigen Arbeiten herumlag. Ein Kunde hatte es bestellt und dann doch nicht gewollt und so können wir uns schnell einigen und es wird in die *Rotone*-Küche eingebaut.

Über diese Spüle kommt ein Relief aus dem vorigen Jahrhundert. Die Platte ist einen Meter hoch und ebenfalls aus weißem Marmor. Sie zeigt einen Engel. Diesmal keinen Putto, sondern eine eher androgyn wirkende Figur, die langen und schlanken Arme und die Flügel seitlich nach unten hängend. Das leichte Gewand schlägt sanfte Wellen, der Kopf mit ernstem Gesichtsausdruck ist etwas nach oben angehoben.

„Was in aller Welt willst du mit diesem alten Friedhofsbrocken anfangen!? Das ist doch wirklich makaber!", entfuhr es Franklin, nachdem ich den Engel in seiner seit zehn Jahren gemieteten Werkstatt zwischen Steinleisten, Gipsmodellen und Abfall aufgestöbert hatte und mit

dem Wunsch, es vom Studiobesitzer kaufen zu wollen, an ihn herangetreten war.

Ich war sicher, einen schönen Platz dafür finden zu können, vielleicht an einer Außenmauer, einem Brunnen, man könnte Efeu drum herum wachsen lassen. „Und außerdem", sagte ich, „ist er ja nur als Friedhofsstein vor hundert Jahren oder mehr angefertigt, aber nie benutzt worden, oder?"

Der Besitzer der Werkstatt, dessen Großvater all die Jesusfiguren, Madonnenbüsten, Reliefs von Jagdhunden und Löwenköpfen, Kindern, Rosen und anderen Blumen in Gipsmodellen geschaffen hatte, die auf dicken Brettern weiß verstaubten, konnte meine Leidenschaft nicht so ganz verstehen, war aber geschäftstüchtig genug, mir noch zwei andere, ebenfalls nicht der Nutzung zugeführte Grabsteine zu verkaufen, hohe Vierkant-Marmorblöcke, einer mit hochrankenden Rosen, der andere mit Lilien. Mit einer schmalen Glas- oder Marmorplatte als Auflage habe ich sie sofort als ein etwas ausgefallenes Sideboard gesehen. Die laut ausgesprochene Idee brachte mir zum wiederholten Male einen kritischen Blick meines Mannes ein. Dass ich immer und überall Baumaterial und Dekorstücke sah, war ihm schon lange lästig, denn die Dinge, die ich aufsammelte, musste er ja transportieren. Aber in den meisten Fällen unterstützte er meine spontanen Einfälle energisch.

Irgendwann hatte ich in meiner dämmerigen, noch unfertigen Küche gestanden und gewusst, wo mein hohes Relief mit dem Engel seinen Platz finden würde, nämlich über dem Spülstein, mit einem altmodischen, gebogenen, glänzenden Messingwasserhahn, der aus dem Sockel wächst.

Die Holzbalkendecke mit den großen, flachen Ziegelplatten dazwischen, die schon sandgestrahlt war, sah aus wie neu, der Unterschied zwischen vorher und nachher war enorm. Jahrhundertelang war Schicht um Schicht weiße Farbe aufgetragen worden, jede Generation hatte die Anzahl der Kalkanstriche vermehrt, die man hauptsächlich zur Isolierung des Holzes gegen Insektenbefall anbringen musste. Überall war die Farbe bröselig oder bereits in großen Placken abgefallen gewesen. Die kleinen Balken, die so genannten *travicelli,* waren teilweise morsch oder gebrochen und inzwischen ausgetauscht. Einer der drei großen Stützbalken, der vierzig Zentimeter Durchmesser hatte und horizontal durch den Raum lief, die kleineren Vierkanthölzer tragend, war aufs Heftigste von *tarli*, einer gefräßigen Termitenspezies, befallen gewesen. Franklin hatte sich eine meterlange Ziehklinge besorgt, die aussah wie eine Säge mit zwei Handgriffen, auch einem riesigen Küchenwiegemesser nicht unähnlich. Mit diesem Instrument, das über Kopfhöhe gehalten werden musste, hatte er über die ganze Breite Span um Span abgehobelt, tagelang, und erst nach Reduzierung etwa eines Drittels des Balkenvolumens war hartes, gesundes Holz zum Vorschein gekommen, das jetzt, nach Behandlung mit Schutzmitteln, noch einige weitere hundert Jahre überleben sollte.

Wir fragen Francesco, einen der Valoribrüder, ob er die Malerarbeiten der drei Küchenwände übernehmen will. Er sagt sofort zu, weil er gerade Urlaub hat, kommt vier Tage später, sieht sich bedächtig um. Es fällt auf, dass er keine Arbeitskleidung trägt. Übermorgen wolle er anfangen, morgen würde in Piombino in den Stahlwerken, wo er angestellt ist, sein Schichtdienst wieder beginnen.

„Warum kannst du heute nicht anfangen?", wollen wir wissen.

„Weil ich keine Arbeitskleidung anhabe."

Einen Tag mehr, eine Woche, ein Monat, irgendwie geht ihm das Verständnis für unsere Eile ab. Ich will ihn drängen, meine Nervosität gefällt ihm nicht, auch nicht, dass ich mich überhaupt als Frau in die Diskussion um eine Männerarbeit einmische. Er richtet das Wort nur an Franklin, von Mann zu Mann wird freundschaftlich verhandelt. Ein bisschen zu freundlich, finde ich und bitte Franklin auf Englisch, Francesco die Situation etwas deutlicher zu erklären: Wir reisen in fünf Tagen ab, bis dahin will ich die geweißten Räume schon geputzt haben, damit wir bei der nächsten Ankunft auf *Rotone* nicht vom ersten Tag an wieder mit Chaos zu kämpfen haben. Wir wollen Möbel aus Frankfurt mitbringen, die dann gleich in der Küche aufgestellt werden sollen. Ich biete auch an, ihm zu helfen.

Das Angebot wird ignoriert. Wenn ich nicht bereits so erschöpft wäre von all dieser Räumerei, dem Schleppen der mitgebrachten Kisten, Kästen und Möbelstücke, die so oft von einem Raum in den anderen getragen werden müssen, weil nichts endgültig fertig ist, dem vielen Laufen treppauf, treppab, auf der Suche nach Werkzeugen, die immer in einem anderen Stockwerk oder gar nicht zu finden sind, würde ich die Weißbinderarbeiten selbst die Hand nehmen. Es gibt für alles Grenzen, ich weiß, ich könnte es diesmal nicht schaffen.

Aber immerhin, am übernächsten Tag kommt er um neun in Richtung Haus gerollt, steigt aus, nähert sich in gemächlichem Wiegeschritt. Smalltalk vor der Haustür, wie es geht, über das Wetter und was man sonst noch so sagt, wenn man Zeit hat. Dann möchte er wissen, in welchem Laden er die Farbe holen soll, in Venturina, Cecina oder wo und wie viel. Er könnte, wenn er nicht allzu lange darauf warten müsste, bedient zu werden, in einer Stunde, anderthalb, spätestens aber in zwei wieder zurück sein.

Es steht alles schon für ihn bereit. Ich habe, wie immer, die Räume mit Plastikfolie, die an den Kanten mit elastischem Kreppband an den Mauersockel festgeklebt werden, ausgelegt. Er staunt, das kennt er noch nicht, schließlich ist er kein Profi. Die Unebenheiten in der alten Farbe habe ich bereits mit einem Metallschaber an langem Holzstiel von den Wänden gekratzt, die Nahtstellen mit Sandpapier glatt geschliffen, sodass er es von vornherein mit festem Untergrund zu tun hat. Der erste Farbeimer samt Rührstock sowie Gitternetz zum Abstreifen des Überschusses, steht schon geöffnet da, ein mit Wasser gefüllter Behälter zum Verdünnen daneben, die Lammfellrolle ist auf den ausziehbaren Stab aufgesteckt, Rund- und Flachpinsel in verschiedener Länge sind bereit und auch Lappen, falls etwas danebengeht.

„*Fatto te*?", wendet er sich an Franklin, sichtlich beeindruckt.

Der deutet ungerührt auf mich. – Wir lassen Francesco arbeiten. Bis zu diesem Zeitpunkt habe ich noch keinen Anstreicher gesehen, der so sauber und ordentlich ist wie er. Ich mag den Farbgeruch und eigentlich hätte ich Lust mitzumachen. Eine zweite Farbrolle wäre schon noch da, aber abgesehen von meinen Schulterschmerzen, die weit ausholende Bewegungen nicht zuließen, wäre es ihm sicher nicht recht, wenn ich ihm ins Gehege komme. Aber so ein bisschen helfen, das dürfte vielleicht sein. Ich könnte ihm die Arbeit erleichtern, sodass er rascher vorankommt. Also gieße ich Farbe in einen kleinen Plastiknapf und mit einem kurzen Flachpinsel umrande ich rasch jede der bereits montierten

Steckdosen und jeden Lichtschalter mit weißer Farbe. Man muss dabei nur für kurze Zeit die Luft anhalten, dann geht kein Millimeter daneben. Dann steige ich auf die Metallleiter und umrahme jeden einzelnen der dreiundzwanzig *travicelli*, der kleinen Vierkanthölzer, die unter den großen Balken sitzen, genau an der Stelle, wo sie in das Mauerwerk münden, anschließend ist der gleiche Arbeitsgang an der gegenüberliegenden Wandseite fällig.

Jetzt kann Francesco zügig weiterarbeiten, ohne Angst haben zu müssen, dass er, wenn er zu nahe ans Holz kommt, die Balken mit weißer Farbe verschmiert. Er schielt mich aus den Augenwinkeln heraus an. Ich schenke ihm ein offenes Lächeln, er lächelt zurück. Der Bann ist gebrochen. Mir liegt es, knifflige Stellen zu übernehmen, hier kommt mir die durch die Malerei antrainierte Präzision und Ausdauer zugute, ich habe eine ruhige und sichere Hand.

Gemeinsam schaffen wir die Arbeit rascher als gedacht und ich kann die Böden, die durch die Malerarbeiten nur geringfügig gelitten haben, noch einmal schrubben, wir räumen die Gegenstände, die hier ihren endgültigen Platz finden sollen, hinein und dann fahren wir nach Deutschland zurück. Das nächste Mal wollen wir unseren großen Küchenschrank aus der Frankfurter Wohnung, den ich für mein barockes Wohlbefinden brauche, mitbringen.

Als ich, neunzehnjährig nach Frankfurt gekommen war, hatte ich die Bekanntschaft des Malers Harald de Bary, Spross einer alten Hugenottenfamilie, gemacht. Sein Vater war ein bekannter Weinsachverständiger, die Mutter, Erica de Bary, Afrika-Reiseschriftstellerin. In ihrer Aussteuer aus Sankt Petersburg hatte sie neben alten Familienporträts, Ikonen, großen, silbernen Teekannen und Zuckerdosen, Kristallgläsern, bauchigen intarsierten Kommoden und vielen anderen Dingen, einen überdimensionierten Küchenschrank mitgebracht, der, ihr weißblaues Zwiebelmustergeschirr beherbergend, die Küche in der Cretzschmarstraße dominierte. Dieser Schrank hatte es mir angetan.

Zwanzig Jahre später, Harald hatte gerade seine zweite Ausstellung abstrakter Ölbilder und Zeichnungen in unserer Galerie, kam ich zufällig auf das Möbelstück zu sprechen und es stellte sich heraus, dass Harald und seine Frau bei einem Umbau und einer Küchenverkleinerung den Schrank einem Lehrer, Studienfreund von Harald, der im Taunus wohnte, überlassen hatten. Irgendwann war diesem wohl die anfängliche Begeisterung für das Möbel mit den schlichten und zeitlos schönen Linien, das er von der Farbe zu befreien und zu restaurieren plante, abhanden gekommen und wie Harald mir bedauernd mitteilte, stand es seit drei Jahren im Garten, halb unter einen kleinen Vordach, aber immer Wind und Wetter ausgesetzt und nicht mehr zu retten.

„Ich würde den Schrank trotzdem gerne sehen", sagte ich, „vielleicht kann man doch noch etwas machen."

Meine Freunde bekamen eine skeptische Miene, ließen sich dann aber doch überreden, mit Franklin und mir einen kleinen Ausflug aufs Land zu machen, zur Schrankbesichtigung.

Die beiden Hälften, Unter- und Oberteil, eins stand hochkant im Gras, das andere lag auf dem Rücken, konnten kaum in schlechterer Verfassung sein. Das Holz, obwohl mit dicken, weißen Anstrichen überzogen, war nass. Rück- und Seitenwände wiesen lange, bis zu halbzentimeterbreite Risse auf, die Regalbretter waren dunkel von der Feuchtigkeit (aber das Holz hatte sich nicht im mindesten durchgebogen, wie ich gleich feststellte).

„Das ist nicht dein Ernst?", sagte Franklin, „Wegen diesem Mist sind wir doch nicht etwa eine Stunde unterwegs gewesen!"

„Wir haben es ja gleich gesagt", kam es unisono aus den Mündern der de Barys, denen die Sache nun peinlich war.

„Und die Türen", wollte ich wissen, „wo sind die Türen, gibt es die noch?"

Sie waren im Waschhaus gelagert, wie sich herausstellte, und noch in hervorragender Kondition, sowohl die beiden unteren massiven, als auch die hohen Sprossentüren mit dem leicht welligen, alten, mundgeblasenem Glas für das Oberteil.

„Die Stücke werden zu groß für unser Auto sein", meinte ich.

Es war, als hätte Franklin nur darauf gewartet, zu explodieren. Jetzt war das Stichwort gefallen. „Du bist wahnsinnig", war die Antwort, „ich habe es schon immer gewusst! Aber jetzt ist Schluss, ein für allemal! Das kommt überhaupt nicht infrage!"

Der Studienrat, immer noch Besitzer meines Wunschobjekts, verließ betreten den Schauplatz und wir dann auch. Ich musste einige Wochen warten, bis Franklin nach Italien zurückkehrte, um in seinem Pietrasanta-Atelier zu arbeiten. Dann überredete ich Siggi, einen Freund der in der Battonnstraße antike Lampen verkaufte und über einen VW-Bus verfügte, zu einer Landpartie. Er, der geschickt aus den ältesten und verbogensten Metallteilen noch etwas zaubern konnte, war entsetzt und versuchte, mich sogleich von meinem Vorhaben, den Schrank renovieren zu wollen, abzubringen.

Ich tat das, was man bei Politikern "Aussitzen" nennt. Ich verließ den Garten des Studienrats nicht, bis Siggi aufgab. Meine Hartnäckigkeit hatte gesiegt, aber nur zur Hälfte. Es stellte sich heraus, dass das Schrankoberteil auch für einen Transport im VW-Bus zu groß war. Böse Überraschung. Aber ich nutzte die Gunst der Stunde und nahm außer der unteren Schrankhälfte alle vier Türen mit. Beide Männer, obwohl dem Augenschein nach sportlich und durchtrainiert, hatten große Mühe, das schwere Massivholzteil samt den eingebauten Innenböden in den Wagen zu hieven.

Meine ersten Lebensjahre habe ich in einem großen, grauen Schloss verbracht, das einem Freund meines Großvaters gehörte und dessen Teich an der Rückseite bis an die Stufen der Terrasse kam. Die weiten, hohen Räume, die großzügigen Treppen und dicken Mauern waren wahrscheinlich geschmacksprägend. Ich habe mich niemals für kleine Häuser, Möbel, Männer, Nippes oder was auch immer interessiert, eine Ausnahme macht nur meine Spielzeugsammlung.

Zwei Wochen arbeitete ich im Galeriegarten mit den unterschiedlichsten Ablaugemitteln, flüssig und in Pastenform. Mindestens der letzte der vielen weißen Anstriche war ein dicker Latexüberzug, der für alle Ewigkeiten mit den vorhergehenden Farbschichten und dem Holz verbunden zu sein schien. Der Erfolg meiner Bemühungen war kaum sichtbar. Aber ich hatte inzwischen mit einer Ablaugerei telefoniert, deren Leute würden die Schrankteile abholen, sobald ich Signal gab.

Für die letzte Fahrt in den Taunus gewann ich Gerd, der Raumausstatter war, ein Geschäft in der Alten Gasse und einen Transporter hatte, der an Größe um einiges den VW-Bus von Siggi übertraf. Als er vor dem zu befördernden Teil stand, wusste er im ersten Augenblick nicht, was er sagen sollte. Nachdem er schnell herausfand, dass der zu transportierende Schrankaufsatz nicht durch die Tür seines Wagens passen würde, wollte er mit mir sofort wieder in die Stadt zurückfahren.

"Obendrauf", sagte ich, "du hast doch den Dachgepäckständer."

"Den hab ich allerdings", sprach er mit gemessenem Ernst, "aber nicht für Müll. Ich bin in Frankfurt bekannt, nicht nur, weil ich für die Bethmann-Bank arbeite, wenn mich meine Kunden sehen, schließlich habe ich einen guten Namen zu verlieren, ich fahr doch nicht den letzten Abfall spazieren."

In dieser Art redete er noch eine ganze Weile weiter, ohne dass ich richtig hinhörte. Der Studienrat musterte mich nachdenklich. Hielt er mich vielleicht auch für verrückt? Er verzog keine Miene.

„Wollen Sie auch noch einen kleinen Tisch?", fragte er jetzt, „der ließe sich ebenfalls ablaugen und holzmäßig würde er zum Schrank passen. Ich zieh nach Frankfurt zurück und brauche ihn nicht mehr."

„Ja", sagte ich, „der gefällt mir. Der hat die ideale Größe, wenn ich an kleineren Bildern arbeite. Fassen Sie einmal mit an?"

Wir hoben den kleinen Tisch ins Auto und mit ungerührter Einigkeit machten wir uns daran, auch das schwere Schrankteil in Richtung Wagen zu bewegen.

„Weg mit dir", sagte Gerd, der Raumausstatter, und stieß mich beiseite. „Das ist doch viel zu schwer!" Das Objekt meiner Begierde wurde auf das Wagendach gehievt und mit dicken Seilen festgebunden. Wir konnten nach Hause fahren.

Auf dem Heimweg wurde kaum etwas gesprochen, nur am Anfang:

„Irgendwie spinnst du doch! Aber wie du spinnst! Mach so etwas nie wieder mit mir! Man muss sich ja schämen!"

Von den Männern von der Krebsmühle, der Ablaugerei, kamen keine rüden Bemerkungen dieser Art. Sie wussten, wie alte Möbelstücke aussahen und was man daraus machen konnte. Der wichtigste Mann war der Schreiner, ein wahrer Künstler. Es dauerte allerdings einige Monate, bis er Zeit hatte, sich meinem Möbel zu widmen und bis ich dann den Küchenschrank in die Wohnung geliefert bekam. Franklin war inzwischen in Deutschland gewesen und wieder nach Pietrasanta zu seiner Arbeit zurückgereist.

Eines Tages war es dann so weit. Unter den vielen alten Farbschichten hatte sich feinporiges Pinienholz versteckt. Nun waren alle Risse geschickt ausgespachtelt und geschlossen worden, alle Ecken und Kanten aufs Sorgfältigste glatt geschliffen, Schlösser mit Schlüsseln eingebaut. Liebevoll trug ich jetzt das Bienenwachs auf, polierte das glatte Holz und dann kam der große Augenblick, wo ich mein eigenes Zwiebelmustergeschirr Stück für Stück einräumte, Teller, Saucieren, Terrinen Kannen, Tassen, Kuchenplatten.

Meine Mutter kam zu Besuch und häkelte kleine, altmodische Borten mit Zackenmuster für die Regalbretter.

Franklin, wieder aus Italien anreisend, ließ beim Anblick dieser Neuerwerbung mit lautem Krach seine Reisetasche auf den Boden fallen.

„*You ARE crazy*", sagte er, während er mich an sich zog.

Einige Zeit später besuchte uns Siggi mit seiner Tochter. Er begann nach einer Weile herumzudrucksen:

„Ich weiß natürlich noch genau, was ich über diesen Schrank gesagt habe. Aber jetzt würde ich ihn dir am liebsten abkaufen – in dem großen Vitrinenteil könnte ich meine ganze Sammlung Wächtersbacher Keramik unterbringen – es hört sich vielleicht blöd an, aber wenn du ihn jemals abgeben möchtest… wie konntest du wissen, wie schön er ist?"

„Vergiss nicht, Siggi", sagte ich, „ich kannte ihn ja schon, ehe man ihn im Garten verrotten ließ."

Das letzte besondere Stück für unsere Küche ist ein ungefähr einhundertsiebzig Jahre alter französischer schwarzer Eisenherd mit Messinghähnen für das Wasserschiff und polierten Kugelknöpfen für die Türen. Wir lassen von einem Schlosser die Herdplatte entfernen und eine neue mit Gasbrennern draufsetzen. Hinter der Feuerungstür und in der Backröhre werden jetzt die Gläser mit den Gewürzen verstaut.

Siebzehntes Kapitel

Abschied von Pietrasanta

Aus Kostengründen lösen wir den Pietrasanta-Haushalt auf und auch das Studio wird gekündigt. Franklin arbeitet jetzt mit dem Kompressor, den er auf *Rotone* hat, für größere Arbeiten, wenn er eine Woche oder auch zwei in Pietrasanta sein muss, mietet er ein Hotelzimmer. Das ist wesentlich billiger als weiterhin das ganze Jahr hindurch ein gemietetes Haus zu unterhalten.

Rund um das kleine Gebäude, das *Belvedere* heißt, wuchert kniehoch das Unkraut. Wir bahnen uns einen Weg zur Eingangstür. Modergeruch schlägt uns entgegen. Das Haus, dessen fensterloser Rücken an einen Berg gebaut ist und das monatelang geschlossen war, riecht dumpfigfeucht. Im unteren Bereich sind Stühle und andere Möbel mit einer dünnen, weißen Schimmelschicht überzogen. Mobiliar und Gebrauchsgegenstände sind auf merkwürdige Art fremd und doch vertraut, wie jemand, den man vor langer, langer Zeit einmal geliebt hat und den man jetzt unverhofft wiedertrifft. Unser Leben ist jetzt in Castagneto.

Am Abend, draußen auf der Terrasse, von unserer Höhe herab die ganze Versilia überblickend, öffnen wir eine Flasche Rotwein, Gaja, trocken und gut temperiert, den wir beim letzten Aufenthalt im Haus zurückgelassen hatten. Wir sehen auf Tausende und Abertausende von blinkenden Lichtern hinab, die sich dicht an dicht bis zum Meer hin erstrecken. Die Gegend ist gut besiedelt.

„Wie San Francisco", sagt Franklin, „nur, dass man hier die Marmorsägen hört."

Tag und Nacht, ohne Unterbrechung, wird der Schall nach oben getragen. Wir sitzen auf einem grünen Hügel in respektabler Entfernung zum nächsten Nachbarn, aber es ist niemals ruhig. Autolärm brandet herauf, selbst das Geräusch der Züge, die in vier, fünf Kilometer Entfernung geschäftig von Nord nach Süd und von Süd nach Nord brausen, ist nicht zu überhören.

Ich habe ein Zucchiniomelett, eine *Frittata*, mit grünen Bohnen gemacht, das heißt, die Bohnen kurz blanchiert, mit den Zucchinischeiben in Olivenöl angebraten, eine grob geschnittene Zwiebel, zwei gespänte Knoblauchzehen, etwas Salz, Pfeffer, Oregano, danach drei Eier darüber gegeben, die ich in einem tiefen Teller etwas geschlagen habe.

Nach dem Omelett, während ich den Salat zubereite, legt Franklin das *Bistecca Fiorentina* auf das Grillfeuer, das er im Küchenkamin vorbereitet hat. Das beste *Fiorentina* kommt von weißen Rindern aus dem Chiana-Tal, Val di Chiana, die äußerst fruchtbare Gegend an der Grenze zu Umbrien, zwischen Arezzo und Chiusi. Es wird gesalzen und mit grob gemahlenem Pfeffer überstreut, mit Olivenöl beträufelt, auf Holzkohlenglut gebraten, außen krustig dunkel, innen möglichst rot. Das rohe Fleisch im Inneren muss aber warm sein. Man darf diese *bistecche*, die am ehesten den uns bekannten T-Bone-Steaks entsprechen, nicht zu dünn schneiden lassen. Am besten schmeckt ein Kilostück, das man dann, wenn es vom Grill kommt, in Längsstreifen zerteilt, serviert.

In Cecina, fast am Ortsanfang von uns aus gesehen, gibt es in einem kleinen (an der *Aurelia* gelegenen) und etwas zurückgesetzten Haus mit roten Läden die Metzgerei von Massimo und Susanna, wo man das qualitativ beste Fleisch findet, aber auch das Vergnügen hat, Signora Susanna bei der Arbeit zuzusehen: wie sie mit scharfen Messern die Sehnen durchtrennt, das Fett mit einem glatten Schnitt entfernt, das Fleisch in gleichmäßige Scheiben zerteilt, jeder der flinken Handgriffe der stets gut gelaunten kleinen Person sitzt – das ist einfach Kunst. Wir kaufen nicht nur *bistecche* bei ihr, sondern lassen uns auch einen Parmaschinken zerteilen, von dem wir dann das größere Stück kaufen, um ihn zu Hause auf der Maschine in dünne Scheiben zu schneiden.

Wir reden nicht viel an diesem Abend. Fast sieht es so aus, als hätten wir verlernt, miteinander Unterhaltungen zu führen, in Castagneto, immer nur auf das Wesentliche und Nächstliegende konzentriert. Jetzt sitzen wir einfach da und lassen den Abend auf uns wirken. Mir fehlt der gigantische, klare Sternenhimmel, der sich über der Maremma wölbt. Hier gehen die Sterne im Dunst der Städte verloren. Ich weiß, wie sehr Franklin noch immer an dieser Gegend hängt und auch ich habe gelernt, mich heimisch zu fühlen, wenn ich auch nicht hier leben möchte.

Am nächsten Tag fahren wir in die Berge, nach Seravezza. In den letzten zwei Jahren hatten wir keine Zeit mehr für solche Ausflüge gehabt. Die Berge, die Apuanischen Alpen, hatten wir nur noch am Meer entlangfahrend, ankommend oder abreisend, gesehen.

Vom Wasser aus betrachtet, hinter einem Gürtel von feinkörnigem Sandstrand, einem breiten, grünen und mit Häusern besiedeltem Streifen, erhebt sich das Gebirge, die Marmoralpen – dolomitisch gezackte Gipfel, bis zu zweitausend Meter hoch, mit aufgerissenen Flanken, wo der Marmor herausgebrochen wurde. Von der Küstenstraße aus gibt man sich der Illusion hin, verführt durch das Leuchten des weißen Gesteins, große Schneefelder auf den Hügeln zu sehen.

Einige Male habe ich Franklin, der vorher eine Sondergenehmigung von Henraux, der großen Marmorabbau- und Vertriebsfirma, eingeholt hatte, in die Berge begleitet. Für einen Film, den Bernhard Safarik für das Deutsche Fernsehen über seine Bildhauerarbeiten drehte, mit Rami Cohen als Kameramann, wurde auch eine Sondergenehmigung benötigt. Es ist nicht ganz ungefährlich, sich auf den Abbruchhalden zu bewegen.

Die Kameras verführten die Marmorarbeiter geradezu, waghalsige Unternehmungen an hundert Meter langen Steilwänden auszuführen, mit denen sie die Gefährlichkeit ihrer Arbeit demonstrierten. Um lebensbedrohende Steinschläge über ihrem Arbeitsplatz zu verhindern, werden Männer an langen Seilen an der steilen Wand heruntergelassen, wo sie dann über Stunden alle lockeren oder überhängenden Steinbrocken abschlagen, wobei sie, nur vom herabhängenden und von oben geführten Seil gesichert, nach den Seiten hin große Sprünge durch die Luft vollführen können, um von einer Gesteinsschwachstelle zur anderen zu gelangen.

Da Franklin sich in den Bergen so gut auskannte, war er einmal gebeten worden, einen Pariser Fotografen, der für *Geo-International* Aufnahmen machen sollte, zu führen. Pierre brachte noch eine junge Chinesin und einen Koreaner mit, beide auch bergerfahren. Da die anderen schwere Kamerataschen und anderes Equipment schleppten, fiel meine Unsportlichkeit bei dieser Unternehmung nicht so auf. Auf- und Abstieg erstreckte sich über Stunden. Wir besuchten die *cava*, die Höhle, von der man sagt, dass Leonardo da Vinci hier den reinst weißen *Statuario*, den von der Struktur her dichtesten und makellosesten Marmor, für seinen David hat herausbrechen lassen. Im Flackerschein eines Streichholzes glänzten die Marmorwände in der Höhle wie Puderzucker. Hier war es, wo ich zum ersten Mal die Faszination des Steins spürte, überhaupt ein Gefühl dafür bekam. Die Konsistenz des Marmors war perfekt. Wenn man mit den Fingerspitzen darüber strich, fühlte es sich so zart an wie seidigste Babyhaut.

Die Autofahrten, mit denen man nahe ans Geschehen herankommen konnte und bei denen jede Wegbiegung eine andere schöne Aussicht präsentiert, habe ich immer sehr genossen. Es ist ungeheuer beeindruckend, einen Marmorbruch, in dem gerade gearbeitet wird, zu besuchen. Oben auf den Bergen laufen lange, wassergekühlte, spiralförmig gedrehte, dicke Stahltrossen kilometerweit über Stahlräder und Rollen, ein fortwährend umlaufendes Band, das sich in den Berg frisst und fräst, um damit Blöcke herauszuschneiden, die der Größe eines kleinen Eigenheims entsprechen können. Unvorstellbar, wie solche Lasten, selbst wenn die Tonnage nur Zimmergröße aufweist, zu Tal gebracht werden. Die mehrachsigen Laster bewegen sich auf steilen, schmalen Schotterstraßen, die für den allgemeinen Verkehr gesperrt sind, nach unten. Und immer wieder passieren böse Unfälle, auf dem Berg oben und bei den Transporten.

Die alten Römer, die für ihre Bauten den Marmor aus den Apuanischen Alpen holten, hatten es ungleich schwerer, große Steine abzubauen. Mittels tiefer Lochbohrungen, die mit Wasser gefüllt wurden, brachte man dem Stein Risse bei, die es ermöglichten, Teile herauszubrechen. Später ging man zu Sprengungen über, die auch heute noch teilweise ausgeführt werden. Sowohl die warnenden Hörner, als auch die nachfolgenden Detonationen durch Dynamit hallen dann von allen Hängen wieder, ein Donnerschlag nach dem anderen, und selbst aus größerer Entfernung kann man noch die Rauch- und Staubwolken aufsteigen sehen.

Mir waren die Sonntage in den Bergen am liebsten, wenn nicht gearbeitet wurde und auch sonst niemand da war. Es gab einen Nachmittag, da standen wir über dichtem, nebligen Dunst in der Sonne. Das Plateau und der Hang über uns waren das Einzige, was zu sehen war. Unter uns, zu unseren Füßen, war die ganze Welt durch weiße Wolken verdeckt, die sich geschäftig vorbeischoben. Diese wattighohle Stille war unreal, so als wäre außer uns nichts mehr vorhanden. Alleiner kann man nicht sein. Ich malte mir aus, dass wir zwei Vögel wären mit weiten Schwingen, die nur abzuheben brauchten, um ganz hoch oben über die Welt zu gleiten, frei in der sommerlichen Brise und Stille. So könnte ich mir den Tod vorstellen.

Pietrasanta ist schon seit langem das Zentrum der italienischen Marmorverarbeitung. Der Stein hat die Gegend bereits im Altertum bekannt gemacht. Heute lebt man hier hauptsächlich von der Förderung und Bearbeitung des Marmors, während Carrara als der große Lager- und Verladeplatz gilt. Es gibt die vielfältigsten Arbeiten, die der künstlerischen Veredelung und industriellen Verwertung des Steins dienen.

Außerhalb des Stadtkerns, der sich eng um die *Piazza* und den Dom schmiegt, haben sich unzählige kleine und große Arbeitsstätten etabliert: Lagerstätten für Marmor und Granite, Zuschneidebetriebe, Verladeplätze, kleinere Steinbrüche, Künstlerateliers, Werkstätten für Kopisten, in deren Studios Davide, verzückt nach oben himmelnde Madonnen, Venusfiguren aller Größen sowie segnende oder leidende Heilande stehen.

Hier geben Handwerker ihre in vielen Generationen erlernte und ererbte Geschicklichkeit weiter, an ihre Söhne, Enkel, aber auch an Praktikanten aus aller Welt. Es sind die *artigiani*, die dem Heer internationaler Künstler zur Seite stehen und ihnen helfen, so manches große Projekt zu verifizieren. Viele Bildhauer reisen mit einem kleinen Modell ihrer geplanten Plastik an. Sie haben weder die Zeit, noch die Kraft und Ausdauer, die so genannte Makette ins Metergroße zu übersetzen. Dann sind die *artigiani*, Arbeiter der Wertigkeit nach, in Wirklichkeit schlecht bezahlte Künstler, gefragt und gefordert. Mit Storchenschnabel und Punktiermaschinen übertragen sie die Maße des kleinen Modells auf den großen Stein und arbeiten die vorgegebene Skulptur heraus. Ihr gemeinsames äußerliches Kennzeichen ist ein Hut aus Zeitungspapier, so zusammengelegt und fest geknifft wie ein Papierschiffchen, das man für Kinder fältelt. Und immer ist ihre Haut wie bemehlt, auch Augenbrauen und Wimpern, stehen sie in Wolken pudrigweißen Marmorpulvers in dick verstaubten Werkstätten. Maschinen lassen sich nur bedingt einsetzen, vieles ist noch Handarbeit.

Wir trinken Espresso in der Bar Michel-

angelo. Sem, Inhaber des gleichnamigen Studios, lebende Legende, der am Nebentisch Hof hält, steht auf und begrüßt uns mit Wangenküssen. Er sieht schlecht aus, alt und krank. Seit ich ihn kenne, sieht er alt und krank aus und jeder weiß, dass er zu viel trinkt und macht sich Sorgen um ihn. Er hat viele, viele Hüte, nein, es sind eher Kappen und Mützen, die er im Wechsel trägt. Man sieht ihn niemals ohne, sie sind sein Wahrzeichen. Aber irgendwie sehen sie alle gleich aus, abgenutzte, wollige Überzieher für einen kleinen Vogelkopf mit braunfaltigem Gesicht.

Später am Nachmittag haben wir eine Verabredung mit Gianni in der *Bottega Versiliese*. In diesen Werkstätten hat Franklin zwei große Steinskulpturen für einen Klienten in Tokyo gearbeitet, ein Auftrag, den er nach seiner ersten Ausstellung in New York über seine Galeristin bekommen hat. Gianni war es gelungen, einen großen Quader weißen, persischen Marmors zu bekommen, der die Dichte und Transparenz von Statuario hatte, aber durch einen leichten Hauch ins Gelbe mehr Lebendigkeit. Dieses Stück wird nun besichtigt und reserviert. Wir besuchen Freunde von Franklin, treffen unzählige Bekannte auf den Straßen, einen ganzen Tag lang redet er mit allen, die ihn ansprechen, er kennt so viele Leute, so viele kennen ihn, er ist beliebt. In dieser Stadt war es für ihn nicht immer leicht gewesen, als Bildhauer zu arbeiten, ich meine mit Ausdauer und geordnetem Zeitplan. Lieber verbrachte er einen großen Teil seiner Zeit damit, jemandem bei was auch immer behilflich zu sein und es war äußerst leicht, ihn zu längeren Ausflügen oder anderen Unternehmungen zu verleiten.

Aber das Haus und sein Studio in Castagneto-Carducci haben einiges verändert. Wenn er jetzt von *Rotone* erzählt, spricht Stolz aus seiner Stimme und er sagt, dass er sich nicht mehr nach Pietrasanta zurücksehnt.

Bei unserem nächsten Italienaufenthalt werden wir den *Belvedere*-Haushalt nach Castagneto verlagern, das heißt, den Umzug machen. Obwohl das Haus teilmöbliert war, kommt doch eine Menge zusammen, Skulpturen, Werkzeuge und anderes Arbeitsmaterial, Bücher.

Zum Abschluss der Reise besuchen wir unser Lieblingsrestaurant *La Dogana*, das drei Kilometer außerhalb von Pietrasanta, in Capezzano, liegt. Vittoriano und Lida sind die Inhaber und sie machen die besten Fisch-, Muschel- und Scampi-Vorspeisen der Welt. Wir lassen den stets strahlenden und dynamischen Vittoriano entscheiden, was wir essen werden. Er kreiert spontan und einfallsreich und wir essen stets etwas, was auf keiner Karte steht und wunderbar schmeckt.

Achtzehntes Kapitel

Minou

Mindestens viermal im Jahr pendeln wir jetzt zwischen Deutschland und Italien hin und her. Den äußerst betagten Mercedes Transit, der uns so gute Dienste geleistet, jetzt aber begonnen hatte, größere Reparaturrechnungen zu verursachen, haben wir gegen einen gebrauchten Mercedes-Bus getauscht. Ich bin entzückt, noch mehr und noch größere Dinge können transportiert werden. Anfangs mussten wir bis nach Follonica fahren, um Wandfarbe einzukaufen, jetzt hat sich ein *ferramente* in Donoratico niedergelassen, der diese und viele andere Dinge führt, allerdings doppelt so teuer wie in Frankfurt, wo ich bei Jenisch alle Malmaterialien mit Künstlerrabatt beziehe. Das Fehlen jedweder Baumärkte, wie sie in Deutschland, selbst außerhalb kleinster Dörfer auf der Wiese sitzen, macht sich für uns unangenehm bemerkbar. Man muss zeitraubende, weite Wege zu Geschäften in unterschiedlichen Orten und Himmelsrichtungen zurücklegen oder Werkzeuge und anderes aus Deutschland mitbringen. So viele nützliche Dinge sind in Italien auf dem Lande einfach nicht zu finden, wenigstens nicht in dieser schönen Gegend, in der zu leben wir uns entschieden haben.

Zwei der Räume sollen aus statischen Gründen einen Holzfußboden bekommen, weil der Unterbau, es handelt sich um die antike, noch nicht ausgebesserte Kastanienholzdecke im Saal, zu schwach ist. Hier in der Gegend haben die Schreiner nur dicke, schwere Holzplanken auf Lager, die das Gewicht von Steinen übertrifft.

Und so bringen wir leichte, bereits behandelte Naturholzbretter, die Nut und Feder aufweisen und dicht verlegt werden können, aus Deutschland mit. Außerdem schmuggeln wir, neben vielem anderen Hausrat, zwei Kühlschränke ein, was verboten ist. Ohne Anmeldung und Einfuhrsteuer dürfen keine Elektrogeräte nach Italien eingeführt werden. Der Preis für einen Kühlschrank ist hier genau dreimal so hoch. Vom Vereinten Europa und den offenen Grenzen sind wir noch sehr weit entfernt.

Unsere Familie hat sich vergrößert. Wir reisen jetzt mit dem Sohn Philip, Jakob, dem Hund, und Minou, der Katze. Minou saß in einem Müllcontainer, dessen Deckel ich öffnete, um Abfall hineinzuwerfen. Sie war bis auf die Knochen abgemagert und öffnete nur das kleine Maul zu stimmlosen Hilfeschreien. Vor Schreck ließ ich den Deckel fallen und stieg ganz schnell wieder ins Auto. Jedes Mal, wenn wir auf *Rotone* sind, füttern wir sechs bis acht herrenlose Katzen durch, bemitleidenswerte Geschöpfe, die man ausgesetzt hat oder die sich verlaufen haben. Und in der Nähe der Müllbehälter streunen immer hungrige Tiere auf Nahrungssuche herum, ohne dass ich jemals die Idee hatte, eines mitzunehmen. Aber diese Katze hatte ihren Kopf gehoben, ihre großen, blauen Augen hatten meinen Blick gesucht, sie hatte um Hilfe gerufen, schon stumm vor Schwäche.

Wir waren an diesem Abend zu Tina und Silvano unterwegs gewesen, die uns zum Essen eingeladen hatten. Meine Gedanken waren immer bei diesem armen Tier.

„Was ist los mit dir, du redest ja überhaupt nicht?", wollte Franklin wissen.

„Ich habe eine Katze gesehen. Sie sitzt im Müllcontainer an der *Bolgherese*", sagte ich, „wo ich vorhin den Abfall hineingeworfen habe."

Nun folgte wieder ein großer Auftritt: „Oh nein! Fang mir nicht damit an, nicht auch noch eine Katze! Es ist schon schwirig genug, dauernd auf Reisen zu sein, mit Kind, mit Hund, mit Gepäck, deinen blödsinnigen Einkäufen für das Haus. Immer habe ich zu dir gesagt, von Anfang an, und ich habe kein Hehl daraus gemacht: Ich bin Einzelgänger, kein Familienmensch, ich habe es satt, einfach satt mit dir, du wärst imstande, einen Zoo aus meinem Auto zu machen, einen Zirkus, mein ganzes Leben ist ein verdammter Zirkus geworden, seit ich dich kenne, nein, auf keinen Fall auch noch eine Katze!"

„Aber ich will sie doch gar nicht", sagte ich und glaubte es auch. „Es ist nur, sie hat mich so angesehen mit ihren großen Augen, sie hat mit mir gesprochen."

Seine Antwort darauf war nur einer seiner schrägen Seitenblicke.

Tina hatte *Saltimbocca alla Romana*, zarte Kalbsschnitzel, gemacht. Susi und Sergio waren wieder aus Milano zu Besuch, es war lustig wie immer und wir blieben lange.

Auf dem Heimweg, es war inzwischen ein Uhr nachts, bremste Franklin plötzlich.

„Es war dieser Müllcontainer, ja? Also steig aus und sieh nach, ob dieses Katzenvieh noch da ist, nimm sie mit, aber ich will nie wieder ein Wort darüber hören, wenn du sie jetzt nicht auf der Stelle findest. Verstehst du mich?"

Auf meinen Lockruf „Miez-Miez-Minnie-Minou" nähern sich aus zehn Meter Entfernung von der Wiese her zwei kleine, grüne Lichter, ihre im Dunkeln leuchtenden Augen. Ich bücke mich, will sie aufheben, aber sie kommt mir schon in einer einzigen fließenden Bewegung entgegen, hält sich an meiner Schulter fest, ich steige mit ihr ins Auto.

„Um Gottes willen, schmeiß sie wieder raus, mach das Wagenfenster auf", sagt Franklin nach weniger als einer Minute, „die stinkt ja schlimmer als der ganze Mülltonneninhalt, !… mir wird schlecht, verdammt noch mal, weg damit!"

„Nein", sage ich, „sie bleibt, sie gehört jetzt zu mir."

Erst in den folgenden Wochen und Monaten, nachdem sie ihre Krankheiten überwunden hatte und etwas zu Kräften kam, konnte man sehen, was für ein wunderschönes und kluges Tier Minou war, scheu und stolz, unbestechlich und auch unnahbar, mit silberweißem Fell und strahlend blauen Augen, wie von schwarzer Mascara umrundet. Ihre langen, schlanken Beine ließen sie grazil erscheinen und sie bewegte sich mit der schwerelosen Anmut einer Primaballerina. Ganz offensichtlich hatte sie die schlechtesten Erfahrungen mit Menschen gemacht, ich musste mich immer wieder darüber wundern, dass sie mir zu Beginn quasi in die Arme gesprungen war und es dauerte lange, ihr Vertrauen zu erwerben. Ihre Zuneigung war wie ein Geschenk.

Wieder fahren wir nach Deutschland zurück, Sehnsucht nach *Mulino Rotone* stellt sich schon ein, ehe wir das Grundstück verlassen haben. Wir wünschen uns, dass wir schon ständig hier wohnen könnten.

Franklin muss in den nächsten Tagen Zeichnungen für den großen Katalog „Vom Essen und Trinken in der Kunst" machen. Die Ausstellung findet im Wuppertaler Museum statt und er wird dort mit seinen „Tafelobjekten", Riesenfrüchten aus Marmor und Travertin und einem Marmormesser von zweieinhalb Meter Länge, teilnehmen. In dieser großen Ausstellung werden Werke von Claes Oldenburg, George Segal, Andy Warhol und vielen anderen gezeigt. Auch Thomas Bayrle, unser ehemaliger Hausnachbar in der Frankfurter Kolonie, inzwi-

Außerdem bereitet Franklin noch seine Ausstellung bei Olaf Jaeschke in Braunschweig vor. Unser Freund Olaf, der überall beliebt ist, hat selbst schon einige Skulpturen erworben und wir freuen uns auf das Wiedersehen und die Vernissage.

Wir bewegen uns auf der inzwischen fertig gestellten *Superstrada*, der vierspurigen Schnellstraße nach Norden, die seit mehr als zwanzig Jahren in allen Karten eingezeichnet war und dadurch viele Reisende auf der Suche nach ihr in die Irre geführt hat. Jetzt aber geht sie von Grosseto bis Rossignano, wo man dann auf die Autobahn überwechselt, die an Olivenhainen, Weinbergen, Zypressenalleen und großen, welligen Feldern im Wechsel vorbeiführt, links ist das Meer, dessen Oberfläche heute gänzlich unbewegt ist.

Der größte Teil der Toscana besteht aus Hügeln und Bergen. Eigentlich ist die Erde dieser Kulturlandschaft nicht sehr ertragreich, seit man im Altertum die Wälder gefällt hat. Jahrhundertelang wurden die Bäume zur Befeuerung der Eisengewinnung abgeholzt. Wind und Regen dünnten die Humusschicht, das Wasser konnte nicht mehr gehalten werden und so trugen ungebremste Sturzbäche die fruchtbare Erde zu Tale.

Im mattvioletten Licht der beginnenden Dämmerung sind kulissenhaft fünf, sechs Hügelkämme hintereinander aufgeschichtet, die Terrassen mit silbrigblättrigen Ölbäumen bepflanzt, Kastanienwäldchen dazwischen, schiefwinklig ansteigende Kleewiesen, die im Frühling in Blüte stehen, Kornfelder, die im Sommer Frucht tragen. Im Herbst und Winter wirken die lang gezogenen Felder wie gekämmt. Villen und Höfe sitzen auf sanften Kuppen, zu denen Zeilen dunkler Zypressen führen. Viele Landschaften sind es, die den Namen Toscana tragen, das ist *marittima*, die Landschaft am Meer, – jetzt im September werden die Farben zarter und leuchtender – für mich Toscana pur, meine große Liebe.

Neunzehntes Kapitel

Einige Sommerrezepte und einige Überfälle

Nie haben wir den Aussteigertraum vieler geträumt, Geflügel zu züchten oder Schafe zu halten, eigenen Käse herzustellen, auf *Mulino Rotone* Bier zu brauen oder Brot zu backen. Der für uns angelegte Gemüsegarten ist genügend arbeitsintensiv. Er wird hauptsächlich von Ripoli betreut, einem ehemaligen *boscaiolo*, das heißt so etwas wie Waldarbeiter, der, seit er für uns arbeitet, das wuchernde, hohe Gras im großen, offenen Terrain rund ums Haus in Schach hält, den Gemüsegarten umgräbt, Unkraut bekämpft und sich mitunter auch ums Gießen kümmert. Wildwuchs entfernen wir auch, beim täglichen Wässern der Pflanzen. Wenn man nicht früh genug auf-

steht und die Sonne schon hoch am Himmel hängt, wartet man besser bis zum Abend, damit die Gemüsepflanzen nicht verbrennen. Garten und Blumen gießen ist eine friedvolle und schöne Beschäftigung, man hat das Gefühl, dass man den durstigen Pflanzen unter dem Wasserstrahl beim Wachsen zusehen kann.

Wir sind jetzt im Wechsel da. Wenn Franklin und ich in Frankfurt sind, betreuen meine Eltern Haus und Garten.

Nicht alles gedeiht. Aber unsere Erde ist Tomatenland. Sie wuchern geradezu und ihr Ertrag ist bombastisch. Das Gleiche gilt für grüne Bohnen, Gurken und Zucchini. Dreißig Jahre Maremma-Rinderzucht, das macht sich in der Gartenerde bemerkbar. Wenn alle unsere Hausgäste versorgt sind, bringen wir einige Kästen mit unserer Überproduktion als Geschenk in von uns favorisierte Restaurants.

Was ich am meisten schätze, ist, dass wir fast zu jeder Jahreszeit knackigfrischen Rucolasalat ernten können. Man verteilt die grob in Streifen geschnittenen Blätter auf luftgetrocknetem Bresaola- oder auch Parmaschinken, legt einige kleine Kirschtomaten darauf, schneidet oder raspelt dünne Scheibchen eines weichen Parmesans darüber, gießt noch etwas Öl und *Aceto di Balsamico* auf die Komposition, schon hat man eine wunderbare, kleine Mahlzeit. Einige Male hat Franklin auch die länglichen Kerne von Kürbissen und Melonen in die lockere Erde gesteckt. Aber immer wussten die Wild- und Stachelschweine schneller als wir Bescheid, wann die Früchte erntereif waren und wir hatten das Nachsehen.

Wir lieben es, an heißen Sommertagen vor dem Haus zu sitzen, an einem der achteckigen Granittische unter großen, weißen Schirmen. Eine frische Brise streift durch die Äste der Bäume, nie ist es hier so heiß, wie in der offenen Ebene. Auf dem Tisch steht ein kühles Getränk. Man ist leicht erschöpft von der Vormittagsarbeit und der Blick auf das in der Sonne liegende, schöne Castagneto erfrischt die Sinne.

Meist mache ich ein simples Mahl: Tomaten, die vor zehn Minuten noch am Strauch hingen und beim Aufschneiden ihr konzentriertes Sonnenaroma entfalten, Scheiben von Mozzarella-Käse darüber und grob gehacktes Basilikum, Salz und Pfeffer, *Aceto di Balsamico* und das kaltgepresste, ungefilterte Olivenöl.

Pinzimonio schmeckt im Sommer auch gut: In einer großen Schüssel, die in der Tischmitte steht, wird das gewaschene und vorbereitete Gemüse hochkant aufgestellt, das heißt, Stücke geputzter Staudensellerie, geschälte Gurken in langen Streifen, gespänte Karotten und Paprikaschoten, Chicoréeblätter, Frühlingszwiebeln und etwas grünen Lauch, Radieschen und kleine Tomaten. Man kann aber auch Radicchio oder dünne Scheiben von Zucchini und Fenchelknollen dazunehmen.

Im *Vecchio Frantoio*, einem Castagneto-Lokal, in das ich gerne gehe, nicht nur wegen der wunderschönen Aussicht über Ebene und Meer, sondern auch wegen der ländlichen Küche, kann man neben den traditionellen Gerichten an Sommermittagen auch *Pinzimonio* bestellen. Hier hat man noch eine Avocado zum übrigen Gemüse aufgeschnitten, eine neue und gute Variante.

Zu diesem Gericht bekommt jeder Gast ein kleines Schüsselchen, in das die Ölmischung gegossen wird (für vier Personen vier Esslöffel hellen Weinessig und zehn Esslöffel vom kaltgepressten Olivenöl, Salz und Pfeffer aus der Mühle, die miteinander verschlagen werden. Anstatt Essig bietet sich auch Zitronensaft an) – dann nimmt man die rohen Gemüsestücke in die Hand, tunkt sie in das angerichtete Öl und isst sie.

Dazu passen sehr gut das frische Pane Toscano und ein leichter, trockener Wein wie der *Diambra* oder *Bolgheri bianco* von Michele Satta, die in unserer Nachbarschaft angebaut werden.

Was auch noch mit Sommerrohkost zu tun hat, ist *Sedani al formaggio*, Staudensellerie mit Käse. Man benötigt für eine mittelgroße Staudensellerie einhundert Gramm Mascarpone-Frischkäse und einhundert Gramm Gorgonzola dolce, dazu vier Esslöffel Sahne und frisch gemahlenen Pfeffer. Mit dem Gabelrücken wird der Gorgonzola zerdrückt und mit dem Mascarpone und Pfeffer cremig verrührt, ganz am Schluss wird auch hier noch grober Pfeffer darüber gemahlen. Die Stangen der gewaschenen und geputzten Staudensellerie schneidet man in fingerlange Stücke. Die Käsemischung wird auf dem Grün der Sellerie, das der Dekoration dient, angerichtet, die Selleriestücke zum Dippen kommen daneben. Dazu kann man Weißbrot essen, Grissinistangen oder *Schiacciata*, ganz dünn und kross ausgebackenes Fladenbrot.

Ein gutes Sommergericht sind auch marinierte Paprikaschoten mit Zwiebeln, *antipasti di peperoni e cipolle*. Gelbe, grüne und rote Paprikaschoten, je eine, werden geviertelt, die Kerne entfernt, dann hält man die Stücke auf eine Gabel gespießt eine Minute in kochendes Wasser, damit die Haut sich gut abziehen lässt. Ich schäle eine große rote Zwiebel, halbiere sie, schneide die Hälften zu langen Spänen, die kurz in Olivenöl angebraten werden. Dann kommen die Paprikastücke hinzu, die Hälfte eines Brühwürfels, *Dado* heißt Fleischbrühe in dieser Form hier. Man löscht mit einem halben Glas Weißwein ab, unter geschlossenem Pfannendeckel garen die Paprikaschoten in wenigen Minuten und haben immer noch Biss. Wenn sie zum Abkühlen auf einer Platte liegen, schneide ich hauchdünne Knoblauchscheiben darüber, sie werden gepfeffert und mit Olivenöl und Zitronensaft beträufelt. Am besten schmecken sie, wenn die Marinade schon etwas durchgezogen ist.

Wenn ich wenig Zeit habe, gibt es zum Beispiel einen Teller mit *Prosciutto e fichi*, dünn geschnittener Parma- oder San Danieleschinken, mit frischen, reifen Feigen, die gewaschen und geviertelt wie eine offene Blüte in die Tellermitte gelegt werden. Meist werden sie geschält, aber bei jungen Feigen kann man die Schale auch mitessen. Darunter liegen die dünnen Schinkenscheiben stern- oder fächerförmig, je nach Menge. Aber auf keinen Fall dürfen sie zusammenkleben.

Honigmelone und Schinken passen auch ausgezeichnet zusammen. Über jede entkernte Melonenspalte, pro Gast zwei oder drei, wird eine Scheibe Schinken gehängt. Dazu reicht man noch ein, zwei schöne Käsesorten. Oder man serviert eine Platte *Insalata di funghi*. Wenn ich in der Gemüseabteilung frische, kleine Steinpilze oder auch knackige, junge Champignons finde, reinige ich die Pilze (Champignons nur mit einem Papiertuch, weil sie Wasser sofort aufsaugen und schwammig werden), schneide sie in hauchzarte Scheiben, die einzeln auf einen großen, Teller gelegt werden – ich nehme die flache, schwarze Keramikplatte, auf der die hellen Pilzscheiben besonders schön aussehen – fange in der Mitte an und gehe spiralförmig an den Tellerrand. Sobald die Pilzscheiben ausgelegt sind, beträufle ich sie, ehe sie die Farbe verändern und dunkel werden, großzügig mit Zitronensaft, streue klein gehackte Petersilie und groben Pfeffer darüber, etwas feinkörniges Salz und dann fehlt nur noch das Olivenöl, mit dem ich nicht spare.

An Sommerabenden legt man auch gerne ein Stück Fleisch auf den Grill und isst einen frischen Salat dazu. Meist mag ich am Abend nicht mehr lange in der Küche stehen, habe wenig Lust auf langwierige und zeitaufwändige Kochereien. Ohnedies bin ich ein Freund schneller und frischer Gerichte und gehöre nicht zu den Köchen, die halbtaglang eine Brühe reduzieren oder Stunden aufwenden, um ihre Zutaten zu kneten oder zu rühren.

Ein Fleischgericht, das sich in einer guten halben Stunde zubereiten lässt, ist das *coniglio ubriaco*, was man mit betrunkenem oder berauschtem Kaninchen

übersetzen könnte. In einer in der Pfanne erhitzten Olivenöl-Buttermischung, die sogleich gesalzen wird, brate ich die Kaninchenteile, Vorderläufe, Keulen,

den in zwei Stücke geschnittenen Rücken beidseitig braun an. Das geht sehr schnell. Jetzt kommen einige Schalottenzwiebelchen, das Grün in Ringe geschnitten, hinzu, eine halbe Tasse eingelegte schwarze Oliven, vier in grobe Stifte geschnittene Knoblauchzehen, einige Stücke Trockentomaten, es kann auch eine frische sein, ein Zweig Rosmarin wird beigefügt und das Ganze mit einem Glas Weißwein abgelöscht und in zugedeckter Pfanne noch circa zwanzig Minuten bei kleiner Hitze gegart, einmal gewendet und bei Bedarf wird die Flüssigkeit noch mit Wasser aufgefüllt.

Während dieser Garzeit schneide ich gewaschene, rohe Kartoffeln, mit oder ohne Schale, je nach Alter, in dünne Scheiben und lasse sie in der Pfanne in Olivenöl langsam bräunen. Sie brauchen etwas Salz und viel Aufmerksamkeit, denn sie müssen immer wieder gedreht und auseinandergerückt werden, damit die Scheiben nicht roh bleiben. Ganz am Ende kommen klein gehackte Knoblauchstückchen und Nadeln von frischem Rosmarin hinein, die aber auf keinen Fall bitter und verbrannt schmecken dürfen; sie sollen nur kurz ihr Aroma abgeben.

Eigentlich haben wir immer gerne Gäste gehabt. Es ist angenehm, mit fröhlichen Menschen fröhliche Mahlzeiten zu teilen. Allerdings gibt es eine Sorte von Besuchern, für die ich nicht gerne in der Küche tätig bin. Das sind die Ungebetenen, Nichtangekündigten, die überfallartig über uns kommen, nach außen laut lärmende Fröhlichkeit verbreitend, um die Tatsache zu ignorieren, dass ihr Besuch doch ungelegen sein könnte.

Oft sind es nicht einmal Freunde, sondern nur Bekannte oder, schlimmer noch, Bekannte von Bekannten, die vor ihrer Italienreise unsere Anschrift zugesteckt bekommen haben. Grundsätzlich erscheinen solche Leute zur Essenszeit, sehr oft genau in dem Moment, wo man die Mahlzeit aufgetragen und sich hingesetzt hat, was aber heiter ignoriert wird, man beginnt sofort, die Hauseigentümer nervig mit Interviewfragen zuzuschütten. Diese Attacken finden so gut wie immer zwischen zwölf Uhr dreißig und zwei Uhr statt und ganz vermehrt an Sonntagen oder wenn das Wetter für den Strand ungeeignet scheint.

Natürlich erhebt man sich zur Begrüßung und steht dann, um sich das muntere Geschwätze anzuhören. Die meisten sind sofort zufrieden, wenn man ihnen ein Gedeck anbietet, sodass sie, nach anfänglicher Ziererei, mit uns gemeinsam essen können. So haben sie sich die Toscana, die toscanische Gastfreundschaft auf dem Lande bei Künstlern vorgestellt. Die wenigen, die dankend ablehnen und sich mit einem Glas Wein begnügen, schielen für den Rest der Mahlzeit auf unsere Teller und verfolgen jeden Bissen mit den Augen, was einem das Essen verleidet. Auch kann man mit vollem Munde nicht gut reden, jetzt starten nämlich die plump vertraulichen Verhöre.

„Wie kommt Ihr denn finanziell über die Runden, wo Ihr doch beide Künstler seid? Könnt Ihr davon leben oder habt Ihr geerbt, oder wie macht Ihr das?"… „Was habt Ihr denn für Euer Haus bezahlt?"… „Wie viel habt Ihr denn in die Renovierung gesteckt?"… „Wir haben gehört, dass Ihr im Haus im Sommer auch Ferienwohnungen vermietet, also darf man mal fragen, wie hoch die Mieteinnahmen sind oder ist das zu privat?"

Manchmal male ich mir aus, wie diese Leute sich fühlen würden, wenn jemand zu ihnen in die Wohnung käme und mit der gleichen Dreistigkeit und Unverfrorenheit in ihrem Privatleben herumstocherte.

Und dann die ewig wiederkehrende, anbiedernde Frage:

„Ja, aber Deutschland fehlt Euch doch, oder, ganz ehrlich?!"

„*Why should it?*", fragt Franklin und seine großen, blauen Augen fixieren sein Gegenüber ungeniert. Schließlich hat er sich in Deutschland nur aufgehalten, weil Philip und ich da wohnten und er hat sich so gut wie möglich mit Land und Leuten arrangiert, aber leben wollte er immer nur in Italien.

„Und die deutsche Küche, geht Euch die manchmal ab?", darauf fällt mir nicht viel ein.

„Und Eure Freunde, vermisst Ihr die?"

Eigentlich haben wir hier mehr Freunde als in Frankfurt. Und anregende Gespräche können wir auch mit den wechselnden Hausgästen führen, von denen viele nett und interessant sind, die nicht nur Abwechslung in unser Leben bringen, deren Bekanntschaft außerdem eine persönliche Bereicherung für uns bedeutet.

Insbesonders Leute, die Fragen stellen, wie: „Was macht Ihr denn den ganzen Tag hier? Ist es Euch nicht manchmal langweilig?", lassen einen ratlos zurück.

Ab und zu möchte ich ernsthaft wissen, wie es kommt, dass man immer wieder der Sorte Mensch ausgeliefert ist, die Gastfreundschaft ausnutzt und missbraucht. Wir sind beide zu höflich, um jemanden abzuweisen und so füllen wir erneut die hurtig geleerten Gläser, die uns entgegengehalten werden, noch ehe wir selbst einen Schluck getrunken haben, laufen in die Küche, wenn „etwas zu knabbern, eine Kleinigkeit nur" verlangt wird. „Wir haben nämlich noch nicht gefrühstückt, wisst Ihr!"

Zwanzigstes Kapitel

Markttage, nette Nachbarn und Feste

Der Wochenmarkt findet in unserer Gegend an jedem Tag in einem anderen Ort statt. Klein und ländlich ist er jeden Donnerstag in Donoratico, am Samstag in San Vincenzo, in Follonica ist ein interessanter, groß angelegter am Freitag. Markttag in Cecina ist der Dienstag. Ganze Straßenzüge werden hier für den Verkehr blockiert. Man muss früh aufstehen wegen eines guten Parkplatzes und auch, weil man oft Dinge entdeckt, die Einzelstücke sind, sei es Kleidung, Geschirr oder Keramik. Solche Straßenmärkte sind umwerfend, man kann einfach alles finden, vom Kaminbesteck über Sonnenbrillen, Espressomaschinen, Vorhangstoffe bis hin zur Designerkleidung und ausgefallenen Schuhen.

In den Parallelstraßen wird mit einer geradezu orgiastischen Zurschaustellung von acht Uhr morgens bis zur Mittagszeit Obst und Gemüse angeboten. Viele der Händler haben Autos, deren Seitenfront zu öffnen ist, sodass sie oben im Wagen hinter einer Theke vor ihren gefüllten Regalen stehen, auf denen kleine Laibe von Schafs- und würzigen Ziegenkäsen sowie ganze Räder von härteren Sorten aufgetürmt sind: Grana, Parmesan, Pecorino alt und jung, Schüsseln mit Ricotta und dem Mozzarella di Bufalo. Daneben liegen die unterschiedlichsten Schinken- und Salamisorten, ein ganzes *porchetta*, ein gegrilltes und mit Rosmarin, Salbei und grob körnigem *sale di Sicilia* gefülltes Spanferkel, in Gläser eingelegte Oliven und Auberginen oder kleine Steinpilze in Essig, Pakete mit sonnengetrockneten Tomaten – diese köstlichen *pomodori secchi*, die dann, in Öl eingelegt, eine wunderbare Vorspeise ergeben. Auf der Theke oder an kleinen Tischchen vor dem Wagenstand sind Fässchen aufgebaut mit getrocknetem *baccalà*, Stockfisch, gesalzene, zusammengepresste Sardellen oder Thunfisch, der mit einer Kelle auf Ölpapier gelegt wird.

Es gibt auch Stände, wo man verschiedene Brote, auch holzofengebackene und Pizzen kaufen kann, oder Honigsorten, frische Fische und *Calamari*, die auf Eis liegen und noch meeresfrisch nach Tang duften. Einige wenige Verkäufer benutzen noch alte Handwaagen. Mit der rechten Hand wird die an Ketten hängende Schale hochgehalten, die linke legt das Wiegegut auf, justiert blitzschnell etwas an den rostigen Metallschnüren und Gewichten, ehe man sich's versieht, ist die Ware gewogen, eingepackt und man bezahlt irritiert und vielleicht auch eine kleine Spur misstrauisch den gewünschten Betrag.

Im Frühsommer türmen sich an den Verkaufsständen bereits Berge von Tomaten, grünen Bohnen, Erbsenschoten, Lauch, Artischocken, Möhren, Spinat, Zucchini und Auberginen. Auch Eiscremeverkäufer und Hähnchenbratereien haben ihre Stände. Man wird verführt durch die unwiderstehlichsten Farben, Formen und Gerüche.

Am fünfzehnten August wird *Ferragosto* gefeiert, einer der höchsten Feiertage Italiens. Jetzt sind Ferien angesagt. Wohl dem, der schon an seinem Ziel angelangt ist, denn auf den Straßen ist die Hölle los. Man reist von Norden nach Süden und von Süden nach Norden, auch hinüber und herüber in beide Richtungen, um mit Freunden oder der Familie *Ferragosto* zu feiern.

Alle Ämter und Büros sind für zwei Tage geschlossen und auch viele Läden. Es ist die allerheißeste Zeit des Jahres und während dieser lähmenden Sommerhitze, in modernen, dünnwandigen Innenräumen kann man kaum noch existieren, werden traditionell Ferien gemacht. Meist haben sich die Familien, die Frauen mit den Kindern nebst Schwiegereltern, schon in Häusern am Meer eingemietet und die gestressten Männer kommen dann nach.

Mulino Rotone mit seinem alten Baumbestand und der damit verbundenen Ventilation ist privilegiert. Wir beschließen, mit unseren Hausgästen ein Fest zu feiern und raten allen, an diesem Tage besser nicht auszugehen, die Restaurants sind überfüllt, außerdem wie an Ostern und Neujahr schon Wochen vorher ausgebucht. Auf der großen Terrasse soll gegrillt werden und wir stellen Tische, Bänke und Stühle auf. Jeder sorgt für sein eigenes Grillgut, Fisch oder Fleisch und vielleicht eine Kleinigkeit an Vorspeise und Dessert. Wir liefern den Wein und große Schüsseln mit Tsatsiki, frischen Salaten von unserem Garten, überbackene Muscheln und gefüllte Tintenfische. Einige unserer Gäste haben auch besondere Gerichte zusammengestellt. Alles wird auf einen großen Travertin-Tisch abgesetzt, ein Wahnsinnsbüffet, in keinem der Lokale in der Gegend könnte man so gut und abwechslungsreich essen wie heute bei uns auf *Rotone*.

Wir haben für zwei Gäste, die wir erwarten, Plätze freigehalten. Franklin hat, als wir bei Claudia im *Ristorante Bagnoli* essen waren, ihren Bruder Furio und seine Frau eingeladen, die durch unsere Vermittlung inzwischen das benachbarte Haus *Saletro* gekauft haben. Anstatt zwei erscheinen vierzehn Personen. Claudia wollte sich nicht ausgeschlossen fühlen, hat kurzerhand ihr Restaurant geschlossen und bringt ihren Freund Charles und eine große Pasta mit. Sie, die immer in der Küche steht, möchte heute so etwas wie Privatleben genießen, was wir gut verstehen können. Aber wer sind all die anderen?

„Freunde aus Bergamo", teilt Furio auf Befragen mit, „wir reiten zusammen, wir bringen unsere Pferde immer mit dem Zug runter nach Castagneto."

Aha, sehr interessant. Aber mit zwölf Leuten mehr haben wir nicht gerechnet. Das kann er vielleicht machen, wenn er seine Schwester im Restaurant überfällt. Aber hier, wo wir ihn und seine Frau eingeladen haben, natürlich ist auch unsere Freundin Claudia mit Charles willkommen, aber die anderen Leute sind für uns der absolute Härtetest, wir haben nicht einmal genügend Sitzmöglichkeiten.

Später werden wir die Erfahrung machen, dass es italienischen Gästen immer wieder gelingt, die Gastgeber durch das Mitbringen von entfernten Verwandten

oder zufällig getroffenen Freunden zu überraschen, selbst wenn man sich vorher eindringlich erkundigt hat, wie viele Personen zu erwarten seien.

Claudia hat eine Kasserolle mit Lasagne in Béchamel mitgebracht, die anderen nichts. Aber im Nu ergreifen sie Teller und bedienen sich zum Erstaunen der anwesenden Köche fröhlich und ungeniert, nehmen Platz, während wir und die meisten unserer Hausgäste aus Mangel an Sitzmöglichkeiten erst einmal herumstehen. Wir fragen uns, wie dieses Missverständnis zustande gekommen ist.

Es muss an den verschiedenen Kulturen liegen. Natürlich haben wir von einem Fest auf *Rotone* gesprochen, das wir mit unseren Mietern gemeinsam feiern, aber wir hatten nicht damit gerechnet, dass mit den beiden Nachbarn eine ganze Mannschaft anrollen würde. Männer, die ich noch nie im Leben gesehen habe, halten mir auffordernd ihre Gläser hin: *un bicchiere di Vino per favore*, noch ein Glas Wein bitte, es klingt trotz des „bitte" wie ein Befehl, oder sie verlangen einen Tellerwechsel, weil sie nach den Mozzarella-Tomaten zur Pasta übergehen, *un altro piatto per favore*!, das Besteck wird auch gleich zum Waschen mitgegeben. Alles kommt im Kommandoton heraus, so als hätten sie Ansprüche anzumelden wie in einem Restaurant, in dem sie am Schluss für das Essen eine hohe Rechnung präsentiert bekommen. Hat Franklin sich falsch ausgedrückt, hat Claudias Bruder etwas anderes verstanden? Wir haben jedenfalls an diesem Abend, den wir genießen wollten, viel zu tun und unsere Hausgäste fühlen sich übertölpelt und sind verärgert.

August ist auch die Zeit der Feste in der Gemeinde. Oben in Castagneto, am Kriegerdenkmal (Erster Weltkrieg), werden Zelte für die Küchen aufgebaut. *Festa l'Unita*, das kommunistische Bürgerfest. Die kommunistische Partei ist noch stark hier und die Mitglieder halten zusammen. Bei Veranstaltungen wie dieser kochen und grillen sie gemeinsam, der Erlös kommt der Organisation zugute.

Man sitzt unter Bäumen auf langen Bänken. Die Tische sind schmal und zwangsläufig kommt man mit seinen Nachbarn ins Gespräch. Es gibt *Sepia al diavolo*, pikant gewürzten Tintenfisch, Nudelgerichte und Steaks, Pommes frites und weiße Bohnen, Käse und Obst und man trinkt weißen und roten offenen Landwein dazu.

Junge Leute sind da und Großmütter. Babys werden herumgetragen, mit runden Augen bleiben sie wach, ohne zu quengeln, ganz gleich wie spät es ist. Italienische Kinder sind außerordentlich friedlich und geduldig, vielleicht weil sie so sehr geliebt werden.

Ich bestelle Scampi vom Grill. Sie werden von unserem Grundstücksnachbarn Leo serviert, der den Fischgrill für die fünf Tage *Festa l'Unita* übernommen hat, es sich aber nicht nehmen lässt zu fragen, was wir bestellt haben und mir dann den Teller selbst an den Tisch bringt. Alle staunen. Es sieht so aus, als läge auf meinem Teller eine Dreifachportion. Der Fleischgrill wird vom Metzgerbruder von Michele und Fabrizio Valori bedient. Franklin hatte ihn um ein *al sangue bistecca* gebeten, meist werden die Steaks sehr durchgebraten. Nun serviert er höchstpersönlich Franklins *Fiorentina*, das gewichtsmäßig fast ein Kilo hat. Jetzt kann man an den Gesichtern unserer Tischnachbarn wirklich ablesen, dass sie sich fragen, wie wir zu solchem Service kommen und wer wir sind.

Einundzwanzigstes Kapitel

Der Mühlensaal

Giancarlo hat sich uns wieder angedient mit mehreren Privatbesuchen, durch die Vermittlung unserer Freunde Valori und einiger kleiner Gefälligkeiten, wie die Besorgung eines schönen alten Kamins. In den Wochen, in denen er uns hofierte, benahm er sich, als hätte es nie Unstimmigkeiten gegeben. Es ist klar, er braucht Arbeit. Wir geben ihm die Chance und er verlegt die Terrasse auf der unteren Ebene. Bevor wir Ende August nach Deutschland zurückreisen, unterschreibt er frohgemut den Kostenvoranschlag für die Renovierung des großen Saals, Arbeitsbeginn Mitte Oktober, wenn wir in Philips Herbstferien zurückkehren. In mehreren Besprechungen haben wir alles im Detail geklärt und Giancarlo zeigt durch gezielte Fragen an, dass er mitdenkt und dass ihm dieses Projekt Spaß machen wird. Den Beginn der Restaurierung wollen wir unbedingt überwachen, es geht um Franklins Atelier. Außerdem soll der Saal für Konzerte und Ausstellungen genutzt werden.

Da die Renovierung der anderen Räume des Hauses im Groben abgeschlossen ist, können wir im Herbst mit einem neuen Bankkredit den Saal in Angriff nehmen. Franklin hat über seine New Yorker Galeristin eine weitere Skulptur nach Tokyo verkauft, ich vier meiner Bilder, einen Jahreszeitenzyklus, in eine Sammlung nach Südfrankreich. Aber das reicht immer noch nicht, um den Riesenraum, der erst als Mühle, dann als Stall genutzt worden war und wirklich heruntergekommen ist, zu restaurieren.

Der Oktober kommt, Giancarlo nicht. Wir können es nicht fassen, obwohl es doch etwas wie ein Deja-vu-Erlebnis ist. Vor unserer Anreise hatte er uns nochmals telefonisch bestätigt, dass er *lunedì mattina* seine Arbeit aufnehmen würde. Wie lange wissen wir eigentlich schon, dass *lunedì* zu den fragwürdigsten Versprechen gehört, die ein italienischer Handwerker geben kann? Zur Rede gestellt, gibt er als Termin einige Tage lang *domani* und dann wieder *lunedì* an, und später dann wird er stets von einer sehr verlegenen Ceti verleugnet. Schließlich müssen wir uns geschlagen geben. Domani heißt diesmal offenbar *do-mai* – niemals. Wahrscheinlich hat er in der Zwischenzeit eine andere Arbeit angenommen, für die er uns nun im Stich lässt.

Verlorene Zeit. – Wie sollen wir jetzt auf die Schnelle andere Handwerker finden? Zu zweit beginnen wir mit den Vorarbeiten. Wir sind frustriert und irgendetwas müssen wir einfach tun. Im Italienischen wird der Saal *sala* genannt, aber im Augenblick sieht er noch sehr nach Kuhstall aus. Franklin zieht die in die Erde oder in Beton-Untergrund gerammten Holzpfähle heraus, wir bauen gemeinsam die Pferche ab, schleppen alte, durchlöcherte Blecheimer, Rohrstücke, zerbrochene Fensterrahmen, Strohballen in eine Ecke, wo sie ihren Abtransport erwarten.

Hasel-, Walnüsse, Mandeln und Kastanien sind reif. Der Herbst ist da. Nach dem ersten Regen haben sich die Temperaturen verändert. Die Sonne scheint blank und hell wie im Mai, aber sie wärmt nicht mehr und das Licht ist anders, es suggeriert eine gewisse Kühle. Durch die klare Sicht rücken die Inseln, die man im Sommer oft nur ahnt, wenn man auf das Meer sieht, ganz nah heran.

Nachdem in den vergangenen Tagen Wassermassen den sommerharten Boden getränkt haben, sprießt plötzlich wieder frisches Grün. Jetzt riecht man den Herbst, moderndes Laub und Pilze. Und wie in jedem Jahr um diese Zeit, hat man das Gefühl, dass Krieg ausgebrochen ist und dass man sich unmittelbar an der Frontlinie befindet. Die Jagd ist eröffnet und alles, was männlich ist und zwei Beine hat, geht ins Freie und schießt wie wild in der Gegend umher. Dies ist die absolute Nummer Eins, was Volkssport in Italien anbelangt. Im *Spiegel* war einmal eine kurze, humorige Notiz mit ernstem Hintergrund zu lesen: „Vierzigtausend Jagdunfälle gibt es jährlich in Italien, nicht alle enden tödlich…" Ich bin mir ziemlich sicher, dass ab und an beim Jagen auch einige familiäre Dissonanzen aus dem Weg geräumt werden.

Absolut befremdlich für uns Nordeuropäer ist der Anblick einer Gruppe grün gewandeter, bis an die Zähne bewaffneter Männer und Jungmänner, die sich zusammengerottet haben, nur um auf kleine Singvögel zu schießen. Unbegreiflich, dass jemand daraus Vergnügen ziehen kann. Zudem meine ich, die Patronen sind so groß, die Vögel so klein, dass sie schon in der Luft zerrissen werden müssen. Wissen möchte man natürlich auch, auf welche Art von Tier geschossen wird, wenn Schüsse von der Lautstärke eines Kanonendonners ertönen. Schwere Munition ist eigentlich den Tagen vorbehalten, an denen Wildschweine erlegt werden dürfen. Tatsache ist wohl, dass sich kaum ein Mann an die Regeln hält, was *la caccia*, die Jagd, anbelangt. Es ist auch verboten, in der Nacht zu jagen, jedoch fallen die ersten Schüsse bereits zwischen vier und fünf Uhr morgens. Die andere Tatsache ist, dass kein Politiker es wagt, durch Änderung einiger Jagdgesetze Popularität einzubüßen. Und so werden die Italiener wohl bis in alle Ewigkeit bei ihrem frühherbstlichen Sport, der sich jagdmäßig bis Ende Januar ausdehnt, auf alles schießen, was sich bewegt und wenn es ein Schmetterling ist. Man tut gut daran, wenn man sich im Freien aufhält und durch das Absingen lauter Volkslieder mit möglichst verständlichem Text kundtut, dass man kein Vogel ist.

Inzwischen hat unser Freund Thomas Schilling, der das ganze Jahr über in Castagneto wohnt und viele Leute kennt, uns eine bei ihm in der Nachbarschaft ansässige Baufirma vermittelt. Es trifft sich gut, dass uns bereits einige Häuser bekannt sind, die sie renoviert hat. Die aus Sardinien stammenden Brüder Mammoliti stellen topfitte Fragen und man diskutiert gemeinsam die möglichen Lösungen. Wir setzen einen kleinen Vertrag auf. Die Zeiten, wo man sich tief in die Augen geschaut und eine Vereinbarung mit Handschlag besiegelt hat, sind vorbei. Am vierten November soll Arbeitsbeginn sein.

Wir schließen die Galerie für einen Monat und fahren nach Castagneto, die Renovierung des künftigen Studios hat Vorrang. Aber die Mannschaft der Mammolitis, Vertrag hin oder her, kann die Arbeit nicht aufnehmen, erst Anfang Dezember, teilen sie uns bedauernd mit, weil sie mit einer anderen Arbeit im

Verzug sind. Hätte man uns das nicht am Telefon mitteilen und uns die Reise ersparen können? Kurz vor der Abreise hatten wir uns noch einmal in einem Gespräch vergewissert, dass unsere Abmachungen eingehalten würden. Unsere erbitterten Vorwürfe werden ungerührt zur Kenntnis genommen.

„*Mä*", ist die Antwort, die uns beruhigen soll, „*sicuramente al primo di dicembre.*"

Das nutzt uns nichts. Wir können nicht so lange bleiben und auch nicht in der Vorweihnachtszeit in Frankfurt die Galerie schließen und wieder nach Italien kommen. Wir einigen uns mit unseren Sarden daraufhin, dass sie Anfang Dezember ohne uns mit den Vorarbeiten beginnen. Der Raum soll entrümpelt, die schweren Eisenarmierungen aus den Wänden gestemmt, der marode Putz von den Wänden, die aussehen, als hätten Maschinengewehrsalven sie durchlöchert, abgeklopft, die Betonfuttertröge abgetragen werden.

Am zwanzigsten Dezember fahren wir wieder vor, zwei herrliche Christbäume im Auto. Einer ist für den Wohnraum im ersten Stock gedacht, der andere wird auf die übereinander geschichteten Mühlsteine in der Küche gestellt. Weihnachtsschmuck gibt es kistenweise: blaue, silberne und ganz besondere Kugeln mit goldenen Sonnen, Monden, Engeln, viele kleine Glasvögel, die bunt glitzernd auf die Zweige gesetzt werden. Für die kleine Fichte habe ich Strohsterne und durchsichtige Glaskugeln mitgebracht, in denen sich das Licht der gelben Wachskerzen spiegelt.

Neujahr feiern wir bei Claudia, im *Ristorante Bagnoli*, zusammen mit einer Gruppe von sechzig anderen fröhlichen Gästen. Es ist das hübscheste und originellste Lokal in der Gegend. Mithilfe eines befreundeten Antiquitätenhändlers hat sie alte Bilder und eine Sammlung von circa fünfzig alten englischen Terrinendeckeln gekauft und an eine Wand gehängt. In Vitrinen stehen alte Gläschen, Porzellannippes aus vergangenen Tagen, es gibt Blumenarrangements in hohen, schlanken Kristallvasen, Spitzendecken und Vorhänge. Claudia trägt ein weißes Schürzchen und sieht aus wie Alice im Wunderland. Das Lokal hat eine unglaublich gute Atmosphäre und man trifft immer nette Leute. Auch Signora Ilaria Bagnoli, die nachfolgende Besitzerin, die zufällig den gleichen Namen trägt wie das Restaurant, hat die alten Möbel und Dekorationen beibehalten und im Spätsommer und Herbst kann man draußen unter der begrünten Pergola sitzen, nach den Wildschweinvorspeisen mit Lachs oder Pilzen gefüllte Crespelle (eine Art Omelett) essen, Steinpilzkappen vom Grill oder Pilzgerichte als Beilage zum Cingiale in Salmi, zum traditionellen Wildschweingulasch. Dabei kann man über die Bäume hinweg auf die im Tal liegende *Mulino Rotone* hinuntersehen.

Zurück zu Weihnachten. Natürlich haben die Mammolitis nicht, wie sie uns mehrmals am Telefon bestätigt hatten, Anfang Dezember mit den Arbeiten begonnen. Sie rücken am achten Januar an, klopfen mit lautem Getöse den porösen Stuck der beiden Raumteile mit dem Kreuzgewölbe ab. Die Decken zeigen ein kunstvolles Muster und sie werden von einer professionellen Firma sandgestrahlt, auch der Raum mit der Kastanienholzdecke. In zwei Tagen ist diese Arbeit getan. Danach erscheint nur noch ein Bruder des Bauunternehmers. Durch Befragen finden wir heraus, dass er im Sommer in Sardinien Schafhirte ist und sich in den Wintermonaten bei seinen beiden Maurerbrüdern etwas hinzuverdienen möchte. Man muss ihn nicht lange beobachten, um zu sehen, dass er keine Ahnung von Bauarbeiten hat.

Sein einziger Helfer sieht beunruhigend jung aus, ein Kind noch, denke ich. Er soll die laufende Trommel des Betonmischers anhalten, die Schubkarre mit nassem Zement füllen, in die Halle bringen und sofort wieder Nachschub holen. Der Junge ist so schwach, dass er kaum die schwere Schaufel heben kann und wenn er sich unbeobachtet fühlt, streckt er sich nach hinten und legt beide Hände auf die schmerzende Nierengegend. Ich weiß nicht, ob ich wütend sein oder Mitleid haben soll. Am nächsten Tag sind wieder nur die beiden als Arbeiter am Haus abgesetzt worden und nicht die versprochenen sechs Mann. Ich unterhalte mich mit dem Jungen. Er ist vierzehn Jahre alt und gestern war sein erster Arbeitstag.

Wir bestehen darauf, dass der anfänglich von uns so hoch geschätzte Mammoliti, der seine Leute am Abend abholt, diesmal aus dem Wagen aussteigt und ins Haus kommt und dann bricht ein Donnerwetter los. Wozu haben wir denn einen Vertrag gemacht? In seiner kleinen Firma sind drei der Leute krank geworden, sagt er jetzt, und zwar sehr krank, sodass sie auch in der nächsten Woche nicht kommen können. Was für ein Zufall! Drei auf einen Schlag, ist das eigentlich statistisch vertretbar? Aber es hat wenig Sinn, sich aufzuregen. Wahrscheinlich wird das alte Spiel gespielt: Auch sie haben mehr Aufträge angenommen als sie ausführen können und wissen jetzt nicht, was sie tun und lassen sollen.

Es ist schier unmöglich, diesen Leuten klarzumachen, dass wir nicht ein Leben lang Ferien haben, sondern ein Geschäft in Frankfurt, dass sie jetzt zum zweiten Mal unsere Zeitplanung umgeworfen haben und dass wir nicht ewig in Castagneto zuwarten können, bis sie geruhen, für uns tätig zu werden.

Diesmal will ich es ihnen nicht leicht machen. Ich habe eine Waffe entdeckt, das Telefon. Hätten wir von Anfang an Telefon gehabt, wäre vieles auf *Rotone* ganz anders gelaufen. Anstatt hilflos auf jemanden zu warten, der zum zigsten Mal versprochen hat, eine Arbeit auszuführen oder sich gar auf die vergebliche Suche nach einem abtrünnigen Handwerker zu begeben, nervt man mit freundlichen Anrufen, selbst bis zu zehn am Tag sind in solchen Fällen vertretbar und am erfolgreichsten in der Mittagszeit bei ihm zu Hause. Während er am Tisch sitzt, hat man die Garantie, dass die Mama oder Ehefrau desjenigen, den man sprechen will, an den Apparat kommt. Jetzt heißt es tief durchatmen und mit ganz sanfter Stimme sprechen:

„*Signora*, entschuldigen Sie, wenn ich ausgerechnet beim Mittagessen störe, aber ich kann mir einfach nicht mehr helfen. Ihr Sohn/Mann hat mir vorige Woche versprochen, am Montag mit der Arbeit anzufangen dann hat er gesagt, er käme Dienstag und dann wieder *domani* und noch einmal *domani* und wir sind in zeitlichen Schwierigkeiten, ohne ihn geht es hier nicht weiter. Was kann man da machen? Kann ich ihn bitte sprechen?"

„*Io passo*", sagt die *Signora* und gibt den Hörer weiter und wenn aufgelegt worden ist, sagt die *Signora* vielleicht noch einiges mehr, denn am nächsten

Ristorante Bagnoli in Castagneto-Carducci

Tag erscheint der entsprechende Handwerker bei uns. Es funktioniert so gut wie immer. Und erstaunlicherweise zeigt keiner der so herbeizitierten Männer ein Zeichen des Ungehaltenseins, allerdings auch kein schlechtes Gewissen.

Gabriele Rocci und Nunzio Carciola sind die einzigen, auf die man sich verlassen kann. Obwohl ihre Firma *Artistica* floriert und sie mehr als genug zu tun haben, halten sie den abgesprochenen Termin ein. Sie bringen die Steine zur Umrandung des Küchenkamins und bauen eine Arbeitszeile aus grauem *Bardilio* ein, der Saal hat eine Serviceküche für Feste.

Die Kreuzgewölbe der Halle und die alten Ziegel der Bogendurchgänge, die im kunstvollen Halbrund auf Steinquader gestützt sind, werden nicht neu verputzt, nur die Wände, die jetzt blendend weiß sind. In Donoratico haben wir bei *Epoca* eine antike, wuchtige Kaminumrandung aus *Pietra serena* gekauft. Der Kamin sieht aus, als wäre er schon seit jeher im Haus gewesen. Fenster und Türen werden eingebaut, nur die Frage des Fußbodenbelags ist offen. Bei den Ausmaßen des Raumes bieten sich pflegeleichte Terracotta-Platten an. Ich erzähle Franklin, dass es eine Fußbodenart gibt, die mir wahnsinnig gut gefallen hat, in der großen Kirchenruine von San Galgano, einer gotischen, ehemaligen Zisterzienserabtei südöstlich von Siena.

Franklin sagt, dass es in dieser dachlosen Kirche seit Jahrhunderten schon keinen Fußboden mehr gegeben habe, aber vielleicht im Kloster nebenan und will wissen, wie er aussah. Er kann sich nicht erinnern, aber möglicherweise hat er ja auf andere Details geachtet.

Der Bodenbelag, den ich ihm beschreibe, bestand aus einem Raster von dunklen Holzbohlen, in jedem Geviert lagen die Ziegel in einem bestimmten Muster angeordnet, vielleicht hochkant, vielleicht im Fischgrätmuster? So genau ist es mir auch nicht mehr präsent. Auch jetzt fällt ihm dazu nichts ein. Ich weiß nur, dass die Wirkung sensationell war und in der Halle, in Franklins Studio ebenfalls fantastisch aussehen würde.

Also reisen wir an diesem trüben, kalten Januarsonntag nach San Galgano, um zu sehen, was ich gesehen hatte. In einem unserer toscanischen Sommer, als die Landschaft im blanken Sonnenschein lag, hatten wir

einmal einen Familienausflug zum Kloster gemacht. Die Wiesen, die die Gebäude umschlossen, waren ein wunderschöner Picknickplatz, den nicht nur wir nutzten, San Galgano ist ein beliebtes Ausflugsziel. Wir allerdings mussten unsere Mahlzeit mit einem aufdringlichen Hund teilen. Ein großes, helles Tier, einem gepflegten Bettvorleger nicht unähnlich, nahm dreist am Rande unserer rot karierten Picknickdecke, die auf dem Rasen ausgebreitet lag, Platz und forderte mit unverschämter Selbstverständlichkeit seinen Anteil, unsere erst halbherzigen, dann ernstgemeinten Versuche, ihn zu verscheuchen, ignorierend.

Heute, an diesem grauen Winternachmittag, ist niemand zu sehen, weder Mensch noch Hund. Wir beginnen, von einem Gebäudeteil in den anderen zu wandern, von Raum zu Raum, dann drehen wir eine zweite Runde durch das

Kloster. Der Fußboden, der mir vorschwebt, den ich so deutlich vor Augen hatte, ist nicht hier. Offensichtlich habe ich ihn woanders gesehen. Vielleicht bei unseren Freunden im Schloss von Büdingen in Hessen, bei den Prinzen Ysenburg? Hemma und Sylvester hatten uns einmal zu ihrem Vater auf Besuch mitgenommen. Da musste ich gewesen sein. Jetzt war ich mir fast sicher.

„Du verlangst doch wohl hoffentlich nicht, dass wir jetzt nach Büdingen aufbrechen?", sagt Franklin. „Wir haben genug Zeit verschwendet. Sobald wir nach Hause kommen, gehst du in die Halle und nimmst Maß. Dann machst du eine genaue Zeichnung, wo die Bretter und wie die Ziegel verlegt werden, damit das Holz morgen bestellt und zugeschnitten werden kann und die Maurer wissen, auf welche Art wie viele Ziegel in jedes Quadrat eingepasst werden. Ich kann dir dabei nicht helfen, weil ich keine Ahnung habe, was du dir da vorstellst. In deinen Kopf kann keiner hineinsehen. Gott sei Dank! Was für ein Chaos das sein muss!"

Fair finde ich das nicht. Wie ich mich da in meiner dick wattierten Jacke stundenlang abmühe, Vierecke zu bilden. Auf dem kalten Boden versuche ich, mit Abfallholz und Ziegeln unterschiedlichster Größe ein Muster zu legen. Nach Stunden endlich habe ich die richtigen Proportionen: Bei einer Innenfläche von zwei Metern brauchen wir, die Ziegel hochkant gestellt und im Fischgrätmuster verlegt, was absolut verschwenderisch ist, aber viel schöner aussieht, als sie flach auf den Boden zu legen, pro Einheit einhundertundvierzig Ziegel. Jetzt kann man die ganze Fläche berechnen und das Material bestellen.

Die Mammonilitbrüder stocken ihre Mannschaft bei uns auf. Sie verlegen die Ziegel präzise, auch der Untergrund ist solide ausgeführt, sie verstehen ihr Handwerk. Die Halle insgesamt ist vorbildlich renoviert. Der Fußboden sieht wirklich so schön aus, wie ich es mir vorgestellt habe, aber bis heute weiß ich nicht, wo ich dieses spezielle Muster gesehen habe. Vielleicht war es ja auch ganz früher irgendwo in Frankreich.

Mühlensaal fotografiert von Thomas Drexel

Zweiundzwanzigstes Kapitel

Besuch bei Paten und Etruskern und eine Reise nach Köln

Mein Lieblingsmonat ist der Mai. Nicht nur, weil die Nachtigallen zurückgekehrt sind und singen. Die Luft ist lau und seit März, April sind die wenigen Bäume und Büsche, die im Winter ihr Laub verloren haben, wieder frisch begrünt. Jetzt blühen zwischen altehrwürdigen, knorrigen Olivenbäumen Hunderttausende von Mohnblumen. Nach ein, zwei Wochen mischt sich eine Explosion von Gelb zwischen den Klatschmohn, ein hartstieliges, kleines Margeritengewächs geht eine Verbindung mit dem Rot ein, die Landschaft schwelgt. Und selbst die immergrüne *macchia* steckt sich weiße Blüten an, die aussehen wie Heckenrosen. Und der wilde Ginster duftet.

Manchmal ist es sehr windig im Frühsommer. Man beobachtet das Schattenspiel ziehender Wolkenformationen, während schlanke Libellen ins hohe Blau schießen, dicke Kröten werben laut und verlassen ihre Deckung im saftigen Schilf. Liebe macht unachtsam.

Wir versuchen jetzt, mehr Zeit als zuvor in Italien zu verbringen. Unsere Freundin Hemma zu Ysenburg, die schon einmal mit dem Gedanken gespielt hatte, eine Kunstgalerie zu eröffnen, vertritt uns, indem sie während der Sommersaison in unseren Frankfurter Räumen fünf Ausstellungen veranstaltet. Dieses Arrangement schenkt uns ganz ungewohnte Freiheit und ihr die Erfahrung, dass Galeriearbeit nicht nur Spaß macht.

Endlich finden wir Zeit, meine langjährigen Freunde, Christl und Erich Kusch, Taufpaten von Philip, in Rom zu besuchen. Erich ist inzwischen Präsident der Internationalen Journalistenvereinigung in Rom geworden und wir bekommen von ihm eine Romführung, wie sie in keinem Buche steht. Noch nicht jedenfalls, denn sein bebilderter Dumont-Band „Rom, richtig reisen" ist erst kurz vor Fertigstellung. In diesem Buch zeigt er viele Orte auf, die in den gängigen Reiseführern nicht aufgelistet sind: besondere Aussichtspunkte, Friedhöfe, Sammlungen, Katakomben, Klöster, Innenhöfe, wenig bekannte, interessante archäologische Stätten und eine Menge Kurioses. Philip genießt den Besuch bei seinen Paten und auch den des St. Petersdoms, wo er getauft worden ist.

Am Ende unseres Aufenthalts bietet Christl an, uns Richtung Norden, ins Latium, Etruskerland, zu begleiten und eine Führung durch Cerveteri und Tarquinia zu geben. Etruskische Ausgrabungen in Form von Grabfeldern waren uns bisher nur aus unserer näheren Umgebung bekannt. Toscana, das ja eigentlich *Tuscia* hieß, war das Land der Etrusker gewesen, das eintausend Jahre vor unserer Zeitrechnung von ihnen beherrscht wurde.

Unweit von Castagneto-Carducci, eine halbe Stunde südlich an der Küste, auf einem Berg, liegt das von seiner alten Burg beherrschte Populonia, der Ort, wo in der Antike das auf Elba gefundene Eisen verhüttet wurde. Hier, in der traumhaften Badebucht von Baratti, hat man in den Fünfziger Jahren Grabhügel entdeckt. Die reichen Erzvorkommen waren mit der etruskischen Technologie nur ungenügend ausgebeutet worden und als man daran ging, die immer noch wertvollen Schlackehalden abzubauen, um sie ein zweites Mal zu verhütten, stieß man auf die Grabkammern aus Tuffstein.

Unzählige Funde von Grabbeigaben aus den verschiedenen Phasen der Kultur sind in Museen zu besichtigen, aber auch in privaten Sammlungen verschwunden. In Populonia gibt es ein kleines Museum, das anfangs in einer Privatwohnung beheimatet und ohne Eintrittsgeld zu besichtigen war, vorausgesetzt, es gelang einem, denjenigen zu finden, der den Schlüssel des *Signore*, des Inhabers, verwahrte.

Wir waren nur einmal dort, mit Barbara Klemm, die von einigen der interessantesten Objekte Aufnahmen machte. In den verstaubten, großen Vitrinenschränken dämmerten unglaubliche Schätze von Terracotten, Vasen, Krügen, Figurinen, Schalen, Bronzeleuchtern, Helmen, Glas- und Goldarbeiten vor sich hin. Dicht bei dicht stand alles, in unvorstellbarer Menge nebeneinander gereiht. Ich wurde starr vor Bewunderung und dem Wunsch, etwas davon zu besitzen und verstand alle Grabräuber der Welt.

Im jetzigen Museum sind nur noch einige wenige Dinge ausgestellt. Der Großteil der Schätze des *Signore*, wer immer er auch gewesen war, bereichert inzwischen die Sammlungen der Museen von Volterra, Rom und Florenz. Diese haben so umfangreiche und exquisite Exponate, dass man Tage und Wochen in den Sälen verbringen möchte. Auf mich übt nur noch die Kunst der alten Ägypter eine ähnliche Faszination aus.

Wenn man sich für die Etrusker interessiert, sollte man auf jeden Fall nicht nur die antiken Stätten aufsuchen, sondern auch als Ergänzung die Sammlungen archäologischer Schätze in den Museen betrachten. Das Museum von Volterra, nur eine Autostunde von Castagneto entfernt, besitzt die größte Sammlung von etruskischen Bildhauerobjekten. Es handelt sich im wesentlichen um Hunderte von Sarkophagen, auf denen der Verstorbene als lebensfrohe Figur, lagernd, mit einer Ess-Schale in der ausgestreckten Hand, abgebildet ist. Oft sind es auch Paare, die mit heiterer Miene, die Ellenbogen auf ihre in Stein gehauenen Kissen gestützt, das Ruhelager teilen. Fast bekommt man den Eindruck, als würden sie gerade auf einer Wiese liegend an einem Picknick teilnehmen.

Für die Etrusker hatte der Tod nichts Bedrohliches, er war nur der Anfang eines neuen, noch besseren Lebens und der Übergang wurde begleitet durch Gaben von Schmuck, Waffen, Gebrauchs- und Haushaltsgegenständen aller Art. Die künstlerische Produktion stand auf höchstem Niveau.

Die Etrusker, das faszinierende und geheimnisvolle Volk, das vor den Römern an der tyrrhenischen Küste siedelte und dessen Ursprung noch heute weitgehend im Dunkeln liegt, bildeten im achten und siebten Jahrhundert vor Christus Stadtstaaten, erreichten blühenden Reichtum durch Erzgewinnung und -verarbeitung sowie ausgedehnten Überseehandel mit den Metallen. Man spricht von einer Population von Hunderttausenden von Einwohnern, während Rom nur wenige hundert Einwohner hatte und zur Zeit der blühenden etruskischen Hochkultur ein Lehmhüttendorf war.

Die Nekropole von Cerveteri, der Totenstadt, in die Christl uns nun führt, fünfunddreißig Kilometer nördlich von Rom gelegen, gibt einen ausgezeichneten Überblick über etruskische Kunst und Kultur. Es sind die Nekropolen einer untergegangenen Großstadt und sie zeigen die Genialität der etruskischen Statiker und Bauarbeiter in der Gewölbetechnik. Nicht nur die Harmonie der Baulichkeiten zeugt vom hohen Stand der Zivilisation, auch ihre Liebe zur Kunst und ihre Fertigkeiten in der Keramikherstellung, den Bildhauer- und Goldschmiedearbeiten.

Auch Cerveteri war ein Stadtstaat mit einer Länge von siebzig Kilometern. Das Gebiet der Nekropole, der Gräberstadt, ist riesig und noch lange sind die Ausgrabungen nicht beendet. Die Gräber waren Häusern nachgebildet, man schnitt sie in den relativ leicht zu bearbeitenden Tuffstein. Die Verstorbenen sollten in einer ähnlichen Wohnstatt wie im wirklichen Leben ihre Ruhe finden. Manche der Grabstätten sind in Würfel-, andere in Rundform aus dem Tuff geschnitten, stehen als „Einzelhaus". Es gibt auch Reihenhäuser, es finden sich Straßen und Plätze. In den Gräbern, deren oberer Teil, das Dach sozusagen, mit Erde bedeckt ist, gibt es teilweise aus Tuff gehauene Lagerstätten, Fenster, Türen, Möbel.

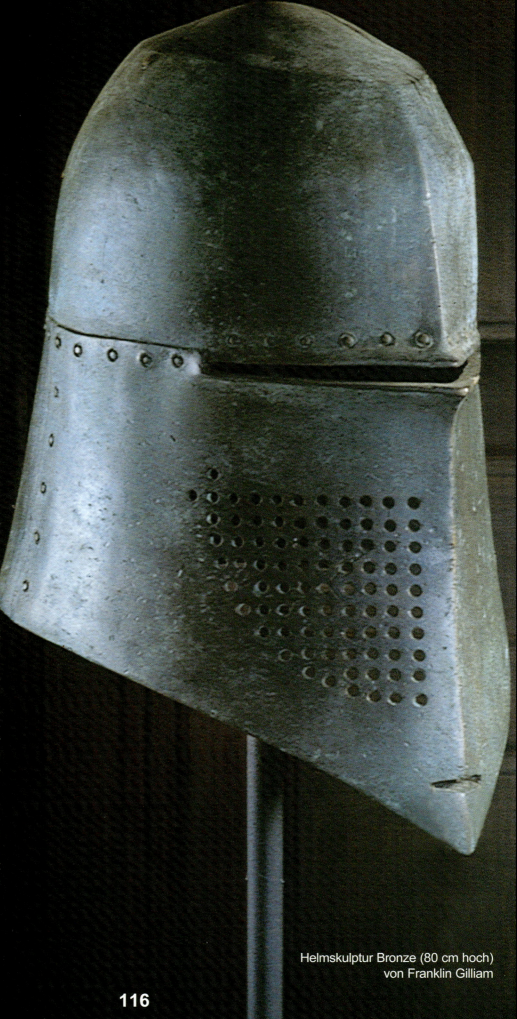

Helmskulptur Bronze (80 cm hoch)
von Franklin Gilliam

Die Grabstätten sind zahlreicher, größer und besser erhalten als die, die uns bereits bekannt sind. Wir haben Zugang zu einer mit Stuckdekorationen, Fresken und Reliefs, auf denen Möbel, essbare? Tiere, Waffen, Essgeschirr und andere Gegenstände abgebildet sind: ein Fächer, Pantöffelchen, Kissen, Hunde.

Im Gräberfeld von Tarquinia, nördlich von Cerveteri gelegen, hat man mehr als sechstausend Gräber gefunden, davon einhundertundfünfzig mit Wandmalereien. Das wirklich Imponierende neben der Lebendigkeit und der erhaltenen Frische der Farben ist die Komposition der Figuren und deren offensichtliche Fröhlichkeit. Bankette, wo Musikanten und tanzende Figuren auftreten, heitere Spiele und Wettkämpfe ziehen als Fries die Wände entlang, man sieht Fischer in einer Barke, inmitten eines aufstiebenden Vogelschwarms, Jäger und Reiter.

Nur wenige der Grabkammern mit den traumhaften Wandfresken sind zugänglich. Steintreppen führen hinab und dann hält eine dicke Plexiglasscheibe die vielen Besucher, die jahraus, jahrein die Gräber besuchen, um die Fresken zu bewundern, vom Weitergehen ab: Die Feuchte der menschlichen Atemluft würde auf lange Sicht die Gemälde, die bereits Jahrtausende überdauert haben, zerstören. Es wurde inzwischen eine Regelung eingeführt, nach der an bestimmten Tagen eine gewisse Anzahl von Grabkammern zur Besichtigung freigegeben ist, an anderen Wochentagen dann im Wechsel die anderen. Dies gilt für die besonderen Grabstätten mit den wertvollen Malereien.

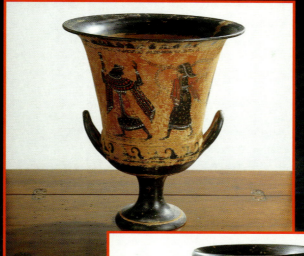

Christl fährt nach Rom zurück, beziehungsweise für das Wochenende in ihr Haus, das direkt am Ufer des Lago di Bracciano liegt.

Auf dem Rückweg nach Castagneto-Carducci kaufen wir für ein Picknick ein. Wir halten an einer kleinen Landstraße vor einem Sonnenblumenfeld an, das in voller Blüte steht. Ich mache Fotos von meinen Männern, wie sie vor den großen, gelben Blumen sitzen und beide mit dem gleichen ernsten Gesichtsausdruck in die Kamera sehen. Man möchte die Zeit anhalten.

Ende Juni sind wir in Köln, Osper gibt eine glanzvolle Vernissage in seiner Kunsthandlung und wir wohnen auch diesmal wieder in seinem Haus. Am Abend sitzen wir zusammen in der Altstadt am Prominententisch der „Keule". Christian Hoffmann, der Besitzer, den wir schon in unserem Haus in Italien getroffen haben, ein Freund Knut Ospers und Bewunderer von Franklins Skulpturen, hat uns eingeladen. Er sagt, dass ihn am meisten das Brunnenobjekt beeindruckt, das „Vegetable Soup" genannt wird, und er möchte diesen Brunnen für sein Restaurant kaufen, auch wenn er viel Platz benötigen würde. Sein Scheckbuch zückend, fragt er, ob Franklin heute Abend mit einer Anzahlung von dreitausend Mark einverstanden wäre, alles Weitere könne man am nächsten Tag besprechen.

Franklin beobachtet die Gäste, die sich durch die rauchgeschwängerte Luft schlängeln oder um die lange Theke herumdrängen und schieben und sagt, anscheinend ohne Emotion:

„Nein, den kann ich dir nicht verkaufen. Der passt nicht hierher."

Das ist der Augenblick, wo Osper mit einem einzigen, kräftigen Biss seine Havanna halbiert. Franklin hat mit seiner Ablehnung in diesem Moment auch Knuts dicke Galerieprovision verspielt. Und mir wird schlagartig klar, welche Entspannung der Verkauf des größten und teuersten Objekts für unsere finanzielle Situation bedeutet hätte. Osper und ich sehen uns nicht an. Jeder wundert oder ärgert sich für sich allein.

Aber tief im Inneren verstehe ich meinen Mann. Geld ist wichtig. Aber Geld ist nicht alles. Und für jeden Künstler sollte es eine Grenze der Käuflichkeit geben.

Dreiundzwanzigstes Kapitel

Von Hühnern, Enten, grünen Tomaten und berühmten Weinen

In diesem Sommer transportieren wir an die vierzig, wegen ihres Gewichts kleinere Kartons mit Büchern und Geschirr nach Castagneto. Allmählich verlagern wir unseren Haushalt. Zum Wohlfühlen brauche ich Bilder und Bücher um mich, Franklin auf jeden Fall klassische Musik.

Leo, der das benachbarte Gartengrundstück mit Gemüse und Geflügel bewirtschaftet, besucht uns. Zur Begrüßung bekomme ich etwas in einer braunen Papiertüte in die Hand gedrückt, was mich im Augenblick der Übergabe erschreckt aufschreien lässt. Die Tüte hat sich heftig bewegt – bei dem Geschenk handelt es sich um ein lebendes Huhn.

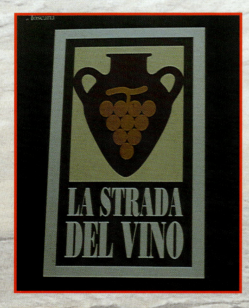

„Porca miseria, Leo, was soll ich mit einem lebendigen Huhn?"

„Schlachten, essen!", meint Leo. „Ich habe in den letzten Wochen, seit meine Frau nicht mehr da ist (sie war im Frühling gestorben und er hatte sich sehr verloren gefühlt), so oft bei Euch gegessen und möchte mich revanchieren. Außerdem will ich kein Geflügel mehr halten."

Also dreh ich dem Huhn den Hals herum, nehme es aus und am nächsten Tag hole ich es wieder aus dem Kühlschrank, um es zu rupfen. Angeblich soll das im ausgekühlten Zustand leichter vonstatten gehen. Ein schöner Anblick ist das nicht, dieses Federvieh mit dem hängenden Kopf und den halb geschlossenen Augen und dann erst die starren, gelben Füßchen mit den blassen Krallen. Außerdem ist es jetzt steif und kalt. Also setze ich mich in die Sonne und beginne zu rupfen. Ich versuche, die Federn in eine große Schüssel zu werfen, aber die meisten bleiben mir an den Fingern kleben oder sie stieben mit dem Wind in alle Himmelsrichtungen, bis übers Dach. Die Kinder der beiden Familien, die in dieser Woche ihre Ferien bei uns im Haus verbringen, beobachten verschreckt und fasziniert, was ich da veranstalte.

Was für eine Arbeit! Und außerdem gibt es Federn, die das Huhn nicht aufgeben. Mein Kampf dauert eine Stunde. Inzwischen stelle ich für mich Betrachtungen an, was so ein Braten, sauber und fertig für die Backröhre, im Supermarkt kostet. So gut wie nichts, denke ich jetzt. Wenn die Hühnerproduzenten, nachdem sie die Tiere gefüttert und aufgezogen haben, fürs „Ausziehen" so lange brauchten wie ich, wäre das Geflügel im Laden unbezahlbar. Endlich bin ich fertig. Nie wieder lebendiges Geflügel im Haus, das steht fest.

Zwei Tage später überrascht uns Leo wieder mit einem dicken, braunen Papierbeutel, etwas größer diesmal.

„Wenn das wieder ein Huhn ist, Leo", sage ich, „dann kannst du es gleich wieder mitnehmen. Ich will es nicht. Weißt du, wie lange ich gebraucht habe, um es zu rupfen, kannst du dir das vorstellen? Ich hol mir das nächste Mal lieber eins aus dem Supermarkt."

„Nimm", sagt Leo, „es ist kein Huhn." Da bin ich aber froh und strecke die Hand aus. – Im Beutel sitzt eine Ente.

Vor Schreck habe ich die schwere Tüte fallen lassen und jetzt flattert das Tier aufgeregt in der Küche herum. Es ist eine Höckerente, hübsch anzusehen mit flinken, braunen Augen und blaugrün schillerndem Gefieder, aber jetzt eben in Panik.

Ich streike. Diese Ente nicht. Ich werde sie weder schlachten, noch rupfen. Leo soll sie wieder mitnehmen. Außerdem ist sie so schön. Wir beraten. Franklin schlägt vor, ihr ein kleines Gatter zu bauen und sie könnte am Bach bleiben. Leo meint, da würde der Fuchs sie in der ersten Nacht schon holen und außerdem wären wir sowieso mehr auf Reisen als in Castagneto. Die Diskussion dauert und dauert und führt zu nichts. Ich gehe in den Garten.

Die Männer haben sie dann geschlachtet, oder einer von beiden, ich will es nicht so genau wissen. Ich will auch keinen Entenbraten essen, nicht mitten im Sommer und nicht von einer mit so klugen Augen. Aber gerupft werden muss sie doch. Und so sehen die Kinder am nächsten Tag, vom Strand zurückkommend wieder zu, obwohl ich mich diesmal abseits gesetzt habe, weil ich unentdeckt bleiben wollte. Die Federkiele sind kräftiger, fetter, tiefer verankert und es dauert noch viel länger als beim Huhn.

Danach umschleichen die kleinen Jungen und Mädchen mich zwei Tage lang mit ernsten und verkniffenen Gesichtern. Wenn ich sie freundlich anspreche, stecken sie ihre Köpfe zusammen und tuscheln, fast wirken sie verängstigt. Am dritten Abend aber springen sie mir vergnügt und aufgeregt entgegen:

„Sie sind wieder da, sie sind wieder da, es ist ihnen nichts passiert!"

„Was?", frage ich, „wer oder was ist wieder da und was ist nicht passiert?"

„Nichts ist passiert. Nur die jungen Katzen, die waren drei Tage lang weg, die kleinen, schwarzen und wir dachten, Sie wollten sie auch essen, aber gerade sind sie wieder zurückgekommen, sie leben alle beide!"

Jetzt ist mir der Appetit aber endgültig vergangen.

In einem alten Buch habe ich nette, antiquierte Zeichnungen entdeckt, die ich als Grundlage für meine Einkochetiketten nehme. Jetzt stehe ich jeden Nachmittag in der Küche und koche Marmeladen ein. Ich war nie ein Freund von Konfitüren oder Marmeladen, erst jetzt, wo ich sie selbst zubereite, von gartenfrischen Früchten, schmecken sie mir: zum Beispiel Birne mit Ingwer oder Feige mit Mandelsplittern. Die Aprikosen und Pfirsiche habe ich in groben Stücken gelassen, fast wie Kompott.

Ich lege auch Auberginen und Zucchini in Weinessig ein, aber die mag dann keiner. Schon eher Chutneys vom Kürbis oder von Tomaten. Das Kellerregal steht jetzt voller kleiner Gläser. Die Marmeladen sind alphabetisch geordnet, so wie ich es geplant hatte. Manchmal verharre ich vor den Borden mit den Gläsern und mag mich gar nicht wegrühren, weil sich hier das Gefühl einstellt, als sei dies das einzige Gebiet in meinem chaotischen Leben, in dem ich Ordnung halten kann.

Es gibt außerdem Dessertbirnen in Rotwein, kleine Zwiebelchen, Kürbisstücke süßsauer, *Pomodori pelati* für Sugo, auch eine fertige Tomatensauce, die gut für Nudeln oder als Beigabe zu Fleisch passt, und die grünen Tomaten, der absolute Renner in meiner Produktion. Allerdings ist das Rezept etwas aufwändig, weil sich die Arbeit über drei Tage hin verteilt.

Man nimmt ein Kilo grüne, walnussgroße Tomaten, die mit einer Nadel mehrmals eingestochen werden und dann in leicht gesalzenem Wasser zwei bis drei Minuten kochen sollen. Nach dem Abtropfen lässt man sie mit einem Liter Essig und einem halben Liter Wasser sowie einem Kilo Zucker aufkochen und unter Rühren klären, zehn weiße Pfefferkörner, gemahlener Ingwer, die Schale einer ungespritzten Zitrone, etwas Zimt und drei Gewürznelken kochen im Mullbeutel mit. Nach dem Auskühlen wird der Sud über die Tomaten gegossen und zugedeckt wieder über Nacht stehen gelassen. Dann gießt man die Flüssigkeit ab, kocht sie in 10–15 Minuten dick ein, nimmt die Gewürze heraus und füllt die Tomaten mit dem erkalteten Sud in Gläser.

Es ist an der Zeit, einen kleinen Weinkeller anzulegen. Zwischen Küche und Keller gibt es einen Treppenabsatz, auf dem Holzregale Platz finden. Die Konditionen scheinen günstig zu sein, wir sind unter der Erde, aber die Stelle ist gut belüftet.

Eigentlich waren wir immer Liebhaber französischer Rotweine gewesen und einige unserer Bordeaux- und Burgunderflaschen waren im letzten Reisegepäck. Für Rotweine sind wir früher, als wir noch mehr Zeit hatten, auch ab und zu ins Chianti gefahren. Die Tischweine, die wir im allgemeinen in unseren ersten Jahren in Castagneto fanden, schienen uns zu hart, wenn wir vom roten Wein reden, zu sauer war der weiße. Die Bauern in Bolgheri und Castagneto, wie in vielen anderen ländlichen Gegenden auch, kelterten ihren eigenen Wein, sie tun es heute noch, wie sie Olivenöl, Grappa oder Tomatensugo produzieren: für den Eigenbedarf und den der weiteren Familie und vielleicht noch des Freundeskreises. Wein war ein Agrarprodukt und jeder war stolz auf den, den er selber machte und wer keinen Wein produzierte, kannte unter Garantie jemanden, bei dem er welchen in fünfzig Liter fassenden Korbflaschen zu einem günstigen Preis abgefüllt bekam. Aber in den allermeisten Fällen schmeckte er harsch, sehr tanninhaltig und auch säuerlich, das starke Aroma immer und immer wieder verwendeter Holzfässer haftete ihm an.

Das hat sich inzwischen völlig gewandelt. In Castagneto, wo Pasquino Malenottis Familie seit dreißig Jahren das beliebte *Ristorante Da Ugo*, mit wunderschöner Aussicht aufs Meer bewirtschaftet, Spezialitäten sind Wildgerichte, auch Täubchen, hat er vor zehn Jahren direkt gegenüber, auf der Hauptstraße, seine *Enoteca*

Pasquino Malenotti
Enoteca il Borgo

Enoteca il Borgo

il Borgo eröffnet, der neuerdings auch noch eine Degustationsstube angeschlossen ist. Im Laden gibt es fachkundige Beratung und eine große Auswahl ausgezeichneter Weine, viele davon im Glasausschank. Pasquino sagt von sich, dass er *una grande passione per il vino* hat, also ein leidenschaftlicher Weinliebhaber und -kenner ist. Das tut dem Geschäft gut.

In Bolgheri erfeut sich der bestens sortierte Weinladen von Paola und Francesco Tognoni, die beide deutsch sprechen, regen Zuspruchs. Das Publikum ist auch hier international. Die *Enoteca Tognoni* ist direkt neben ihrer Bar am Ortseingang, in der sie Crostini, Bruschette, Platten mit den verschiedensten Schinkensorten, alles in erstklassiger Frische und Qualität, servieren. Hier gibt es auch den berühmten *Lardo Collonato* (den in Marmorhöhlen gereiften, weißen Speck), Wildschweinspezialitäten und Essiggemüse, Salate, Pasta und anderes.

Ihr aus dem Süden stammender Onkel Antonio, genannt Toto, hatte lange Jahre diese erste und einzige Bar in Bolgheri betrieben, als es noch keine Restaurants gab. Und wenn wir mit unseren Malschülern in in dieser Gegend arbeiteten, war seine Bar der Platz für unsere *Mirenda* und ein Gläschen Wein gewesen. Paula und Francesco haben nach Übernahme ein wirklich erfolgreiches Geschäft aufgebaut. Im Sommer sitzt man draußen mit Blick auf Schloss und Kirche, im Winter im Verkaufsraum, umgeben von Hunderten von Weinflaschen, die in Reih und Glied in den Regalen stehen. Es gibt inzwischen viele Geschäfte, die neben Weinen aus ganz Italien auch ausgezeichnete lokale führen.

Bolgheri und Castagneto haben sich, was Weinproduktion anbelangt, regelrecht etabliert. Dass dieser Küstenstrich für den Weinanbau so berühmt wurde, ist hauptsächlich dem Marchese Nicolò Incisa della Rocchetta und seinem Vater Mario Incisa zu verdanken. In den Sechzigern hat der Marchese Nicolò Incisa mit seinem Kellermeister den sagenhaften Sassicaia, einen Cabernet, geschaffen, zur damaligen Zeit eine unübliche Rebe in der Toscana. Der Sassicaia wurde zum Lafitte Rothschild der italienischen Cabernets.

Der aus dem Piemonte stammende Vater, Marchese Mario Incisa della Rocchetta, hatte bereits 1944 damit begonnen, Cabernet Sauvignon anzubauen. Er startete den Versuch mit Ablegern aus einem privaten Weinberg in der Nähe von Pisa. Bis dahin war die Familie berühmt gewesen für ihre gute Hand bei der Züchtung edler Rennpferde, die sie immer noch betreiben. Des Marcheses Weingeschmack war eher frankophil als italienisch. Er pflanzte die Cabernet-Trauben, während bisher in der Bolgheri-Castagneto-Gegend Sangiovese üblich war und favorisiert wurde.

Enoteca Tognoni in Bolgeri

Enoteca Tognoni in Bolgeri

Mit Einheirat in die Gheradesca-Familie in Bolgheri, begann Mario Incisa della Rocchetta eine neue Weinkultur, die dann unter der Ägide seines Sohnes den Sassicaia erfolgreich machte, den berühmtesten Wein der Toscana, einer der besten Italiens. Mario Incisa hatte nie die Absicht gehabt, den Wein kommerziell zu verwerten, er hatte ihn zu seinem eigenen Vergnügen angebaut, weil ihm die Geschmacksrichtung lag. Nicolò Incisa war es dann, der ihm den Durchbruch verschaffte und ihn ab 1968 verkaufte.

Seine Mutter, Clarice, Halbamerikanerin, hatte eine ältere Schwester, Carlotta, die Nicolo Antinori heiratete, dessen Familie sich bereits seit über sechs Jahrhunderten mit Weinanbau beschäftigt hatte und in Florenz zu Hause war. Nicolo Antinori kam durch die Heirat in den Genuss des Territoriums von Bolgheri. Der Sohn Lodovico, also Nicolò Incisas Cousin, begann 1985 einen eigenen Weinanbau mit Kellerei in Bolgheri, 1990 kamen die ersten Weine auf den Markt. 2002 ging er in den Besitz der Weinmacher Mondavi und Frescobaldi über. *Ornellaia* liegt an der Bolgherese, der Parallelstraße zur *Aurelia*, die von der Abzweigung, wo sich das Ristorante *Zi Martino* befindet, bis zur Bolgheri-Allee läuft. Man sagt, dass der Marchese Lodovico Antinori eine gute Hand beim Auswählen der richtigen Berater für seinen Weinanbau hatte. Etwas ungewöhnlich ist der Weinkeller von *Ornellaia*. Ich habe ihn zum ersten Mal schon kurz vor seiner Fertigstellung besichtigen können, weil der Florentiner Architekt, der ihn gebaut hat, uns seine Arbeit vorführen wollte. Er hatte mir damals den Auftrag gegeben, über der Theke des *Zi Martino*, dessen Architekt er ebenfalls war, ein kleineres, nur cirka vier Meter breites Wandbild, das alte Castagneto, zu malen. Wenn man durch das Tor von *Ornellaia* fährt, führt eine drei Kilometer lange Straße im geraden Verlauf durch die Weinplantagen, bis zu einem riesengroßen, ausgehobenen Trichter, in dem der fast rund gebaute

Weinkeller abgesenkt steht, umlaufend einige Meter Luft. Verlässt man den eigentlichen Empfangs- und Eingangsraum, in dem auch kleinere Degustationen stattfinden können, kommt man in den High-Tech-Bereich mit riesengroßen Stahlcontainern, modernsten Abfüllanlagen, Verkorkungs- und Etikettiermaschinen. Nur wenige Leute werden benötigt, alles scheint automatisiert. Optisch eindrucksvoll ist ein großer Raum, in dem die Weine, nach Jahrgängen geordnet, in großen, gepflegten Holzfässern lagern, gesichert durch schmiedeeiserne Gitter.

Man betritt eine völlig andere Welt, wenn man wieder ins Freie kommt und weiß nicht, welche interessanter ist: innen die absolut perfekt durchorganisierte Weinproduktion, *Poggio alle Gazze*, *Tignanello*, *Ornellaia*, einige meiner Favoriten werden hier gekeltert -- draußen summen die Bienen in den Lavendelbüschen und man hat den Einfall einer Armada surrender Moskitos abzuwehren, die ihr Sommermanöver abhalten und dann schnell wieder verschwinden.

Die Gebäude, die vorne an der *Bolgerese* liegen, werden als Büroräume und Gästezimmer benutzt. Auch die Wohnung meiner Freundin Alex Belson, kundige Sales Managerin für die *Ornellaia*-Weine und für das Weingeschäft die Hälfte des Jahres in der ganzen Welt unterwegs, ist dort untergebracht.

Der Marchese Piero Antinori, der ältere Bruder von Lodovico Antinori, führt mit seinen Weinen in Florenz die Familien-

Wandbild im Zi Martino

tradition weiter, in Castagneto-Bolgheri ist die *Tenuta Guado al Tasso - Belvedere* an der *Via Aurelia* gelegen, sein Sitz. In den letzten Jahren hat er expandierend noch weitere Ländereien erworben, unter anderem unterhalb des *Torre* gelegen.

Der Weinkeller des Marchese Nicolò Incisa heißt *Tenuta di San Guido* und liegt rechter Hand, gleich zu Beginn der fünf Kilometer langen Zypressenallee, die von der Aurelia nach Bolgheri führt. Das Weingut selbst, wenn man es vom Meer kommend betrachtet, liegt links von Castagneto, unterhalb eines steinigen, waldigen Berges, auf dessen Spitze das aus dem 11. Jahrhundert stammende *Castello di Castiglioncello* liegt. Eine Zeit lang lebte ein Eremit im Schloss, heute wird es nur noch von der gräflichen Familie und von ausgesuchten Jagdgesellschaften genutzt.

Bereits 1967 kam Piermario Meleti-Cavalari mit seiner Frau aus Bergamo nach Castagneto. Er kaufte das Anwesen *Grattamacco* in den *Colline Segalari*, den Segalari-Hügeln und begann auf den zehn Hektar mit dem Weinanbau. 1969 kelterte er seinen ersten *Grattamacco bianco* und den *Bolgheri rosso*, mit dem er in kurzen Jahren über Italiens Grenzen hinaus berühmt wurde. Er war bis zur Verpachtung des Weingutes 2002 der Vorreiter vieler jüngerer Weinmacher, die sich nach ihm in der Gegend niederließen.

Michele und Lucia Satta, die in meiner Nachbarschaft wohnen, kamen 1984 von Varese nach Castagneto, als Michele Satta sich entschloss, seinen Gutsverwalterposten aufzugeben, um Winzer zu werden. Ich kenne ihn aus Zeiten, wo er stolz auf eine Produktion von jährlich 3000 Flaschen blickte, inzwischen sind es fast 140.000 im Jahr und er exportiert nicht nur in europäische Länder, auch in die USA, Neuseeland und China.
Von den Weißweinen ist sein *Costa di Giulia* besonders zu erwähnen, von den Roten der *Cavaliere* und der *Piastraia*, der, obwohl er inzwischen mit 38.000 Flaschen gekeltert wird, immer sehr schnell vom Markt verschwunden ist, weil ein großer Teil exportiert wird.

Rosa Gasser-Bagnoli produziert seit 1990 auf ihrem Gut Greppi Cupi die kleine Anzahl von 6000 Flaschen ihres *Rubino dei Greppi*, einen *Bolgheri Rosso*, der hauptsächlich in Italien vertrieben wird und vorzüglich zu fast allen Gerichten schmeckt.

In den vergangenen fünfzehn Jahren haben sich auch andere Weingüter mit Weinmachern in der zweiten Generation einen Namen gemacht wie Campolmi, der den väterlichen Besitz übernommen hat, und an der Via Bolgherese, Loc. Contessine, Az. Agricola Le Macchiole, Spitzenweine wie seinen berühmten *Paleo* produziert.

Längst haben sich die jüngeren Winzer den Auslandsmarkt geöffnet und ihre Kellereien gewinnen an Wichtigkeit.
Enrico Santini, früherer Partner von Michele Satta, der jetzt Wohnsitz, Weinanbau und eigene Kellerei in der Via Ceralti in Donoratico hat, aber auch Ländereien am Fuße des Torre, die linksseitig an die des Marchese Piero Antinori, grenzen, hat seine viel versprechenden Weine im Jahre 2000 auf den Markt gebracht: *Campo alla Salla*, ein *Bolgheri bianco* und *Poggio al Moro*, ein *Bolgheri rosso*, in Eichenfässern gereift, kommt im Jahr 2002 zum ersten Mal auf den Markt.

Der Weinkeller von Walter Alfeo, ein Winzer, der auf eine Familientradition des Weinmachens zurückblicken kann, befindet sich ebenfalls in der Via Ceralti. Die Familie, die auch ein gutes Olivenöl produziert, hat ihre Anbaugebiete zwischen Bolgheri und Castagneto, in der Gegend „der großen Namen". Das Weingut, in dem man früher den Wein offen verkaufte, produziert jetzt den *CERALTI Bolgheri bianco*.
Und seit 1997 den ersten Cabernet *IL SOGNO DI CLEOFE*, der nach der Ernte vier, fünf Monate Barriquereifung erfährt. Der bekannteste Wein dieser Azienda ist der *ALFEO*, ein ausgewogener Rotwein.

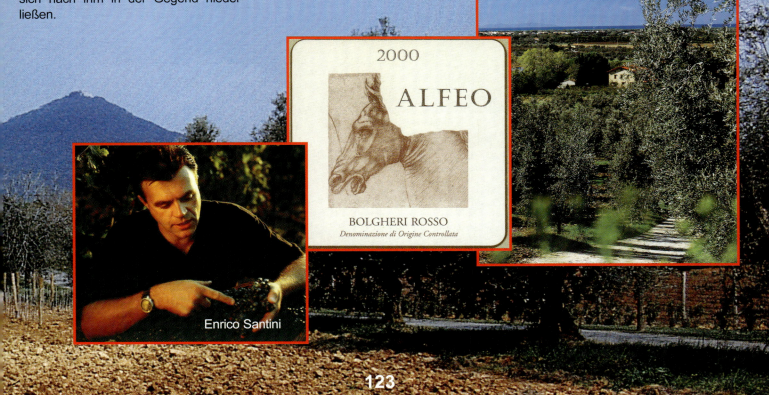

Enrico Santini

Nicht nur Piero Antinori hat in den letzten Jahren neuen Grund für den Weinanbau hinzugekauft, auch der weltweit berühmte Angelo Gaja aus dem Piemont hat mit der in unmittelbarer Nachbarschaft mit *Ornellaia* gelegenen, ehemaligen *Azienda Santa Teresa* große Ländereien in Castagneto-Bolgheri erworben und dort einen geradezu futuristisch anmutenden Weinkeller gebaut, *CA' MARCANDA* genannt. Angelo Gaja, in vierter Generation in Kontinuität die Arbeit seiner Vorfahren in dem 1859 gegründeten Weingut verfolgend, das in Barbaresco, im Piemonte liegt, einer Gegend, wo die Kultivierung der Reben seit 2000 Jahren bekannt ist, verfügt über einen reichen Erfahrungsschatz und Kenntnisse über das Weinmachen, die ihn zu einer internationalen Größe in diesem Geschäft gemacht haben.

1994 wurde das Weingut *Pieve S. Restituta* in Montalcino, Toscana erworben, wo die toscanische Variation der San Giovese-Rebe den Anbauplatz für den Brunello di Montalcino, der höchste Ansprüche befriedigt, gefunden hat.

Im Jahr 1996 expandierte Gaja ein weiteres Mal mit *Ca' Marcanda* in der Toscana. In Bolgheri/Castagneto, südlich von Livorno, in der *Alta Maremma*, am Thyrrenischen Meer gelegen, bietet die Gegend exzellente klimatische Bedingungen für den Weinanbau, Cabernet Sauvignon, Cabernet Franc, Merlot, Syrah... Die Hitze der sommerlichen Tage, gemildert durch die Meeresbrise und die frischen, nächtlichen Temperaturen, schaffen ideale Konditionen für den Reifungsprozess der Trauben.

Castagneto, wo Angelo Gaja sich für eine neue Produktionserfahrung entschieden hat, wurde bereits durch den *Sassicaia* des Marchese Incisa berühmt, gehörte jedoch in den vergangenen Jahrhunderten nicht zu den bekannten Weingegenden.

Angelo Gaja ließ 1996 bereits 60 Hektar mit Reben bepflanzen, der erste Wein, *Promis,* kam mit dem Jahrgang 2000 im April 2002 auf den Markt. Ein weiteres, ebenfalls 60 Hektar umfassendes, viel versprechendes Anbaugebiet soll in den kommenden zehn Jahren kultiviert werden.

natürliche Baustoffe verwendet: für Mauern und Fassaden ausschließlich die Steine, die beim Aushub im Boden gefunden wurden. Dunkle Eisenkonstruktionen über dem Eingangsbereich, die statisch wichtig sind, wirken wie Kunstwerke. Der Durchmesser der Metallteile ist stark genug, dass Korrosion ihnen im Laufe der Jahrzehnte nichts anhaben, ihnen aber ein eher vegetales Aussehen verleihen wird. Die Böden zeigen durchgehend quadratische, schwarze Basaltziegel, Fenster und Türgläser werden von Bronzerahmen gehalten und die dicken Säulen im ebenerdigen, großen Innenraum, wo die Ernte angeliefert wird, sind Rohre eines Wasserwerkes, die schwarz gestrichen wurden. – Alles in allem stellt das Weingut Gaja eine Bereicherung für die Gegend dar.

Ein weiterer Markstein in der bisher eher ländlichen Landschaft, der strukturelle Veränderungen nach sich ziehen wird, war die Errichtung des im Frühjahr 2002 fertig gestellten, eleganten *Grand Hotel Tombolo*, das in Marina di Castagneto, von einem Park umgeben, nur wenige Schritte vom Meer entfernt liegt, über einen eigenen Privatstrand verfügt, 110 Zimmer zu vermieten hat, 15 Suiten und fünf Luxussuiten, Restaurants und ein Kongresszentrum anbietet, Pools und ein Center für Thalasso-Therapie mit fünf Thermalschwimmbecken mit erwärmtem Meerwasser, Behandlung mit Salzen und ätherischen Ölen, Algen, Schlamm, Hydromassagen, Thai, Shiatsu, Ayurveda.

Schöpfer der ungewöhnlichen Weinkellerei, die in kurzen zweieinhalb Jahren gebaut wurde, ist der aus Asti stammende Architekt Giovanni Bo, der das Gebäude praktisch in die Erde versenkt hat und es dann auch noch weitgehendst mit Erde und Pflanzen zudecken lässt, sodass von der ein Hektar umfassenden, umbauten Fläche im Verhältnis sehr wenig zu sehen sein wird, wenn die Bepflanzung und gärtnerische Gestaltung um die Gebäude herum abgeschlossen ist.

Ohnedies befinden sich 80 Prozent der beachtlichen baulichen Struktur, die insgesamt 80.000 Kubikmeter umfasst, unter der Erde. Der eigentliche Weinkeller hat 10.000 Quadratmeter auf zwei Ebenen mit Zwischenböden.

Die Idee war, das Gebäude in Landschaft und Umgebung zu integrieren und so wurden auch wenige und möglichst

Vierundzwanzigstes Kapitel

Einige Rezepte und einiges über Oliven und Olivenernte

Jeden Morgen, ehe die Hitze in den Gemüsegarten einfällt, pflücke ich Zucchiniblüten. Meist sitzen Bienen, Hummeln oder andere Insekten darin, die erst herausgeschüttelt werden müssen. In der Küche knipse ich mit den Fingerspitzen den Blütenstempel heraus. Normalerweise müssen sie nicht gewaschen werden. Wenn sie allerdings einen etwas welken oder schlaffen Eindruck machen, halte ich sie kurz unter Wasser und lege sie dann einige Stunden in den Kühlschrank, dann wirken sie wieder knackigfrisch.

Die Zucchiniblüten, *Fiori di Zucchine (fritte)* heißt das Rezept, werden in geschlagenes Ei getaucht, leicht in Mehl gewendet und in sehr heißem Öl ausgebacken. Auf einem Vorspeisenteller sind die Blüten schön anzusehen. Besser noch schmecken sie mit Füllung: zum Beispiel mit Ricotta, in den man ein Eigelb rührt und einige Shrimps oder kleine Lachswürfelchen drückt oder Rindertartar mit kleinen Mozzarella-Würfeln und Petersilie. Hierfür eignen sich die etwas größeren Kürbisblüten fast noch besser.

In einigen Restaurants, zum Beispiel dem *Zi Martino* gibt es mehrere Monate im Jahr frittierte Artischockenscheiben, die *Carciofi fritti*, die auch sehr gut schmecken. Aus einer halben Tasse Wasser, einem Ei und Mehl wird ein Teig gerührt, der noch leicht flüssig sein soll, Salz nicht vergessen. Bei den Artischocken hat man die harten Außenblätter großzügig entfernt, man schält sie, bis der Durchmesser nur noch vier Zentimeter beträgt. Mit einem scharfen Messer schneidet man die Spitzen ab und dann den Rest der Artischocke in dünne Längsscheiben, die mit Zitrone beträufelt werden, damit sie sich nicht verfärben. Öl wird erhitzt, die Artischockenscheiben werden in den Teig getaucht und dann goldgelb ausgebacken. Zum Abtropfen des überschüssigen Öls legt man sie auf Küchenpapier. Sie können sowohl Vorspeise sein als auch Beilage, zum Beispiel für Lamm, zu Steak oder anderen Fleischgerichten. – Nur wenn ich frittiere, nehme ich eine leichtere Ölmischung, die richtig heiß werden kann, Erdnuss- oder Sonnenblumenöl. Ansonsten habe ich einen großen Verbrauch von Olivenöl.

Natürlich esse ich gerne in Restaurants. Die regionale Küche der Castagneto-Gegend ist eher bäuerlich. Aber die Speisekarten ähneln sich leider so sehr, dass sie fast austauschbar sind. In allen gibt es als Vorspeise *Crostini* (mit Hühner- oder Hasenleberragout bestrichene kleine Brotscheiben) zu Schinken, Salami und Oliven, als Teigwaren *Tortelli* mit Ricotta und Mangold gefüllt, die natürlich sehr gut sein können, oder *Pappardelle al Lepre*, das sind hausgemachte Bandnudeln mit Hasenragout, oder auch Pappardelle mit Wildschweinfleisch. Als Hauptgericht meist zu trocken gegrilltes Fleisch oder das berühmte *Cinghiale in Salmi*, das von jedem Lokal geführt wird, Wildschweingulasch in Soße. Immer noch neigen manche Köche dazu, Essen sehr salzig zuzubereiten, besonders das Fleisch. Wenn man aber ein perfekt gegrilltes *Bistecca* essen möchte, zartes perfekt gewürztes Steakfleisch, muss man es im *Zi Martino* bestellen. Dort gibt es auch die besten hausgemachten *Tortelli burro/salvia*, also mit Butter und Salbei, oder für den großen Hunger mit Hackfleisch.

Auch in Bolgheri gibt es Restaurants, die sich um gute Pastas, zum Beispiel mit Entenragout, bemühen und auch etwas Abwechslung auf ihre Speisekarte bringen. Da ist das liebevoll eingerichtete *Taverna del Pittore*, das rechts oben, fast am Scheitelpunkt des Orts liegt und seit neun Jahren Chiara Luperi gehört, deren Mutter der Küche vorsteht. Im Sommer kann man auch im Freien sitzen. Auf der Karte steht *capriolo*, Rehbock sowie Entenbrust, auch Tagliatelle mit Ente oder Gemüsen und eine Auswahl der besten Weine von Bolgheri und Castagneto.

Erst seit kurzem gibt es in der gleichen Straße *Gola e Vino*, ein kleines Lokal, dessen Besitzer Lina Martellacci und Sergio Balducci ihren Antiquitätenladen aus Freude am Kochen in ein Restaurant umwandelten. Hier geht die Küche wirklich ungewöhnliche Wege: nicht nur, dass die Karte sich anders liest, als in den anderen Restaurants, es gibt auch Tagesempfehlungen wie (Ceci) Kichererbsenmousse mit zarten Meeresfrüchten, Wachteleier auf jungem Spinat, Meeresfrüchtesalate und Muschelgerichte. Dazu die ganze Bandbreite von Nudeltellern, *Carpaccio* von Fleisch oder frischem Fisch, aber auch neben den Fisch- und Fleischgerichten diverse Salate und Pizzen.

Den frischesten Fisch in unserer Gegend bekommt man in großer Auswahl in Donoratico in der *Pescheria Fosco*, wo man von Mutter, Tochter sowie zwei wei-

teren Helferinnen aufs Freundlichste bedient und beraten wird.

Wenn ich nicht selbst in der Küche stehen, aber guten Fisch essen will, fahre ich nach Bibbona-Mare, in das von mir favorisierte Lokal *La Pineta*, das etwas versteckt liegt, aber trotzdem keine Werbung nötig hat. In dem direkt am Meer gelegenen, eleganten und in Feinschmeckerkreisen bekannten Restaurant bedient neben den Serviermädchen auch der Inhaber *Luciano*. Seine Mutter beaufsichtigt die Küche, der Vater fertigt unvergleichlich zarte Desserts aus Blätterteig. Die Fischvorspeisen variieren und sind köstlich. Fische, Hummer und Scampi werden zur Auswahl vorgeführt, der Besuch des Lokals ist ein Fest für Auge und Gaumen. Zudem ist *Luciano* ein großer Weinkenner, der in den Wintermonaten Weingüter bereist und flaschenmäßig über wahre Schätze verfügt.

Das stilvoll-elegante und stets ausgebuchte *Scaccia-pensieri* in Cecina, das von Aldo geführt wird, seine Frau Marisa ist die Kochkünstlerin, ist fast das ganze Jahr über geöffnet, auch zur Mittagszeit. Auch hier wird seit vielen Jahren Wert auf die frischesten Zutaten bei den Fischgerichten gelegt (und auch auf stets wechselnde Blumendekorationen).

In Castagneto-Mare isst man in den Sommermonaten von Anfang Mai bis Ende September im ebenfalls am Meer gelegenen Bagno *La Tana del Pirata* frische Muschel- und Fischgerichte, die von Alberto und Mauro Olmis Ehefrauen, die beide Sandra heißen, zubereitet werden. Man trinkt kühlen Weißwein dazu, sitzt auf der beschirmten Terrasse mit Blick aufs Meer und nach dem Essen kann man wieder seinen Liegestuhl benutzen, um sich im Schatten auszuruhen.

Etwas einfacher und für Familien mit Kindern geeigneter, weil sie nach dem Essen gleich wieder an den vor den Fenstern gelegenen Strand können, ist das *Miramare*, ein traditionsreiches Fischlokal.

In Donoratico an der Aurelia liegt das Hotel und Restaurant *Menabuoi*, das von Filippo Volpi geführt wird, der aus einer Restaurantbesitzerfamilie aus Arezzo stammt, drei Jahre in Paris gearbeitet hat, auch in Neapel und anderswo, und sich nun vor zwei Jahren hier niedergelassen hat. Es gibt auch Fleischgerichte, aber man sollte nicht versäumen, in seinem Lokal Fisch zu essen. Er ist ein meisterhafter Koch für Fischvorspeisen, für die er von seinen Reisen ungewöhnliche Rezeptkombinationen mitgebracht hat. Der Weinkeller von Filippo Volpi ist sehr gut sortiert und es werden immer wieder besondere Weinproben, mit einem darauf abgestellten Menu, abgehalten.

Ebenfalls an der Aurelia liegt das fast ausschließlich von Italienern frequentierte Ristorante *Bar Roma*, von Vasco und seinem Sohn Federico geleitet, aber auch Ehefrau und Tochter arbeiten mit. Es handelt sich um einen echten Familienbetrieb. Mittags ist es schwierig, Platz zu bekommen; Geschäftsleute und Fernfahrer wissen die einfachen, aber guten Hausweine und die Vielfalt der preiswerten Gerichte zu schätzen, die auf keiner Speisekarte stehen, sondern verbal zur Auswahl gegeben werden.

Filippo Volpi
Hotel/Restaurant Menabuoi
Donoratico

Ein Lokal, das ich seit Jahren immer wieder gerne besuche, ist das außerordentlich originelle *Capellaio Pazzo* (Der verrückte Hut), das nahe der Straße, die nach Campiglia führt, liegt. Deni Bruci, der offenbar tausende von Hüten aller Epochen sein eigen nennt, die er als immer wieder wechselnde Wanddekoration benutzt, kommt zu jedem Gast an dem Tisch, um ihn – möglichst in seiner Landessprache – zu beraten. Seine Mutter kreiert stets aufs Neue kleine Scampivorspeisen, die es sonst nirgendwo gibt.

Ein gut geführtes Restaurant erkennt man auch daran, dass außer frischen Zutaten für die Essenszubereitung auch gute Olivenöle auf den Tisch kommen. Das kaltgepresste Olio di Oliva extra vergine, das native Olivenöl, ist eine der wichtigsten Zutaten der Mittelmeerküche. Die meisten der Olivenöle Italiens kommen aus den südlichen Provinzen. Im Norden Italiens gibt es relativ wenige Olivenbäume, weil das Klima nicht mild genug ist, strenge Winter überleben sie nicht.

Im Chiantigebiet sind im Jahre 1985 fast alle Olivenbäume erfroren und es musste erst wieder aufgeforstet werden.

In Italiens Mitte, in der Toscana, wo heißen Tagen relativ kühle Nächte folgen können, was unweigerlich die Erntereife hinausschiebt und den Ertrag reguliert, wird ein Olivenöl hergestellt, das intensiver und geschmacklich fruchtiger ist, als das milde des Nordens und das ebenfalls milde, fast samtig-fett schmeckende des Südens.

Wichtig für die Qualität des Öls ist die Mischung der verschiedenen Sorten von Oliven. In Italien gibt es an die fünfhundert, wobei jede Region ihre Hauptsorten favorisiert, die auf dem jeweiligen Boden am besten gedeihen, das ausgeprägteste Aroma entwickeln und gleichzeitig den höchsten Ertrag bringen. Monokulturen gibt es kaum. Moraiolo, Frantoio, Leccino und Seggianese werden im Allgemeinen in der Castagneto-Gegend im Wechsel gepflanzt. Geschmack und Charakter des Olivenöls hängen in großem Maße vom Boden ab, aus dem der Baum die Mineralien, die Kraft und das Aroma für die Frucht zieht. Außerdem spielen für die Gewinnung eines qualitativ hochwertigen Öles neben dem Klima der Zeitpunkt des Pflückens und die Erntemethoden eine wichtige Rolle.

In der Toscana wird relativ früh, bereits im Oktober geerntet, das heißt, dass ein gewisser Anteil grüner, noch unreifer Früchte mit verarbeitet wird, denen das frische Öl einen nussigen, fast kratzigen Geschmack verdankt. Das beste Öl, Natives Olivenöl extra, erhält man von handgepflückten Früchten, die noch am gleichen Tag in die Ölmühle gebracht werden. Diese Arbeit, die Pflücker stehen meist auf Leitern und ernten in Körbe, ist intensiv und teuer, aber sie garantiert die optimale Qualität, weil die Frucht im gewünschten Reifezustand vom Baum genommen wird. Auf keinen Fall dürfen Oliven, die schon auf dem Boden gelegen haben, dabei sein. Und nur dieses Öl entwickelt die würzige Komponente, die an rohe Artischocken oder auch Rosmarin erinnert. Dieser Geschmack fehlt später im Winter den jetzt bereits sehr reifen Oliven, die maschinell vom Baum gerüttelt werden und zum Teil auch schon auf den Boden gefallen sind, was den Früchten schadet und ihr Aroma beeinträchtigt. Durch die Reife haben sie bereits an Qualität verloren. Auch sind die Werte der freien Fettsäuren gestiegen.

Es wird von Oktober bis Ende März geerntet und Öl produziert. In der Ölmühle werden die Oliven gereinigt, nach dem Waschgang sind alle kleinen Fremdkörper weggespült. Die alte Methode ist, sie im Kollergang zu zermahlen: Die Früchte werden in eine große Stahlschüssel von etwa drei Meter Durchmesser geschüttet, wo sie von aufrecht stehenden, mechanisch umlaufenden, runden Granitscheiben zu einem musigen Brei zerquetscht werden. Dieser wird auf kreisrunde Matten geschaufelt und glatt gestrichen, drei, vier Zentimeter hoch. Die Matten, die mittig gelocht sind und über ein dickes, zwei Meter hohes Stahlrohr gestülpt werden, Matte und Olivenmus im Wechsel, werden gedreht. Mit starkem Druck von oben, bis zu 400 Atü, wird der Olivenbrei zwischen den bis zu

vierzig Stück übereinander liegenden, harten Rundmatten ausgepresst und das Fruchtwasser wird durch Zentrifugieren vom Öl getrennt.

Heute sind viele Ölmühlen zu einem modernen Verfahren übergegangen. In Metallbehältern erfolgt das Pressen der Oliven mittels zweier spiralförmiger Metallschnecken mit unterschiedlichen Geschwindigkeiten. Die dadurch entstehende Friktion führt zum Auspressen des Ölkuchens.

Wenn das Öl die Mühle verlässt, ist es goldgelb und trüb und es hat den intensivsten Geschmack, kann fruchtig, nussig, leicht kratzig oder mit Kräuteranklängen schmecken. Nach einigen Monaten Lagerung ist es klar, eher grünlichgelb und das Aroma ist gemildert. Bis zu zwei Jahre nach der Pressung hält ein gutes Olivenöl in dunklen, UV-beständigen Flaschen bei richtiger Lagerung mit 12–20 Grad. Es sollte nicht dem Licht ausgesetzt werden und auf keinen Fall gehört es in den Kühlschrank.

Die Toscana ist nicht das größte italienische Anbaugebiet für Oliven. Hauptproduzent ist Apulien, aber auch Sizilien, Kalabrien, Umbrien und Ligurien sind wichtig. Nichtsdestotrotz sind die Olivenöle der Toscana die bekanntesten. In zahlreichen Zeitschriftenartikeln und Bildbänden über die Toscana ist über sie geschrieben worden und längst haben sie Eingang in die internationale kulinarische Welt gefunden.

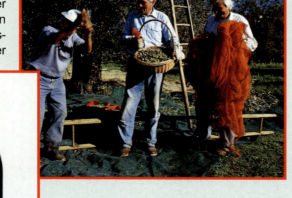

Was die Beliebtheit des Olivenöls steigert, ist die Tatsache, dass es frei von Cholesterin ist und somit zur gesunden Ernährung beiträgt. Es ist ein unverfälschtes, natürliches Nahrungsmittel, das neben anderen Vitaminen einen großen Anteil von Vitamin E enthält. Je tiefer der Fettsäuregehalt ist, ideal 0,2 – 0,4 % desto gesünder ist das Öl, optimal Aroma und Geschmack.

Seit kurzem gibt es, um kernloses Olivenöl, das *Olio de-nocciolato* herzustellen, in der Toscana zwei Maschinen von *Alfaleval*. Eine davon steht in Castagneto, in der vor zehn Jahren von Michele di Gaietano gegründeten und mit seinen Söhnen Paolo und Simone weitergeführten Ölmühle *Fonte di Foiano*. Von einhundert Kilo Oliven erzielt man nur rund zehn Liter Öl. Dieses kernlose Öl, das aus jahrhundertealten Ölbäumen gewonnen wird, die mit ihren tiefen Wurzeln dem Öl einen großen Reichtum an Mineralsalzen verschaffen, hat den außerordentlich niedrigen Säuregehalt von nur 0,1 %. Sein Geschmack ist mild und von delikater Ausgewogenheit und es passt zu allen Salaten, aber auch über einen gegrillten oder im Rohr gegarten Fisch.

In der Nähe von *Fonte di Foiano* liegt *Pianoro*, der Besitz von Hedy und Dieter Lenz, deren Olivenhain sich ebenfalls über die sanfte, von Meeresbrise und dem Duft der mediterranen *Macchia* umspülten Hügel Castagnetos hinzieht. Sie exportieren ihr Öl ausschließlich nach Österreich und Deutschland und zählten bereits zum zweiten Mal mit ihrem Olivenöl extra vergine zu den Siegern eines groß angelegten Tests aller italienischen Olivenöle.

Hauptsächlich ist Olivenöl eine mediterran-europäische Angelegenheit. Die Europäische Union bringt siebzig Prozent der Gesamtweltproduktion hervor, gleichzeitig konsumiert sie achtzig Prozent der Olivenölproduktion. Den höchsten Eigenverbrauch haben die Italiener, gefolgt von den Griechen, Spaniern, Portugiesen und Franzosen.

Olivenöl ist nicht gleich Olivenöl. Es gibt die unterschiedlichsten Kategorien und auch die unterschiedlichsten Preise. Aber man kann natürlich sicher sein, wenn man ein Öl kauft, bei dem die Flasche unter fünf Euro kostet, dass es sich um Billigöl handelt, das wohl den Namen Olivenöl führen darf, im Grunde aber ein industrielles Raffinat ist.

Fünfundzwanzigstes Kapitel

Freiheit

Ich habe einen Wettbewerb gewonnen, wieder vom Land Hessen ausgeschrieben, Wandgestaltungen im Gebäude des Hessischen Berufsbildungswerkes. Die Arbeiten sind viel umfangreicher als ursprünglich angenommen und ich sollte in vier Monaten damit fertig sein. Die Galeriearbeit läuft weiter und ich komme selten vor Mitternacht zum Schlafen. Aber auf jeden Fall stehe ich sehr früh auf, um mit dem Zug nach Karben zu fahren, bewaffnet mit starkem Kaffee in einer großen Thermoskanne. Einige Male war ich im Zug eingeschlafen und wurde vom Schaffner oder anderen Fahrgästen geweckt und genötigt, an der Endstation auszusteigen. Schlafend war ich über das Ziel hinausgeschossen und in Friedberg gelandet. Das hieß dann eine ganze Stunde zu warten, bis mich der Zug aus der Gegenrichtung zurückbrachte.

Es kommt der Zeitpunkt, wo ich mit den Kräften am Ende bin und entscheiden muss: Galerie oder Auftrag. Ich schließe die Galerie für einige Wochen, um mich ausschließlich auf die Wandbilder konzentrieren zu können. Franklin hat in dieser Zeit mehrere Ausstellungen in Deutschland und ich helfe ihm bei den Vorbereitungen und reise auch mit zu den Vernissagen. Zwischendurch muss er drei Wochen nach Pietrasanta, um eine größere Skulptur für seine New Yorker Galeristin fertig zu stellen.

Die letzten zwei Wochen arbeiten wir gemeinsam in Karben. Wir fahren morgens um acht los und kommen gegen neun Uhr abends zurück, zu spät um einzukaufen oder etwas zu kochen. Und so kommt es, dass wir jeden Abend im „Jade" sitzen, einem unkomplizierten, chinesischen Lokal, das unserer Wohnung am nächsten liegt. Ab und zu passiert es uns, dass wir das Essen Tisch an Tisch mit einem noch beleibten, beturnschuhten Joschka Fischer, seinem Parteigenossen Jürgen Trittin und ihren Freunden einnehmen, man kann nicht umhin, ihre zänkischen Grundsatzdiskussionen mit anzuhören, ihr verbales Gerangel. Anstatt zu essen, haben sie ihre Streitgespräche von wo auch immer mit ins Lokal getragen und da sie nicht daran denken, stimmmässig auf andere Rücksicht zu nehmen, ist man ihren für uns langweiligen und nervenden Tiraden ausgesetzt. Welche Wandlungen in fünf kurzen Jahren möglich sind, erstaunt mich immer wieder.

Zehn, zwölf Stunden unter Zeitdruck zu malen, in der Hocke, auf dem Bauche liegend, auf Leitern stehend – die wenigs-

ten Dinge lassen sich mit dem Pinsel im Armradius erreichen und schon gar nicht aus Sitzposition von einem bequemen Stuhl aus – das erschöpft. Am Abend sitzen wir uns ausgepowert gegenüber, bestellen verschiedene kleine Vorspeisen, trinken ein großes Weizenbier dazu und dann gehen wir nach Hause.

Ich werde in der abgesprochenen Zeit fertig. Franklin will nicht loslassen, würde am liebsten hier und da noch etwas übermalen, hinzufügen oder verbessern, er ist so mittendrin in der Arbeit. Aber ich bin unerbittlich und packe zusammen. Ich verspreche ihm, dass wir im Haus in Castagneto Fresken und Wandgemälde machen werden. Da können wir uns austoben, jahrelang. Wenn ich nicht mehr in Frankfurt ansässig bin, werde ich ohnedies nicht mehr zu Teilnahme an Wettbewerben eingeladen werden, dann bin ich kein hessischer Künstler mehr.

Endlich ist es soweit. Wir haben unsere Galerie verkauft und sind frei. Philip ist seit längerer Zeit schon in einem Internat, jetzt können wir an einen Umzug nach Italien denken, einen Umzug in Raten, wir wollen die Frankfurter Wohnung noch ein, zwei Jahre behalten. Unsere Nachfolger räkeln sich im Galeriegarten, unterbrechen vielmals am Tag ihre halbherzigen Versuche, die Räume zu renovieren, um zu diskutieren, wie es weitergeht, halten Hof mit Bierflaschen in der Hand. Jeden Nachmittag fallen zehn bis fünfzehn Freunde von ihnen ein, noch mehr Bierflaschen, noch mehr Diskussionen. Gelächter schallt herauf.

Franklin und ich sitzen auf dem Balkon unserer Wohnung im ersten Stock des Hauses. Die weit ausladenden Äste des mächtigen Kastanienbaums, der über und über blüht, berühren das gusseiserne Jugendstilgitter, weiße Blütenblätter schneien uns ins Haar. Wir sehen hinab auf das planlose Treiben und fühlen uns ein wenig wie in Kulissen sitzend, vom eigentlichen Geschehen ausgeschlossen. Siebzehn Jahre habe ich die Galerie durch Höhen und Tiefen gesteuert, erst allein, dann mit Franklins Hilfe, jetzt sind wir nicht mehr wichtig, sozusagen nicht mehr da. In das Gefühl der Freiheit, die uns der lang ersehnte Verkauf des Betriebs gegeben hat, mischt sich etwas Beklemmung.

Die neue Mannschaft benötigt für die Umgestaltung des Konzeptes und der Renovierung der Galerieräume anstatt der geplanten sechs Wochen neun Monate und präsentiert dann eine Totgeburt. Denn inzwischen haben sich Publikum und Galeriekunden verlaufen, die Atmosphäre stimmt nicht, ist steril. Einige Monate lang experimentieren und dilettieren unsere Nachfolger glücklos herum und geben dann auf.

Franklin nimmt in Italien sein Studio, die große Halle, in Besitz. Alle Skulpturen, die nicht in Ausstellungen sind, werden hier aufgestellt. Er schleppt Berge von Büchern, schweren Büttenpapieren, Aquarellblöcken, Farben, Pinsel, Tinten, aber

Kleine Hochzeitstruhe

auch eine Stereoanlage und einige bequeme Ohrensessel in sein Refugium.

Es ist wieder Mai und die Landschaft, wie jedes Jahr, ein einziges Mohnblumenfeld. Die jungen Blätter der Weinstöcke sind so zart und dünn, dass sie im Sonnenlicht fast transparent erscheinen und das frische Rebengrün zeigt den gleichen hellen Farbton wie die Blätter der Trauerweiden am Bach. Hoch aufgeschossene Bambus-Schösslinge wiegen sich in der leichten Brise, die Hortensien haben ausgeschlagen – diese vielen Grüntöne, es wird einem ganz schwindelig davon. Schwertlilien stehen in saftigen dicken Büscheln beieinander, ihre Knospen sind aufgeplatzt und seidiges Violett schiebt sich heraus.

Am frühen Morgen schon singen die Nachtigallen und meine Katzen staksen mit spitzen Pfoten durch das taunasse Gras. Ich decke den Frühstückstisch draußen, zwischen Bambus und Oleanderhecken.

In Frankfurt haben wir noch einiges Mobiliar, das ich einmal sehr geliebt habe verkauft, Biedermeier und Jugendstil. Sie passen nicht in *Mulino Rotone*, weder vom Alter her, noch wollen wir furnierte Hölzer, die Feuchtigkeit in Meeresnähe würde ihnen schaden. Aus meiner Sammlung habe ich auch einige der alten Puppen und Puppenhäuser auf eine Auktion gegeben, Franklins Galeristin in Soho hat wieder einige Verkäufe getätigt, das alles wird uns den Anfang in Italien erleichtern.

Alexander Heberer hat mich gefragt, ob ich eine seiner Bäckereifilialen mit Wandgemälden ausschmücken würde. Nach dem Lokaltermin habe ich ihm den Vorschlag unterbreitet, nicht an Ort und Stelle zu arbeiten, das würde den Betrieb zu sehr stören. Ich könnte auf zweieinhalb Meter hohe Holzplatten malen, die sich nach Fertigstellung, mit einem Rahmen versehen, auf die vorhandenen Wandpaneele aufschrauben ließen. Das hätte auch den Vorteil, dass ich in Italien arbeiten könnte. Alexander ist einverstanden.

Die Schwierigkeit für die Gestaltung ist das Hochformat. Ich male Körbe mit Baguette und dunklen Brotlaiben, die auf dem Boden stehen, und von oben fallen gekerbte, runde und längliche Brötchen, Stangen, Croissants und Brezeln hinein. Auf einer anderen Bildplatte senkt sich im freien Fall ein Frühstück auf einen blau eingedeckten, runden Tisch. Der Tellerrand berührt schon die Tischplatte, darüber schwebt eine weiße Kaffeekanne, aus der ein Strahl brauner Kaffee, den man förmlich riecht, in die Tasse zielt, und darüber fallen die Zuckerstückchen aus einer leicht geneigten Zuckerschale, Teigstückchen mit Obstbelag, Eierbecher und Ei, Hörnchen, Brötchen, Orangensaft im Glas, alles segelt im heiteren Flug nach unten.

Jetzt wünschte ich, unsere Freunde Sylvie und Alex wären schon aus ihrem Winterquartier in Florida zurück und in ihrem Haus in Sassetta. Sylvie ist eine Meisterin der Backkunst. Nicht nur, dass ihre Kuchen göttlich schmecken, die Torten sind wahre Kunstwerke. Die könnte man jetzt einfach abmalen. Für die anderen Bildpaneele entwerfe ich also Borde, die mit Spitzen besetzt sind, auf denen Gebäck, Kuchen und Torten prunken: eine wahre Orgie von Süßigkeiten.

„*You get carried away, don't you?*", sagt Franklin, was so viel heißen soll, dass es mit mir durchgeht. Ich erfinde die schönsten Backwaren, viereckige Apfelkuchen, zuckerbestreute Sand- und Napfkuchen, die sich auf Porzellantellern und Glasschalen mit Fuß präsentieren, Früchte inmitten aufgeschichteter Löffelbiskuits, Torten, hoch aufgetürmt und mit Obstgarnierungen prangend, roten Kirschen, grünen Kiwis, gelben Aprikosen, Puderzucker stäubt in der Luft.

Ich bin kein ausgesprochener Süßigkeiten-Fan, Schokolade kann bei mir monatelang herumliegen, ohne dass ich sie anrühre. Aber jetzt entwickle ich Appetit auf süße Dinge, sodass ich auf der Suche nach etwas Keksigem oder Schokoladigem durch das Haus streife, sämtliche Küchenschränke inspiziere, meine Eltern hinterlassen immer Nester und Vorräte von *Ritter Sport*, Mandelsplitter, *Raffaelos* und dergleichen mehr. Aber jetzt ist nichts zu finden. Seit Franklin weiß, dass er Diabetiker ist, überkommt ihn oft Heißhunger nach allem, was nicht gut für ihn ist. Schließlich stehe ich in der Küche und mache mir ein Omelett mit Erdbeermarmelade.

„Du siehst aus wie eine Tonne", sagt Franklin. „Weißt du, dass du zwanzig oder dreißig Kilo zugenommen hast, seit wir zusammen sind, in dreizehn Jahren, wie soll das weitergehen? Wir stehen doch nicht in Konkurrenz! – Und außerdem liebe ich dünne Frauen."

Ich habe keine Lust, ein Mittagessen zuzubereiten. Er hat Recht, ich bin zu dick geworden. Und obwohl ich persönlich dicke Leute liebe und mit jedem Kilo, das ich zugenommen habe, leistungsfähiger und stärker geworden bin, ist eine kleine Hungerdiät angesagt, am besten ab sofort. Nach einer Weile streift jemand nervös um meine Staffelei, an die ich eine der großen Bildplatten gelehnt habe. Ich bin mitten in der Arbeit.

„Kein Mittagessen heute?"

„Nein", sage ich, „es ist besser, wenn ich weitermale und außerdem will ich so etwas wie Diät machen, nicht mehr so viel essen. Und deswegen werde ich auch nicht kochen, das wäre eine zu große Versuchung, verstehst du?"

Das wird offenbar billigend und ohne Kommentar entgegengenommen. Nach einer Weile glaube ich, Geruchshalluzinationen zu haben. Torten malend ist meine Nase auf Süß eingestellt, mein ganzes Geschmackssystem im Augenblick auf Cremes, Kuchen und Obst getrimmt. Aber ich rieche Speck, Zwiebeln, Knoblauch, irgendetwas stimmt da nicht.

Kurz darauf werde ich in den Garten gerufen. Auf dem Tisch steht eine Schüssel mit einem üppigen Berg *Spaghetti carbonara*.

„Setz dich, du musst essen, wenn du den ganzen Tag an der Staffelei stehst, das ist anstrengend."

Ich protestiere, es nützt nichts.

„Du bist jetzt schon ganz blass, jetzt halt den Mund und iss."

Ich tu alles, was er sagt, halte den Mund und esse. Er ist ein wunderbarer Koch. Die *Carbonara* schmeckt köstlich. Das Öl glänzt auf den *al dente* gekochten Nudeln, die ausgelassenen Speckwürfel, die kleinen Zwiebelstückchen, das geschlagene Ei, die geschlagenen Eier müsste ich sagen, wie ich meinen Mann kenne, sind mindestens fünf davon in der *Carbonara*, und ich sehe förmlich, wie die Kalorien auf meine Hüften fliegen und sich da fest nisten. Es hilft nichts, mit Nachdruck eine zweite Portion abzulehnen.

„*Du kranken?*", werde ich gefragt.

Nein, ich bin nicht krank, ich bin nur satt. – Wir machen trotzdem die Schüssel leer. Wir leisten uns den Luxus, am hellen Mittag eine Flasche *Avvoltore* zu trinken. Das Weingut heißt *Morris-Farm* und liegt bei Grosseto und dieser Wein entwickelt sich zu einem meiner absoluten Favoriten. Später lerne ich den Winzer, Dottore Adolfo Parentini, und seine anderen Weine kennen, aber der *Avvoltore* mit seinem ausgewogenen Bukett bleibt mein Liebling. Beim zweiten Glas kommen anarchische Gefühle auf. Warum soll ich nicht noch eine Weile in der Sonne sitzen? Man kann doch nicht immer nur arbeiten! Zu meinen Kuchen und Torten mag ich nun überhaupt nicht mehr zurückgehen, so satt wie ich jetzt bin. Das hat später Zeit oder morgen, *domani* eben. Schließlich sind wir in Italien.

Ende Juli bis zum achtzehnten August hat Franklin eine große Ausstellung aller verfügbaren Bildhauerobjekte in San Pietro in Palazzo bei Cecina, in der *Villa La Cinquantina*. Gemeinsam mit dem ebenfalls in Castagneto lebenden schottischen Maler Michael Zyw ist er von der Comune eingeladen worden. Die *La Cinquantina*, eine antike Villa, die per Stiftung an die Stadt Cecina übergegangen war und in einem großen Park liegt, ist einer der schönsten Plätze, die man sich für eine Ausstellung wünschen kann. Es sind hohe und weite Räume, das Licht fällt von allen Seiten ein und der große, graue Granit-Objekttisch mit den metergroßen Melonenstücken steht im Scheitelpunkt.

Da der erste Stock des Gebäudes ein kleines etruskisches Museum beherbergt, herrscht reger Publikumsverkehr und die beiden Künstler lernen viele Leute kennen. Kunden weniger, denn die Italiener lieben die Kunst, bewundern sie, beten sie geradezu an, finden großartige Worte für Komplimente, die dem Künstler schmeicheln, aber Käufer sind sie nicht. Aber das tut im Augenblick nichts zur Sache. Es ist einfach eine schöne Ausstellung und man hat viel Ansprache, wenn man während der geregelten Öffnungszeiten „Dienst macht" und ein Auge auf die Exponate hält. An mehreren Abenden werden im parkähnlichen Garten vor der Villa Konzerte veranstaltet und man kann den Mond beobachten, der sich hinter dem Musikerpodium nur zögerlich vom Geäst der stillen Bäume löst und sich langsam wie ein dicker, orangefarbener Ballon erhebt, um nach rechts abzuwandern.

Pasquale, Michael Zyws Frau, und ich arrangieren für unsere Freunde während der Ausstellungszeit zwei kleine Feste in der *Villa La Cinquantina*.

Wir müssen nicht mehr zu bestimmten Zeiten nach Frankfurt zurück, wir können vier, fünf Monate in Castagneto bleiben. Aber hier wie da gibt es viel zu tun, Pläne zu verwirklichen. Und während die alten noch nicht ausgeführt sind, tauchen schon wieder neue Ideen auf. Die Zeit vergeht zu schnell, das Leben ist zu kurz, um alles zu Ende zu bringen.

Sechsundzwanzigstes Kapitel

Windsnamen und Bens Ankunft

Draußen weht der erste *Tramontana*, obwohl wir schon Ende August haben. Normalerweise fällt er in der zweiten Junihälfte und im Juli ein. Es ist ein Nordwind, der aus den Bergen kommt und im Sommer immer Hitze mitbringt, weil er die in den Tälern sich entwickelnden, hohen Temperaturen zusammengeballt über die Hügelketten wirft und hier an der Küste ablädt. Er dauert meist nicht länger als fünf, sechs Tage und kann so intensiv sein, dass er Pferdefliegen, Mücken und andere Insekten, die sich normalerweise nicht in Meeresnähe aufhalten, aus dem Inland herüberträgt. Hat er sich für einige Tage ausgetobt, steigt die Temperatur selten wieder über dreißig Grad an. – Im Augenblick ist er zu Höchstform aufgelaufen. Will man das Haus verlassen, hat man das Gefühl, als öffne man eine Backofentür, so eine atemberaubende Hitze schlägt einem entgegen.

Das ist die Zeit, in der man mit umnebeltem Verstand durch die Landschaft wandelt wie durch dicken Sirup, keiner größeren Entscheidungen fähig, besser, man verschiebt alles auf morgen. Viele Verhalten der Menschen sind eben klimatisch bedingt, wie man anhand dieser Temperaturen deutlich sieht.

Der *Tramontana* des Winters ist der gefürchtete, eisige Nordwind, der die Kälte aus allen nordischen Winterländern, einschließlich der Sibirischen Steppen vor sich herschieben kann. Er lässt auch hier bei Temperaturen unter Null Wasserpfützen überfrieren und in manchen Jahren verliert man alle Geranien und Margeritenbüsche an den Frost.

Wenn er ums Haus tobt, vehement an Fenster- und Türläden rüttelt und die großen Blechengel und das springende Pferd, die auf den Hausgiebeln als Wetterfahnen fungieren, sich kreischend drehen, dann ist es am besten, wenn man ein Kaminfeuer anmacht und auch gleich Kerzen parat hält. Denn früher oder später, wie das Amen in der Kirche, fällt der Strom aus, manchmal für Minuten, es kann sich aber auch um Stunden handeln.

Winde gibt es viele in der Toscana und sie haben die unterschiedlichsten Namen. Etwas Ordnung in den Wirrwarr, sie auseinander halten zu wollen, hat meine deutsche Freundin Waltraud Kugler, die das an *Ornellaia* angrenzende *Le Mandrie* bewirtschaftet, gebracht. Nach ihrer Liste kommt der angenehmste Sommerwind aus dem Westen und heißt *Maestrale*, auch *Maestralino*, wenn er ganz sanft über Meer und Landschaft fächelt, nicht zu verwechseln mit dem mitunter eisigen Alpenfallwind, dem *Mistral*, der in Norditalien, Gardaseegegend und Südfrankreich einfällt. Der *Maestrale* geht mit lang anhaltenden Schönwetterperioden einher und sorgt dafür, dass die Temperaturen ein, zwei Grade unter dreißig bleiben, während sie gleichzeitig im Landesinneren unangenehm hoch klettern.

Scirocco heißt der aus Afrika herüberwehende Wind, der feuchte Wärme und manchmal auch Regengüsse mit sich führt. Er ist stark und stürmisch, aber die Insel Elba, die gleichsam als Bollwerk vor der Küste liegt, bremst ihn ab und leitet ihn gleichzeitig um. Trotzdem habe ich es schon erlebt, dass er den allerfeinsten, goldgelben Wüstensand, der dann durch alle Ritzen dringt, mitgebracht hat.

Oftmals verlagert sich der *Scirocco*, an Kraft zunehmend, langsam Richtung Westen, erreicht uns in einer Kurve, da hier keine Hindernisse im Wege stehen, jetzt als Sturm aus West-Südwest und wird nun *Libeccio* genannt. Bei Windstärken von fünf bis (selten) zwölf werden alle Wolken vom Himmel gefetzt, keine Chance für Regen. Gewissermaßen geht er also mit schöner Witterung einher und auch wenn der Himmel dabei bewölkt sein sollte, ist das kein Zeichen für aufkommende Wetterverschlechterung.

Man gewöhnt sich daran, zweimal im Monat *Libeccio* zu haben. Wenn einige Tage kein Wind mehr geweht hat, wundert man sich. Er kommt sehr plötzlich, kann innerhalb einiger Minuten schon die volle Stärke erreichen und bleibt dann für mindestens vierundzwanzig Stunden.

Der *Levante*, der auch *Grecale* genannt wird und von Südost kommt, transportiert fast immer Regen und Gewitter. Für längere Zeit hält er sich aber nur im November.

Mir persönlich gibt Wind ein Hochgefühl, ich liebe ihn einfach. Am liebsten sind mir der *Maestrale* und der sommerliche, nicht zu heiße *Tramontana*. Wenn man die Fenster öffnet, ist das Rauschen der Bäume, des ganzen Waldes, so stark, dass man meint, eine kräftige Meeresbrandung zu hören.

Maestrale herrscht auch, als wir zum Flughafen Pisa fahren, um Franklins Sohn Ben abzuholen, der mit seiner Freundin und späteren Frau Daniele aus den Vereinigten Staaten kommt. In diesem Sommer haben wir beide Söhne zu Besuch. Ben kommt zum dritten Mal nach Castagneto. Er ist künstlerisch begabt und will Bildhauer und Hochschullehrer werden wie sein Vater. Daniele ist Goldschmiedin. Die jungen Leute sind nach dem langen Flug keineswegs müde und sofort bereit zu einem Florenzbesuch.

Zuerst gehen wir natürlich essen, in die *Trattoria Angiolino*. Überall, wo Franklin schon einmal gewesen ist, weiß er, abseits der Straßen, kleine versteckte Restaurants, meist eher den Einheimischen als den Touristen bekannt, wo man gut essen und trinken kann. Es ist unwahrscheinlich. Der Restaurantbesitzer kommt hinter der Theke hervorgeschossen und, obwohl er Franklin seit Jahren nicht mehr gesehen hat, begrüßt er ihn namentlich mit einer innigen Umarmung: „Franco, Frenci, wo bist du die ganze Zeit gewesen, in Amerika? Warum sieht man dich nicht mehr?"

Es wird auf mich gedeutet, die deutsche, die amerikanische Familie vorgestellt. Ich weiß sofort Bescheid. Auch dies ist ein Platz, wo er vor meiner Zeit ein Vermögen gelassen hat, seinen Teil der Erbschaft aus einer großelterlichen Farm in Virginia. Inzwischen kann ich Signale lesen. Betreten wir ein Restaurant und der Wirt oder der Koch legen ihm eine kleine, verfettete Patschhand auf die breite Schulter, ihn brüderlich in die Küche geleitend, um ihm an Ort und Stelle topfdeckelhebend Offerten zu machen, dann ist das sicher ein Etablissement, in dem er vielmals viele seiner vielen Freunde freigehalten hat. Es ist ein Jammer! Warum haben wir uns nicht früher kennen gelernt. Entweder wäre ich bei den Feiern mit von der Partie gewesen oder ich hätte sein Geld ein bisschen zusammengehalten. Auf jeden Fall hätte ich etwas davon gehabt!

Natürlich ist das Essen gut: eine hausgemachte Pasta mit einer simplen, aber perfekt abgeschmeckten Tomatensoße, danach *Triglie al Forno*, gebackene Meeresbarben auf Gemüsebett, frisch aus dem Backofen, zum Abschluss ein kleiner Espresso und für Philip *Gelato*.

Zweieinhalb Millionen Touristen sollen jedes Jahr in Florenz einfallen, laut Statistik. Ich habe ganz stark das Gefühl, dass die Hälfte davon heute anwesend ist. Und nirgendwo sieht und hört man so viele Amerikaner und Japaner wie hier. In

dieser Stadt stellen die Deutschen nur eine kleine Gruppe. Wir schieben – oder lassen uns schieben – über den *Ponte Vecchio*.

Anschließend bekommen wir eine Stadtführung. Franklin ist in seinem Element, mit ihm, dem Kunsthistoriker mit brillanter Merkfähigkeit und einer großen Liebe zu Florenz, stehen uns drei anstrengende Stunden bevor. Es ist mir ein Rätsel, wie er all diese Daten und Fakten in seinem Gedächtnis speichern kann, während er im Dickicht der Alltäglichkeiten immer wieder aufs Neue hilflos wird und verloren geht, weder den Namen seiner Krankenversicherung weiß, noch in der Lage ist, einen Scheck auszufüllen.

Der Vortrag beginnt mit dem Großherzogtum Toscana unter den Medici, Renaissance, seine liebste Zeit, da hätte er gerne gelebt und auch hineingepasst. Er spricht über den religiösen Erneuerer Savonarola, die Toscana unter Habsburgerherrschaft, im Napoleonischen Zeitalter, auch über romanische, gotische und Renaissancebauten.

Nach meinem letzten Florenzbesuch, ausgedehnten Besuchen in den Uffizien, dem Dom und anderen Architektursehenswürdigkeiten, hatte ich mir vorgenommen, das nächste Mal unbedingt das kleine, in einer Seitenstraße des *Palazzo Pitti* liegende Wachskörper-Museum *La Specola* aufzusuchen. Es liegt versteckt und nicht alle Räume sind gleichzeitig zugänglich. Es werden immer nur Sektionen geöffnet. Genaues weiß man nicht, nur dass der Besuch weder Kindern noch zimperlichen Leuten gut tun soll.

Eine Naturkundeabteilung ist eingerichtet, so habe ich gelesen, wo man präparierte Tiere und auch in Wachs nachgeformte besichtigen kann, Insekten und Marder, Schildkröten und auch einen ausgehöhlten Elefantenfuß, einen räudigen, ausgestopften Gorilla und einen beunruhigend langen Bandwurm.

Im Wachsfigurenkabinett gibt es Räume mit menschlichen Körpern. In perfektem Realismus sind Föten nachgebildet, Wirbelsäulen, Armknochen, schwangere

Frauen, Männerschädel, ganze Körper (geöffnet, um die Sicht auf täuschend echt geformte und eingefärbte Organe freizugeben), Köpfe mit abgezogener Haut oder herausgeschälten Augen, Lehrmodelle für Studenten. Die Sammlung umfasst fast eineinhalbtausend Stücke und wurde im achtzehnten Jahrhundert geschaffen. Der Grand Duke Pietro Leopoldo de Lorraine hat sie als Anschauungsmaterial für künftige Ärzte geplant. Die Künstler, die die Exponate in Wachs modellierten, formten Skulpturen, die in ihrem sezierten Stadium noch lebensecht wirken.

Es ist sicher ein bizarres und barockes Erlebnis, diese Sammlung aufzusuchen. Philip ist sofort dafür, als ich bei einer Espressopause einen kleinen, begeisterten Überblick über mein angelesenes Wissen gebe und einen Vorstoß wage. Wir sind uns einig, das würde uns brennend interessieren. Aber die drei Amerikaner winken entsetzt ab und es wird Jahre dauern, bis ich die Ausstellung sehen kann.

Ben und Daniele und auch Philip bleiben sechs Wochen bei uns und wir machen kleinere Tagesausflüge mit ihnen, San Gimignano, Volterra, Campiglia, Massa Marittima, Suvereto, Siena. Es ist überall schön in unserer näheren Umgebung. Und einmal veranstalten wir sogar ein Picknick am Meer. Wir können jetzt lockerer mit unserer Zeit umgehen und davon profitiert die ganze Familie.

Castagnetto Carduchi bei Nacht

Siebenundzwanzigstes Kapitel

Der Umzug

Im März 1995 laden wir zum letzten Mal den Mercedes-Bus mit Umzugsgut aus der großen Frankfurter Wohnung, die am Ende dem Nachfolger renoviert übergeben werden muss. Stress bis zum Schluss. Aber jetzt winkt die Freiheit. Eigenartig, dass ich Frankfurt ohne das geringste Gefühl des Bedauerns verlasse. Ich habe fünfunddreißig Jahre hier gewohnt und bin trotzdem niemals heimisch geworden und ich weiß heute schon, dass es mich auch nicht zurückziehen wird.

Ginster, Myrte und Sandrosen blühen, als wir in Castagneto ankommen, Hundsgras hat sich überall breit gemacht und droht Tulpen und Narzissen, die ich großzügig in die Beete versenkt habe, zu ersticken. In den nächsten Tagen muss ich unbedingt Zeit für meinen Blumengarten finden; ich freue mich schon darauf, die Hände in die warme, lockere Erde zu stecken. Die Nachtigallen sind bereits aus ihrem afrikanischen Winterlager zurückgekehrt und bevölkern schon die Büsche am Waldrand und am Bach.

Wir laden mithilfe unseres Gärtners Möbel, Lampen und anderen Hausrat aus und lagern alles in der großen Halle, wo schon die zwei vorhergehenden Transporte auf ihre Verteilung in den Räumen warten. Wir haben viel Zeit zu entscheiden, welches Möbelstück wohin kommt, wo eine Skulptur, ein Leuchter, eine Vase aufgestellt, ein Bild aufgehängt wird.

Aber nun, zuallererst, animieren wir Jakob, ins Auto zu springen und wir machen mit dem Hund einen langen Spaziergang am Meer. Der Sand ist locker und das Laufen fällt schwer, weil man einsinkt und die Ebbe diesmal eine Schräge zum Meer hin gewaschen hat. Meist ist der an den Wellen entlanglaufende Sandstreifen gerade und bretthart und man kann mühelos kilometerlang längs des Wassers laufen.

Wir setzen uns auf einen gewaltigen, ausgehöhlten Baumstamm, den die Flut ans Ufer gespült hat und genießen die Märzsonne. Allerhand Muscheln und große, längliche, warzige Wasserschneckenhäuser sind angeschwemmt worden. Im Sommer macht man selten solche Funde, draußen auf hoher See muss es mächtig gestürmt haben.

Danach gehen wir in aller Ruhe einkaufen. Am späteren Nachmittag, es ist immer noch sehr warm, bin ich im Garten und schneide Oleanderbüsche zurück, knipse mit der Gartenschere die langen, trockenen Samenkapseln ab, stutze Hibiskuspflanzen. Wie friedlich es hier ist!

Nach der Hektik der letzten Umzugsfahrten haben wir uns vorgenommen, in diesem Jahr so wenige Reisen wie möglich zu machen. Am liebsten würden wir jeden Tag im Haus bleiben. Franklin, der in kurzer Zeit dreimal von Frankfurt nach Italien und zurück gefahren ist, merkt man die Erschöpfung am meisten an. Er sitzt in seinem Studio, jetzt inmitten eines unfassbaren Durcheinanders von Möbeln, Teppichen, Kisten und Schachteln, hört klassische Musik und schläft dabei immer wieder ein. Auch mein Muskelkater von der Schlepperei all dieser Dinge hält wochenlang an. Aber es ist für uns beide ein unglaubliches Gefühl zu wissen, dass wir es geschafft haben: dass wir jetzt endgültig hier zu Hause sind und nicht mehr weg müssen.

Achtundzwanzigstes Kapitel

Wichtige Ausstellungen

Die Vorbereitungen für die Ausstellung im *Oklahoma City Museum*, die im August und September stattfinden soll, gestalten sich als ungewöhnlich schwierig. Zeit fehlt. Zwar wusste Franklin schon fast ein Jahr vor dem Termin, dass er eine Serie von zwanzig Aquarellen mit dem Thema „Früchte", gemeinsam mit seinen Skulpturen, den Marmor- und Bronzefrüchten, abzuliefern versprochen hatte, aber er ist weit davon entfernt, fertig zu sein. Ich verstehe ihn gut, auch ich kann am besten unter Druck in allerletzter Sekunde funktionieren. Außerdem hat der Umzug viel von seiner Energie und Kraft gekostet.

Aus seiner erfolgreichsten Skulpturenserie sind nur noch wenige Stücke übrig, Marmor- oder Bronzeskulpturen mit dem Thema Melonen oder Birnenfrüchte, im Ganzen oder aufgeteilt, am populärsten waren die Melonenscheiben aus Stein auf Sockeln oder auf Marmortellern. Inzwischen ist an einer Serie von fast ein Meter hohen Bronzehelmen gearbeitet worden, Helme durch die Jahrtausende. Vier sind bereits fertig. Sie werden auf mannshohen, dicken Eisenstangen präsentiert, die auf einer Basis verankert sind. Die Helme sind für eine Ausstellung in Bonn gedacht.

Für das Oklahoma City Museum sind noch neue Pop-Art-Objekte eingeplant, die zu den Fruchtmotiven passen: weiße, mindestens dreißig Zentimeter hohe Eier aus Marmor in allen Variationen: drei auf einem Teller, eins in einem großen Marmoreierbecher, eines aufgeschnitten mit gelbem Dotter. Es sind Spaßobjekte, ich bin ganz begeistert von dieser Idee. Den ganzen Sommer über ist Franklin beschäftigt, diese Pläne umzusetzen und außerdem noch die großformatigen Aquarelle und die noch größere Ölbildserie „Toscanische Gärten" fertig zu malen.

Für den Transport in die USA verlangt die Versicherung, dass die Skulpturen einzeln verpackt in Transportkisten kommen, Marmor ist zerbrechlicher, als man denkt. Die meisten Exponate sind zerlegbar und so wird jedes Teil in Luftkissenfolie verpackt, die Einzelstücke werden nummeriert und kommen in eine Kiste aus Holz mit der gleichen Ident-Nummer und einem Polaroidfoto obenauf, damit sie im Museum mühelos wieder zusammengesetzt werden können. Jede der kleineren oder größeren Einzelkisten kommt dann in den eigentlichen Transportcontainer, der dann wegen des Gewichts mit Kran und kleiner Hebebühne abgeholt werden muss. Die Holzboxen haben wir selbst gezimmert, drei Wochen lang. Ich habe jedes Teil der fünfundzwanzig Skulpturen einzeln vermessen und nochmals poliert, mit Nummern versehen, Listen mit Titel, Maßen, Materialbeschreibungen getippt. Diese Aufstellungen müssen in drei Sprachen verfasst werden: Für den Zoll und *Belle Arte*, das Büro, das über die Ausfuhr von Kunstwerken entscheidet, in Italienisch, für das Museum in Englisch und dann das Gleiche in Deutsch, da die Ausstellung von Oklahoma dann sofort nach Bonn weitergeleitet wird.

Das Büro von *Belle Arte* in Pisa ist in einem alten *Palazzo* am Arno untergebracht. In der Einfahrt steht eine alte Kutsche, genauer gesagt eine aufpolierte, riesige Staatskarosse, Parkplätze gibt es nicht. Wir haben drei Stunden zu warten, bis der zuständige Sachbearbeiter von wo auch immer zurückkehrt. Er stülpt sich schwarze, oben und unten mit Gummizug versehene Ärmelschoner über. So etwas habe ich in meinen ersten Schuljahren in Weiden Oberpfalz gesehen, die Nonnen vom Orden der Armen Schulschwestern schützten ihre Kuttenärmel auf diese Art. Nun ist das mausgraue Anzugsjackett von den Handgelenken bis über die Ellenbogen mit einer Stoffhülle versehen und unser Männlein zückt einen feinstrichigen Federhalter. In zierlicher, englischer Schreibschrift werden in den nächsten eineinhalb Stunden, in denen es im Büro so still ist, dass man das Summen einer verirrten Fliege aus dem Nebenraum hört, Aufstellungen gemacht. Franklin, dem es sonst immer mühelos gelingt, verkrampfte Stimmungen aufzulockern, bleibt erfolglos. Dieser pisanische Beamte ist stur und geht auf keinen Scherz ein. Nachdem er alle Listen geprüft und verglichen und in sein Buch aufgenommen hat, möchte er die Skulpturen persönlich in Augenschein nehmen. Wir dürfen den Bus auf Schleichwegen zum Hintereingang bringen. Dreimal verfahren wir uns, bis wir endlich die richtige, offiziell gesperrte Abbiegemöglichkeit und die unscheinbare Toreinfahrt finden. Wir haben nur einige der Boxen mitgebracht, was man eben zu zweit gerade noch in den Wagen liften konnte. Mit einem Kreuzschraubenzieher öffnet Franklin den ersten Deckel, schält die vier Einzelteile, die zusammen die Skulptur ergeben, aus ihrer Luftkissenverpackung, ein Früchtestilleben: die Melonenscheibe aus grünem und weißem Marmor, gelbem mexikanischem Onyx mit schwarzen Kernen, auf einem schwarzen Teller aus belgischem Marmor. Das Messer ist aus grauem Bardilio und römischem Travertin, die quadratische Basis aus Granit. Ich baue das Objekt auf dem Kistendeckel einer anderen Skulptur auf, während Franklin dem Gutachter zu erklären versucht, weshalb es uns unmöglich ist, ALLE Exponate vorzuführen. Er erzählt ihm, dass ein Stück allein, ein Marmormesser von zweieinhalb Meter Länge, wegen seines enormen Gewichts vier Träger benötigt.

Das beeindruckt diesen Beamten nicht im mindesten, er ist es anscheinend gewohnt, jeden Tag von Leuten, die Probleme umgehen wollen, vollgeschwafelt zu werden und reagiert dickfellig. Es scheint keine Verständigungsmöglichkeit zu geben. Wir wiederum sehen nicht, wie wir alle Kisten in unser Auto laden könnten, um sie in Pisa vorzuführen. Fast scheint es, als könnte die Ausstellung in Oklahoma nicht stattfinden, da kommt mir ganz am Schluss die rettende Idee: Wenn wir nicht in der Lage sind, die Objekte zu ihm zu bringen, dann könnte er doch nach Castagneto zur Begutachtung kommen, auf unsere Kosten selbstverständlich, wir würden diesen Tag bezahlen. Er winkt ab, er hat ohnedies zu viele Reisen und Besichtigungen abzuwickeln, lässt sich aber dann zum Glück doch überzeugen.

Bei uns in der Maremma lebt er dann auf. An Ort und Stelle, Größe und Gewicht der Skulpturen und Transportkisten erfassend, versteht er die Probleme. Eigentlich will er schon vor dem Mittagessen zurück nach Pisa. Aber wir überreden ihn, zu bleiben und es stellt sich heraus, dass der Beamte ein netter Mann ist – wenn auch sehr, sehr preußisch. Das nächste Mal, sagt er, werden wir es mit ihm viel einfacher haben, denn jetzt weiß er ja, worum es geht.

September und Oktober sind noch zwei Monate, in denen Franklin hart arbeitet. Nie hat er so viele Ideen gehabt und so viel Energie aufgebracht. Und das ist auch gut so, weil im kommenden Jahr zwei weitere große Ausstellungen anstehen.

Die Stadt Pietrasanta hat im ehemaligen Augustinerkloster eine Sammlung von einigen hundert Skulpturen aufgebaut, in Modellen und im Original, Gips, Ton, Marmor, Metall – mit vielen berühmten Namen von Künstlern, die in der Stadt gelebt und gearbeitet haben. Irgendjemand hat das Skulpturenstillleben von Franklin gestohlen. Die Gemeinde hatte ihm bereits zuvor eine Einzelausstellung angeboten, in der nicht mehr genutzten Kirche und im Klosterkreuzgang. Jetzt fahren wir rasch nach Pietrasanta, um wegen des Diebstahls eine Anzeige zu erstatten, die aber nichts bringen wird, und die Modalitäten für die geplante Ausstellung zu besprechen.

Die zweite wird in Castagneto sein. Signora Monica Giuntini, die Bürgermeisterin, hat Franklin zu sich gebeten und gefragt, ob er Lust hätte, im nächsten August in Castagneto eine Ausstellung zu bestreiten. Sie würde für ihn im *Castello*, dem Schloss, den dreihundert Quadratmeter großen Saal mieten und auch Katalog- und Einladungsdruck übernehmen. Das hört sich gut an, sehr gut sogar. Auch für Plakate und Vernissagefeier würde gesorgt sein. Dafür würde er gerne den ganzen Winter über arbeiten, sobald er aus Bonn zurück ist. Das ist eine Chance, auf die er lange gewartet hat.

Die Bonner Ausstellung war durch Vermittlung zweier mit Franklin befreundeter Bonner Ärzte, Alfons Erwes und Peter Kummerhoff, und ihrer Frauen Sylvie und Karin zustande gekommen, die den Kontakt zum Bezirksbürgermeister Norbert Hauser, dessen Frau Franklins Kundin wurde, geknüpft hatten. Das Haus an der Redoute ist ein ehemaliges, kleines Schlösschen in Bad Godesberg, in dem in Feudalzeiten Theateraufführungen stattfanden. Die beiden großen Räume, die sich nach Flur und Empfangsbereich öffnen, gehen ineinander über, haben Stuck an der Decke, gigantische, antike venezianische Lüster und an einer Wand lange Spiegel zwischen den hohen Sprossenfenstern, ein sehr eleganter Hintergrund für Bilder und Objekte. Auf der einen Seite gehen die Fenster zu Straße und Park, auf der anderen blickt man in einen etwas verwunschen wirkenden Garten.

Alle kleineren Aquarelle und sämtliche Bronzeskulpturen werden in einem dritten, kabinettartigen Raum aufgehängt und aufgebaut. Von den Aquarellen kommt kein einziges nach Italien zurück. Aber es werden auch größere Ölgemälde und Skulpturen verkauft. Dies ist Franklins erfolgreichste Ausstellung. Zur Vernissage, die ein gesellschaftliches Ereignis ist, sind Kunden und Freunde von weither angereist und auch unsere Arztfreunde haben ihren ganzen Bekanntenkreis mobil gemacht und die Adressenkartei der Redoute hat ein übriges getan.

Wir bleiben einige Tage bei Sylvie und Peter Kummerhoff in Königswinter, dann fahren wir nach Italien zurück und überlassen für die nächsten sechs Wochen die Ausstellung der Obhut eines städtischen Angestellten.

Neunundzwanzigstes Kapitel

Die Heimfahrt

Unsere Freunde haben sich ausgedacht, vor dem Abbau der Ausstellung noch ein Fest, eine Finissage zu veranstalten, zu der nochmals viele Bekannte aus ganz Deutschland und auch aus Holland kommen. Platten und Schüsseln mit besonderen Gerichten sind zubereitet worden, wir haben einige Spezialitäten aus der Toscana mitgebracht. Daschkeys, Bottroper Freunde, die ein Lokal mit Partyservice betreiben, liefern sich selbst und hausgebeizte Lachse. Wir feiern bis in die Nacht hinein.

Der nächste Tag bringt den Abbau und das Verpacken der Objekte. Wir haben die Kunstspedition Hasenkamp mit dem Transport der größeren Skulpturen beauftragt, kleinere, so viele wie möglich, und auch die sperrigen Podeste laden wir in unseren Wagen, der dann in leichter Schieflage nach unten hängt und zweimal die Aufmerksamkeit der Autobahnpolizei erregt, die uns hinauswinkt und die Ladung und unsere Ausweise kontrolliert. Wir müssen nun extrem langsam fahren, um uns und andere nicht in Gefahr zu bringen.

Wir wohnen in Kronberg bei unserem Dentistenfreund, der in dieser Zeit unsere Zahnbehandlung abschließt. In diesen Tagen bringe ich Franklin zu meinem Internisten in der Zeppelinallee. Es beunruhigt mich, dass er dauernd einschläft, sofort nach dem Essen, manchmal auch schon während der Mahlzeit. Zuerst habe ich mich provoziert gefühlt, dann etwas verängstigt. Umfangreiche und sehr teure Laboruntersuchungen werden gemacht und dann hören wir von ihm das Gleiche wie von Franklins Hausarzt, dass er ganz beruhigt sein kann, alles wäre in Ordnung. Die Abgeschlafftheit käme wahrscheinlich von den blutdrucksenkenden Tabletten. Aber man könnte ja – da gäbe es in Marburg ein so genanntes Schlaflabor – dort eine vierzehntägige Beobachtung seines Schlafrhythmus machen lassen. Uns stehen die Haare zu Berge, also dann lieber über der Arbeit, beim Lesen oder Musikhören einschlafen.

Nun kommt der letzte Teil unserer Heimfahrt. Franklin hat erfolgreiche Ausstellungen hinter sich, das kommende Jahr scheint aussichtsreich zu sein und zum ersten Mal, seit wir *Mulino Rotone* gekauft haben, können wir einem sorgenfreien Winter entgegensehen, in dem wir in jeder Beziehung frei sind und beide künstlerisch tätig sein können.

Ich möchte auch wieder etwas für mich selber tun und nicht nur immer wieder Feuerwehr, Handlanger, Übersetzer, Buchhalter, Sekretärin und Köchin spielen. Vielleicht bin ich abgespannt, vielleicht trage ich die Verbitterung schon zu lange mit mir herum, jedenfalls fange ich an, zu streiten. Früher war ich eine erfolgreiche Malerin, habe einen Kinderfilm gemacht, Erzählungen geschrieben. Dann kam mein Sohn Philip mit all seinen Krankheiten und Klinikaufenthalten, die mich für Jahre die gesamte Energie und Zeit auf ihn konzentrieren ließen. Nicht, dass ich deswegen irgendwie mit dem Schicksal ha-

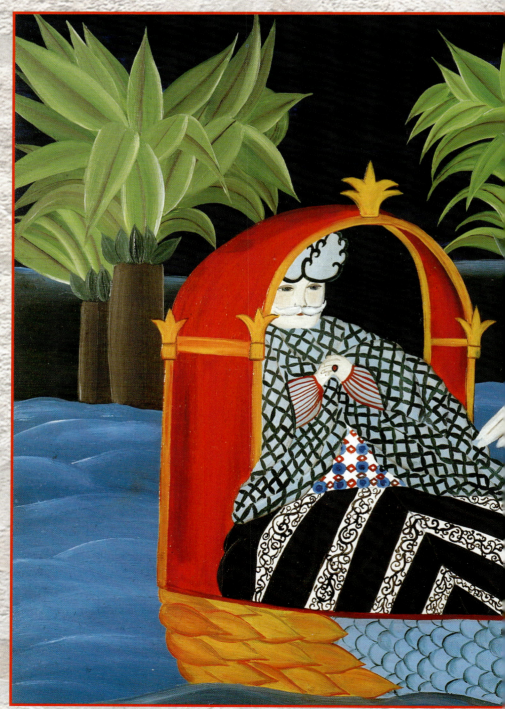

dere, ich wünschte nur, ich hätte mehr erreichen können. Und dann habe ich es fertig gebracht, mir quasi mit Franklin noch ein zweites, schwieriges Kind ins Haus zu holen.

Den ganzen Sommer über habe ich ihm geholfen, seine Ausstellungen vorzubereiten und auch in den Jahren zuvor war ich immer für ihn da, habe ihn als Künstler betreut, meine Arbeitskraft seiner Kunst dediziert und bin dabei völlig in den Hintergrund gedrängt worden, war nur noch ein gut funktionierender Manager für alles und künstlerisch tätig sein durfte ich nur noch, wenn ein bezahlter Auftrag dahinter stand, aber nie mehr für mich allein, dazu reichte die Zeit nicht mehr. Am liebsten würde ich weinen, so ein bisschen aus Selbstmitleid, so ein bisschen wegen all der Anstrengungen, die hinter uns liegen.

Er legt seine große, warme Hand auf meine. Es ist eine lange, lange Heimfahrt und wir haben viel Zeit uns auszusprechen. Alles wird sich ändern. In Zukunft werden wir es so einrichten, dass auch ich wieder Zeit habe, zu malen, zu schreiben. Wir haben erst den fünfzehnten November und der ganze Winter liegt vor uns. Wir haben so viele schwierige Situationen gemeinsam durchgestanden, aber jetzt sind wir an dem Punkt angekommen, wo wir in unser Haus gehen und wissen, wir müssen nicht mehr weg, dies ist unsere Heimat und wir sind angekommen. Alle Zeit der Welt ist uns jetzt gegeben, künstlerisch tätig zu sein, zu arbeiten, jeder für sich allein oder auch beide zusammen.

Dieses Buch widme ich meinem Mann Franklin Gilliam, für den der Tag unserer Rückreise nach Mulino Rotone der letzte in Freiheit war.
Er hatte bereits Krebs dritten Grades und starb sechzehn Monate lang.
Meine Liebe und mein Mitleid für ihn waren grenzenlos.

Karin Gilliam